华侨大学2014年度“海上丝绸之路”专项研究重点课题
“中国与东盟国家旅游安全合作体系的建设研究”
（HSZD2014-09）结项成果

中国与东盟国家旅游安全合作治理研究

A Study on Tourism Safety Cooperative Governance between China and ASEAN Countries

谢朝武◎著

ASEAN

中国旅游出版社

前 言 PREFACE

中国与东盟是陆海相连、人文相亲的好邻居，更是紧密协作、共同发展的好伙伴。1991 年，中国与东盟启动对话进程，开始了不平凡的合作与发展历程。近年来，中国与东盟国家间的政治互信日益加强，务实合作不断深化。随着“一带一路”倡议的持续推进和“携手建设中国—东盟命运共同体”倡议的提出，中国与东盟国家在经贸、人文、科教、安全等领域的合作不断走上新的台阶。经过 30 年的发展，中国与东盟的贸易规模扩大了 85 倍。2020 年，东盟成为中国的最大贸易伙伴，中国则连续 12 年保持东盟第一大贸易伙伴地位，这一历史性的趋势标志着中国与东盟的合作关系将迎来更深入的结构性互动。

旅游交流与合作是中国与东盟国家深入推动交流合作的重要渠道和方式。在双方的推动下，中国与东盟的旅游互访人员规模快速增长并迭创新高。截至新冠疫情暴发前，中国和东盟互为对方最大的海外旅游目的地和客源地。中国和东盟的旅游交流为双方的经贸合作、人文交流、科教互动等提供了重要的渠道和方式，它既是双方开展深层次文化认知和互动的重要方式，也是双方推动贸易均衡的重要途径。中国和东盟都有意愿、有信心、有方法推动双边旅游交流与合作的可持续发展。

显然，强化中国和东盟地区的旅游安全合作是推动旅游交流合作的重要基础。由于环境因素、社会因素、产业因素等因素的突发变化越来越难以预测，由此导致的旅游突发事件类型越来越多，发生过程越来越复杂，造成的伤害结果也越来越大。近 5 年，中国赴东盟游客遭遇了 2015 年泰国四面佛爆炸事件、2016 年马来西亚交通安全事件、2017—2019 年印度尼西亚巴厘岛火山爆发事件、2018 年泰国普吉岛沉船事件等突发事件，部分事件造成了中国游客的伤亡和财产损失。其中，泰国普吉岛沉船事件造成中国游客47人遇难，事件还造成中国民众的负面舆情反应，极大地影响了当年中国赴泰旅游市场。

这些重大突发事件表明，加强中国与东盟地区旅游安全合作，加强中国游客赴东盟地区旅游安全风险管控，有效治理旅游突发事件，对于保障中国赴东盟游客群体的安全旅游、推动双边旅游可持续发展、促进双边友好氛围的打造等，具有重要的意义。在后疫情时代，以安全为基础加快推动中国与东盟的旅游交流合作，具有更为紧迫的战略价值。2022 年 4 月 21 日，习近平主席在博鳌亚洲论坛年会开幕式上提出了“全球安全倡议”，强调人类是不可分割的安全共同体。正是基于这一重大时代背景，本研究将对“中国—东盟旅游安全合作”这一重要议题进行深入的探索，研究将系统阐述中国—东盟旅游安全合作的基础与背景，深入解构中国赴东盟旅游安全事件的特征与机制，全面分析中国—东盟旅游安全合作的路径与方式，以为中国—东盟旅游交流的安全发展及可持续发展提供理论依据和实践方案。

本研究的开展得到了“华侨大学海上丝绸之路专项研究课题”的资助。在研究过程中，我的博士研究生张江驰、章坤、黄锐等协助进行了资料搜集、数据整理、文稿校对等工作。同时，部分内容引用了东南亚研究等领域的重要学术成果和本人的相关论文成果。由于学识有限，敬请各位专家和读者批评指正。

目　录 CONTENTS

第一章　中国与东盟国家的旅游交流合作

东南亚国家联盟（Association of Southeast Asian Nations），简称东盟（ASEAN），包括马来西亚、印度尼西亚、泰国、菲律宾、新加坡、文莱、越南、老挝、缅甸和柬埔寨10个成员国。所在国家分布在中南半岛和马来群岛上，多为热带气候，旅游资源丰富，以其绚丽多彩的自然风光、悠久深厚的文明历史和韵味独特的民族风情吸引着越来越多的世界游客前往观光旅游。中国是传统的旅游大国，有世界最大的国内旅游市场和排名居前列的出境与入境旅游市场。中国民众的出境旅游需求越来越强烈，在国际旅游交流与合作中具有越来越重要的影响。

旅游业是拉动中国与东盟经济发展的重要引擎，它带动双方逐步形成双向交流、优势互补、互利共赢的良好局面。目前，中国与东盟国家互为重要客源市场和旅游目的地，从双方互访数据来看，中国和东盟双向人员往来人数已从2003年的387万人次增至2019年的5821万人次①，旅游交流规模屡创历史新高。随着旅游交流互动越来越深入，双方的合作规模变得更大、合作领域更宽、合作水平也更高。旅游业作为中国与东盟交流互通与融合发展的代表性产业，已结出了累累硕果。

① 吕文.同书中国东盟合作新篇　共掀美丽中国旅游热潮［N］.中国旅游报，2017-07-04（001）.

第一节　中国与东盟国家旅游交流合作的基础背景

一、中国与东盟旅游交流发展的历史基础

中国与东南亚各国的外交关系由来已久。从汉代到隋朝，我国西南丝绸业和对外贸易蓬勃发展，由此开始出现南方通往东南亚的陆上丝绸之路，这开辟了中国与东南亚国家开展贸易交往的先河。公元231年前后，三国时期的吴国曾派朱应和康泰从海路出使东南亚。到了隋唐时期，北方陆上丝绸之路不断衰落，而造船技术和航海技术都有了很大的飞跃，南方的海外贸易作用和地位得以凸显，海上丝绸之路成为中国与东南亚贸易往来的主要途径。之后，南方以海上丝绸之路为载体的海外贸易达到前所未有的繁荣高潮，东南沿海的港口城市逐渐崛起，其中，宋元时期的泉州被称为“东方第一大港”。这一时期，中国先进的农业耕作技术、丝绸纺织技术、陶瓷生产技术等相继传入东南亚各国，中国文化也在东南亚得到广泛传播。明代时，明成祖朱棣派遣郑和七下西洋，远至苏门答腊、马六甲海峡、波斯湾等地，几乎涵盖了当今东盟所有国家所在的地区。郑和七下西洋的壮举不仅促进了中国与东南亚各国社会经济的兴盛，也掀起了我国东南沿海省份、港口城市与东南亚国家密切往来的热潮，东南亚各国使节也纷纷造访中国，使中国与东南亚的官方往来达到了巅峰①。清朝时，由于实行闭关锁国政策，中国与东南亚各国的交往陷入低谷。鸦片战争之后，中国国门被打开，大量沿海移民涌入东南亚，事实上强化了与东南亚各国以及南海岛国的政治经济联系。第二次世界大战期间，中国和东南亚各国为抵御日本帝国主义的入侵、双方从政府和民间上展开了广泛的政治、军事合作，进一步加强了彼此的了解和支持②。

---

① 王介南. 郑和下西洋与中国东南亚文化交流［J］. 东南亚纵横，1993（4）：1-5.

② 陆芸. 中国与东南亚关系的历史回顾和展望［C］. 耿昇等主编：多元视野中的中外关系史研究——中国中外关系史学会第六届会员代表大会论文集，延吉：延边大学出版社，2005：44-50.

中国与东盟各国间有着千丝万缕的文化连接。近两千年来，海上丝绸之路和陆上丝绸之路为两地带来规模庞大的经济贸易往来。中国与东南亚国家也通过海上丝绸之路进行了长期的文化交流，并使海上丝绸之路成为中国与东南亚各国的文化交流通道。从一开始输送丝绸、瓷器等手工艺品、茶叶等农产品，到后来的火药、指南针等古代四大发明，彼此间的文化商品交流已经扩展到农业、饮食、文字、教育、科学技术等诸多层面。随着两地交流合作的不断扩大和深入，我国东南沿海地区的大批民众前往东南亚地区经商谋生，甚至迁徙定居，并将我国农耕渔猎技艺、民间艺术技艺、日常饮食文化等带入东南亚地区。这不仅对东南亚地区生产力的提升与生产关系的改善产生了巨大影响，也促进了当地的社会进步与经济发展。

随着东南亚华人华侨生产经营活动的不断扩大，华人华侨经济实力不断凸显，我国的民间文化习俗也在整个东南亚地区得到广泛传播，并形成了一种独特的文化形象。其中，福建地处东南沿海，两地海上贸易的开展不仅为东南亚地区带去了先进的航海技术手段，福建的陶瓷和茶叶等商品也远销东南亚各国，闽南茶文化、陶瓷文化等传输到了东南亚，深切改变了当地人的生活饮食习惯，闽南语也与当地语言交流融合、并得到广泛应用。东南亚地区的华侨从祖国带去了先进的生产技术和文化艺术，对东南亚地区的开发和繁荣做出了重要贡献。到现代，华人华侨主要分布在东南亚地区，在1950年代，东南亚的华人华侨占全球华人华侨的90%以上。到2017年，东南亚的华人华侨仍占全球华人化的60%以上[①]，占全世界华人华侨总数的80%以上，他们大都已经取得了当地的国籍，在整个东南亚地区均具有雄厚的经济实力和广泛的社会影响力。他们在融入当地社会的同时，也与国内的祖籍地保持着密切的往来，对促进我国现代化建设、推动居住国与我国友好往来发挥了重要作用。

受经济条件的限制，中国与东南亚的早期交流活动并不是以旅游的形式

---

①　庄国土. 21世纪前期世界华侨华人新变化评析. 华侨华人研究报告（2020）[M]. 社科文献出版社，2020：1-75.

进行的。中国与东南亚各国来往人口结构复杂，以传统的商人、海员、流亡逃难者、宗教布道者以及移民居多，这些人群通常是为了实现某种目的（以商贸往来居多）而在两个地区之间进行迁徙，他们所开展的这些旅行活动没有观光、游览、娱乐等目的。在中国和东南亚的长期历史关系中，虽曾出现过部分边境冲突，但持续的时间非常短暂，和平与发展始终是中国与东南亚国家之间关系发展的主流。正是这种和平的交往环境，为中国与东南亚国家之间的政府接触、人员往来、通商贸易、移民定居等提供了安全保障，这进一步强化了双方的联系和交流，促进了双方经济、政治、文化的发展。显然，这也为中国与东盟旅游交流的顺利开展奠定了良好的历史条件。

二、中国与东盟旅游交流的政治基础

中国与东盟的旅游发展和交流受到政治环境的综合影响。1967 年 8 月，印度尼西亚、泰国、新加坡、菲律宾四国在曼谷举行会议并发表了《曼谷宣言》，正式宣告了东南亚国家联盟的正式成立，它成为东南亚地区以经济合作为基础的重要合作组织。受冷战意识形态对立的影响，成立之初的东盟受美国的操纵将中国视为对手，双方的民间和官方交流甚少①。进入 20 世纪 70 年代，随着中国恢复联合国合法席位和中美关系的缓和，马来西亚、泰国、菲律宾相继与中国建交，中国与东盟由敌视转向政治合作。我国改革开放后，中国和东盟的关系进入全面发展的新时期，中国与东盟的旅游交流自此才正式建立起来。中国公民出国旅游始于东盟各国，早在 20 世纪 80 年代末，泰国就已经成为首个中国公民组团出境旅游目的地国家。

1991 年，中国与东盟开始正式对话，由此开启了中国与东盟之间丰富的双边交流与合作。1996 年 7 月，中国和东盟由磋商伙伴关系升级为全面对话伙伴关系，双方在各领域的合作取得了令人瞩目的成绩②。也正是基于这一政治背景，双方的旅游互动也积极开展起来。20 世纪 90 年代中后期，新泰马旅

① 徐善宝. 中国—东盟关系四十年发展的历程及其启示：共同利益的视角［J］. 东南亚研究，2007：54-59.

② 赵承刚 . 论中国与东盟关系的历史发展和存在的主要问题［D］. 外交学院，2007.

游凭借价格优势和距离优势，迅速成为改革开放后中国公民出境旅游最火热的目的地。2005年，老挝正式成为中国公民出境旅游目的地国家。至此，东盟十国全部向中国游客敞开了大门。2003年至2013年是中国与东盟合作的黄金十年，双边贸易额从1059亿美元增加到4436亿美元[①]，翻了两番多。随着2010年中国—东盟自贸区的正式建立，中国成为东盟的第一大贸易伙伴，东盟成为中国的第三大贸易伙伴。贸易互通为旅游发展开辟了道路，而旅游也逐渐成为中国与东盟国家合作的“新支柱”。2013年，习近平主席访问东盟国家时提出建设“21世纪海上丝绸之路”、携手建设“中国—东盟命运共同体”等合作倡议，这符合中国—东盟共同发展的愿望，为中国与东盟旅游业的进一步发展指明了方向。2016年，中国—东盟双方人员往来突破3000万人次，每周往返航班数超过2700架[②]。2019年，中国—东盟双方人员往来突破5821万人次，每周往返航班数超过4500架。在全球经济低迷，亚洲经济增速放缓的时代背景下，中国和东盟营造的与邻为善、以邻为伴、友好合作、共同繁荣的政治合作氛围为双方旅游业的发展提供了良好的生长环境。

中国与东南亚地区地理相近、人文相亲，发展双边旅游业具有独特的优势。发展旅游是人民获取幸福感和获得感的有效途径，也是促进国际间和平交流的重要方式。近年来，旅游合作一直是中国与东盟各国政府关注的要点，双方的旅游扶持政策和合作机制也在不断完善。早在2002年，中国就与东盟十国旅游部长共同签署了《东盟旅游协议》[③]。近年来，中国高度重视与东盟各国的旅游交往，积极促进落实《中国—东盟面向和平与繁荣的战略伙伴关系联合宣言的行动计划（2016—2020）》，着力推进中国与东盟旅游业互联互通，融合发展。东盟各方也制定了《东盟旅游战略发展规划（2016—2025）》，致力于打造高品质旅游目的地，通过加强旅游基础设施建设、简化签证等一系列便利化的政策吸引中国及世界各国的游客。2018年，第21次中国—东盟领导人会议通过了《中国—东盟战略伙伴关系2030年愿景》；2020

① 张高丽．携手共建21世纪海上丝绸之路［N］．人民日报，2014-09-17（004）．

② 孟萍．旅游助推中国—东盟区域经济一体化［N］．中国旅游报，2017-09-22（002）．

③ 黄爱莲．东盟旅游合作：动力、障碍及机制研究［J］．改革与战略，2011，27（10）．

年，第 23 次中国—东盟领导人会议发表了《落实中国—东盟面向和平与繁荣的战略伙伴关系联合宣言的行动计划（2021—2025）》。

我国对东盟始终保持着互利共赢、开放包容的合作理念。新时期中国与东盟旅游的发展政策秉持构建“中国—东盟命运共同体”的新观念，注重加强中国与东盟旅游责任共同体、旅游利益共同体和旅游命运共同体建设，双方的高层对话和专业合作不断加深。双方既有“东盟对话”框架下定期举办的“10+3 旅游部长会议”[①]，又有中国与东盟成员国之间单独的旅游合作协议与机制。在中国与东盟各项旅游发展合作政策的支持下，“中国—东盟旅游合作年”“中国—东盟博览会旅游展”“中国—东盟商务与投资峰会”“湄公河旅游论坛”等一系列官方旅游交流活动纷纷得以开展。在中国—东盟自由贸易区、大湄公河次区域合作框架下，云南、广西、贵州等省份与东南亚各国在旅游开发建设、旅游市场规范、推进旅游手续简化等方面展开了广泛的旅游合作。由此，中国与东盟在政府政策层面上已经建立起多层次、多渠道的合作机制和交流平台。

此外，“一带一路”倡议的推行也为中国与东盟旅游业提供了发展契机。“互联互通，旅游先通”，旅游业作为中国与东盟合作交流的排头兵，在“一带一路”倡议中承载着“中国游客走出去”和“中国旅游企业走出去”的重要任务。“一带一路”倡议致力于推动沿线国家和地区的政策沟通、设施联通、贸易畅通、资金融通、民心相通，这为中国与东盟旅游业发展提供了综合性的政策与环境基础。这不仅符合中国和东盟旅游发展的共同利益，有利于增进双方的相互理解和友谊，推动文化互鉴，也为本地区乃至世界经济社会的可持续发展做出了重要贡献。

三、中国与东盟旅游交流合作的市场基础

中国与东盟自从 1991 年建立对话关系以来，双方旅游业的发展增速都大幅度超过了世界平均水平。中国出境旅游人次从 2010 年的 0.57 亿到 2019

① 徐万佳. 让旅游成为中国与东盟国家合作的“新支柱”［N］. 中国旅游报，2017-03-15（001）.

年的1.55亿（见图1-1-1），增长2.7倍（见图1-1-1），成为世界第一大出境旅游国家，2019年我国出境旅游人次比上年同期增长3.30%，出境游客境外消费超过1338亿美元[①]。中国如此庞大的出境旅游市场，给东盟旅游业的发展带来了巨大的机遇。从东盟角度来看，近年来东盟国家入境旅游业发展突飞猛进，2010年东盟接待入境旅游人数为7375.26万人次，2019年则高达1.43亿人次（见表1-1-1）。同时，东盟也是世界入境旅游增长速度最快的地区之一，在世界旅游组织（UNWTO）统计的2019年亚太地区入境旅游人次排名前十的国家中，东盟国家占据5个席位[②]，其已成为世界最重要的出游目的地之一。其中，泰国成为仅次于中国的亚太地区第二大入境旅游接待国。此外，泰国、马来西亚、新加坡、越南、印度尼西亚的年入境旅游人次都在千万以上（见图1-1-1），泰国更是以将近4000万的年入境旅游人次领跑东盟地区，是东盟地区乃至整个亚太地区旅游发展最强有力的引擎。

中国与东盟国家互为最大的海外旅游目的地和客源地，双方旅游资源互补性强。从互访数据来看，中国和东盟双向人员往来人次已从2003年的387万增至2019年的5821万，旅游人数每年呈几何级数递增，2019年中国赴东盟旅游人次为3228.01万，较2018年（2911.69万人次）增加了10.86%。在拥有庞大基数的情况下，中国赴东盟旅游人次数仍保持快速增长，旅游交流规模也不断创历史新高，并且超额完成2016年首次中国—东盟旅游部门会议确定的“2020年中国—东盟双向交流达3000万人次”的目标[③]，说明中国与东盟国家旅游业的彼此往来具有深厚的合作基础与广阔的发展前景。

① 中国旅游研究院．中国出境旅游发展报告2020［R］．中国旅游研究院，2020-11-12.

② World tourism organization. UNWTO Tourism Highlights：2020 Edition.［M］. UNWTO，2020

③ 新一轮“东盟旅游热”值得期待.［EB/OL］.中国国家旅游局：http://www.cnta.gov.cn/xxfb/xxfb_dfxw/gx/201605/t20160512_770562.shtml，2016-05-12.

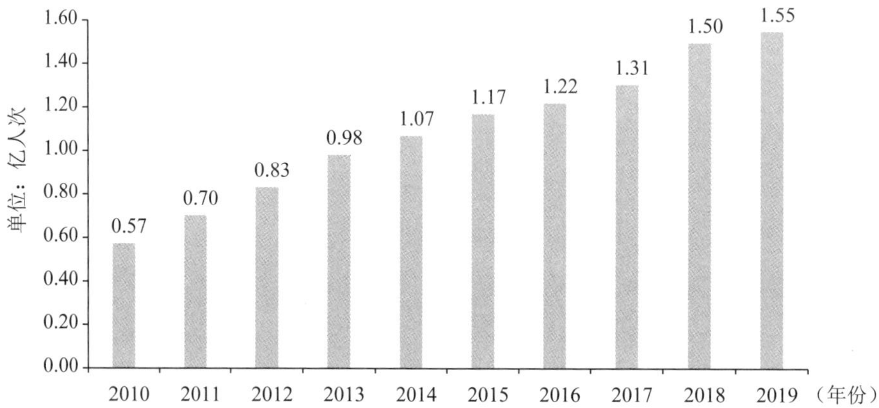

图 1-1-1　2013—2019 年我国出境旅游人数统计

资料来源：根据中国旅游业统计公报整理

表 1-1-1　东盟十国 2013—2019 年接待入境旅游人数（单位：万人）

年份	2013	2014	2015	2016	2017	2018	2019
文莱	22.50	20.10	21.80	21.90	25.90	27.80	33.30
柬埔寨	421.02	450.28	477.52	501.17	560.22	620.11	661.06
印度尼西亚	880.21	943.54	1040.68	1151.93	1403.98	1581.03	1610.70
老挝	377.95	415.87	[illegible]	[illegible]	[illegible]	[illegible]	479.11
马来西亚	2571.55	2743.73	2572.13	2675.74	2594.85	2583.24	2610.08
缅甸	204.43	308.14	468.10	290.72	344.31	354.94	436.41
菲律宾	468.13	483.34	536.07	596.70	662.09	712.77	826.09
新加坡	1556.79	1509.52	1523.15	1640.36	1742.46	1850.83	1911.38
泰国	2654.67	2477.98	2988.11	3252.96	3559.20	3817.82	3979.74
越南	757.24	787.43	794.37	1001.27	1292.22	1549.78	1800.86
总计	9914.49	10139.92	10890.36	11556.66	12572.10	13516.96	14348.72

数据来源：根据东盟秘书处、世界银行数据库整理

从东盟秘书处（The ASEAN Secretariat）以及世界银行（World Bank）提供的中国出访东盟的旅游数据来看，中国已经成为东盟第一大客源国。2013—2019 年，中国到东盟的旅游人数从 1265.12 万人次增加到 3228.01 万

人次，六年间翻了 1.55 倍（见表 1-1-2），且中国在东盟入境总人数中所占的比重也在不断增大（如表 1-1-3、图 1-1-2），中国大陆游客在东盟客源结构中所占比重已从 2013 年的 12.76% 增加到 2019 年的 22.50%，在全球所有到访东盟的国家和地区中排名第一，且从 2013—2019 年到访东盟的 TOP10 客源国游客结构图（见图 1-1-3）来看，中国所占比重仍在持续扩大，显示出了中国对东盟入境旅游强大的影响力。

表 1-1-2　中国 2013—2019 年赴东盟各国旅游人数（单位：万人）

年份	2013	2014	2015	2016	2017	2018	2019
文莱	3.99	3.88	3.69	4.08	5.24	6.56	7.45
柬埔寨	46.31	56.03	69.47	83.00	121.08	202.44	236.18
印度尼西亚	80.74	92.68	126.07	155.68	209.32	213.92	207.23
老挝	24.50	42.24	51.14	54.55	63.92	80.58	102.27
马来西亚	179.14	161.34	167.72	212.49	228.17	294.41	311.43
缅甸	9.06	80.94	210.27	18.39	99.69	96.32	146.31
菲律宾	42.64	39.50	49.08	67.57	96.84	125.53	174.33
新加坡	226.99	172.24	210.62	286.37	322.81	341.76	362.70
泰国	460.97	462.38	793.48	882.11	980.63	1053.52	1099.47
越南	190.78	194.72	178.09	269.68	400.83	496.65	580.64
合计	1265.12	1305.95	1859.63	2033.93	2528.52	2911.69	3228.01

数据来源：根据东盟秘书处、世界银行数据库整理

根据东盟秘书处数据显示，2019 年中国出访东盟人数最多的国家依次是泰国（1099.47 万人次）、越南（580.64 万人次）、新加坡（311.43 万人次）、马来西亚（362.70 万人次），占东盟地区的游客比例分别为 34.06%、17.99%、11.24% 和 9.65%；同时，在 2019 年，中国已成为泰国、越南、柬埔寨、新加坡的最大客源市场，印度尼西亚、菲律宾、缅甸第、老挝、文莱的第二大客源市场，以及马来西亚的第三大客源市场（见表 1-1-2、图 1-1-4）。据东盟秘书处数据显示，2019 年泰国以 1099.47 万中国大陆游客出游排名泰国入境旅游人次第一，超过第二名马来西亚（416.69 万人次）净 682.78 万人次。

表 1–1–3　2013—2019 年中国游客占东盟游客百分比（单位：万人）

年份	2013	2014	2015	2016	2017	2018	2019
中国赴东盟总人次	1265.12	1305.95	1859.63	2033.93	2528.52	2911.69	3228.01
东盟入境总人次	9914.49	10139.92	10890.36	11556.66	12572.10	13516.96	14348.72
中国占东盟旅游人次比重	12.76%	12.88%	17.08%	17.60%	20.11%	21.54%	22.50%

数据来源：根据东盟秘书处、世界银行数据库整理

图 1–1–2　2013—2019 年中国游客占东盟游客百分比

数据来源：根据东盟秘书处、世界银行数据库整理

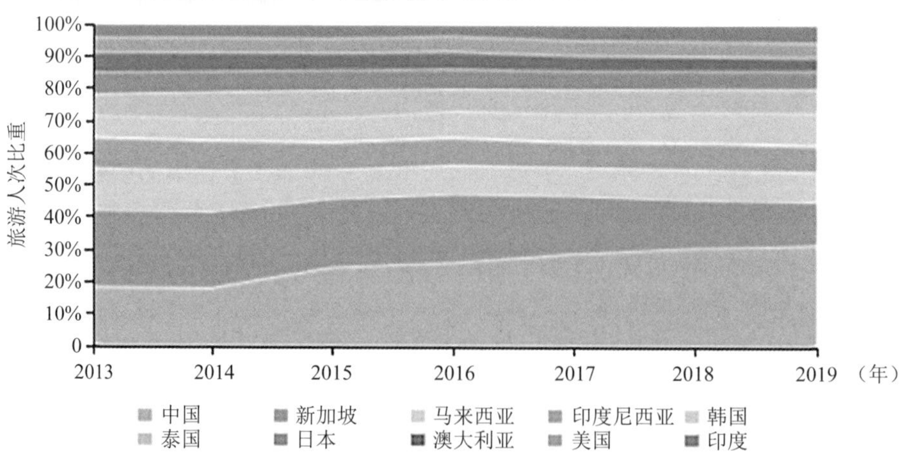

图 1–1–3　2013—2019 年到访东盟客源国游客结构（TOP 10 国家）

数据来源：根据东盟秘书处、世界银行数据库整理

据《中国旅游统计年鉴》显示，2019 年在我国出境旅游目的地前十五名中，越南、泰国、缅甸、新加坡、马来西亚、柬埔寨、菲律宾都在榜单之中[①]，中国游客选择东南亚国家旅游的热度要普遍高于欧洲和北美国家。在出游方式方面，中国游客赴东盟旅游也从传统的团队游逐渐转向散客自助游，在出游线路选择方面，出游东盟游客路径逐渐扩散化，不再局限于传统的新马泰旅游线路，开始探索新的国家和景点，线路选择更加多样化，并从普通的观光游览转向深度体验游。

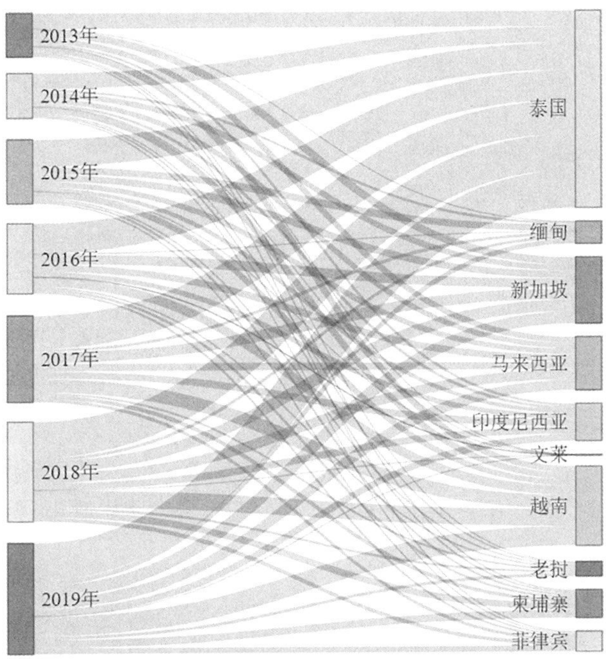

图 1-1-4　2013—2019 年中国赴东盟十国游客流向

数据来源：根据东盟秘书处、世界银行数据库整理

从我国官方提供的东盟各国旅华游客的数据来看，中国对东盟游客的吸引力也在持续上升。2019 年，中国接待东盟国家旅游人数 2593 万人次[②]，相

① 中国旅游研究院.中国出境旅游发展年度报告 2020［M］.北京：旅游教育出版社，2020：3-6.

② 2019 年中国旅游经济保持增长.［EB/OL］.中国—东盟中心官网：http://www.asean-china-center.org/travel/lvxx/2020-07/4975.html.

当于中国前往东盟游客数量的 80.33%，东盟 10 国已逐渐成为访华市场中的最大群体。根据中国—东盟中心官网显示，除中国港澳台地区以外，2019 年排名中国前20的旅华客源国分别是：缅甸、越南、韩国、俄罗斯、日本、美国、蒙古、马来西亚、菲律宾、新加坡、印度、泰国、加拿大、澳大利亚、印度尼西亚、德国、英国、朝鲜、法国、意大利（其中缅甸、越南、蒙古、印度、朝鲜含边民旅华人数）。其中，东盟国家占据了 7 个席位。

从《中国旅游统计年鉴》的详细数据来看，2020 年缅甸、越南、马来西亚、菲律宾、新加坡等国来华旅游人数均超过百万人次（见表 1-1-4）。从具体人数及所占比重来看，缅甸、越南、马来西亚、菲律宾、新加坡 5 个国家来华旅游人数分别为 1242.18、794.87、138.35、117.77、100.85 万人次，占东盟国家来华旅游比重的分别为 47.91%、30.65%、5.34%、4.54%、3.89%。此外，从增长趋势来看，东盟国家赴华旅游都保持着较为稳定的增长趋势，个别国家增长势头强劲。作为中国对接东盟窗口、毗邻东南亚的广西，近年来加速与东盟国家的旅游合作步伐。广西每年接待的入境游客中，有近一半来自东盟国家。据《广西统计年鉴》显示，2019 年，广西接待入境过夜游客超 623.96 万人次，除港澳台外，排名前五的国家中有 4 个都来自东盟地区，分别为越南、马来西亚、印度尼西亚、新加坡，接待游客分别为 61.58 万人次、33.16 万人次、17.62 万人次、16.83 万人次，表明东盟已经成为广西最重要的旅游客源地之一。

从中国与东盟交流互访的总体趋势来看，中国和东盟旅游业的发展离不开彼此的贡献，双方旅游人次的持续增长显示出了中国与东盟庞大的旅游市场需求和巨大的发展潜力，中国东盟应抓住这一势头，加强彼此合作交流，提升彼此旅游接待能力，推动中国与东盟旅游业大发展大繁荣。

表 1-1-4　东盟部分国家赴华旅游人数统计（单位：万人）

国家	2011 年	2012 年	2013 年	2014 年	2015 年	2016 年	2017 年	2018 年	2019 年
文莱	—	—	—	—	—	—	—	—	0.67
柬埔寨	—	—	—	—	—	—	—	—	10.93

续表

国家	2011 年	2012 年	2013 年	2014 年	2015 年	2016 年	2017 年	2018 年	2019 年
印度尼西亚	60.87	62.2	60.53	56.69	54.48	63.29	68.08	70.85	72.48
老挝 *	—	—	—	—	—	—	—	—	27.85
马来西亚	124.51	123.55	120.7	113	107.5	116.39	123.25	129.07	138.35
缅甸 *	—	—	—	—	—	242.81	—	—	1242.18
菲律宾	89.43	96.2	99.7	96.8	100.4	113.47	116.09	120.3	117.77
新加坡	106.3	102.77	96.7	97.1	90.5	92.19	94.02	97.8	100.85
泰国	60.8	64.76	65.2	61.3	64.1	74.9	77.57	83.26	87.05
越南 *	100.65	113.72	136.54	170.94	216.08	—	316.73	—	794.87

数据来源：根据东盟秘书处、《中国旅游统计年鉴》整理

第二节　中国与东盟国家旅游交流合作的形势与挑战

一、中国与东盟旅游交流合作的综合形势

（一）交流合作的基础形势

随着中国出境旅游和东盟入境旅游的飞速发展，双方实现了旅游业的优势互补，并迎来了前所未有的历史机遇。中国与东盟是近邻，隔海相望、山水相连，拥有着丰富的自然和历史旅游资源以及相近的文化习俗，地缘和文化优势明显。较之欧洲和北美旅游市场，中国与东盟发展旅游有着天然的便利和情感的亲近感，更愿意选择彼此作为旅游目的地。根据世界旅游及旅行理事会的统计，旅游业创造的GDP占东盟经济的八分之一[①]，东盟各国重视旅游产业，并对其保持着较高的依存度。在泰国、越南、马来西亚、印度尼西

① Jakarta，ASEAN Secretariat. Celebrating ASEAN：50 Years of Evolution and Progress.［M］. ASEAN，2017.

亚、缅甸等国，旅游业已成为重要的就业渠道和外汇收入来源。而中国近年来为全面建成小康社会，积极增强人民群众的幸福感和获得感，大力发展旅游业则是其中重要的发展路径。中国与东盟各国都为旅游交流发展创造了良好的环境。双方正在不断简化游客入境手续，目前能办理落地签证的东盟国家有七个，各国为中国游客开辟“绿色通道”，并减低签证费用延长签证期限，这一举措也极大促进了区域旅游一体化的发展，为双方的旅游互访奠定了良好的条件。

对于东盟各国来说，中国出境旅游市场潜力无穷。2019 年中国出境旅游人数达到 1.55 亿人次[①]，出境旅游消费规模位居世界第一。据统计，中国拥有出境证件的国人仅占总人口的 10%，未来提升的潜力较大。如此高的出游人数和出游花费对于东盟国家而言是巨大的市场机遇。对于中国来说，东盟地区人口规模超过 6 亿[②]，仅排在中国和印度之后，且经济发展速度较快，与中国的人员往来也不断增多，市场潜力不容小觑。中国是东盟第一大贸易伙伴，2020 年，东盟超过欧盟成为中国第一大货物贸易伙伴。《区域全面经济伙伴关系协定》（RCEP）的建立使得双方之间的经贸合作越来越紧密，这必然也会带动旅游业的发展。随着“一带一路”倡议的持续推进，中国对沿线各国旅游基础设施投入加大，双方在旅游交通道路建设、旅游网络通信、旅游电子商务、移动电子支付等领域存在广泛的合作空间。东南亚成为中国投资项目“清单”中的重点地区，这为双方旅游互访创造了更多有利条件。

（二）旅游市场的交流合作形势

近年来，中国与东盟地区举办了一批官方会议和项目活动，成为驱动双方旅游市场交流合作的强大动力。“中国—东盟旅游合作年”“中国—东盟博览会旅游展”“中国—东盟商务与投资峰会”“湄公河旅游论坛”等一系列官方旅游交流活动不仅为中国和东盟带来持续增长的热潮，促进了中国与东盟旅游部门的紧密合作，也为双方旅游企业创造了良好的交流和沟通平台，强

---

① 国家统计局 . 中国统计年鉴［J］. 北京：中国统计局，2019.

② Jakarta, ASEAN Secretariat. ASEAN Community Progress Monitoring System 2017.［M］. ASEAN, 2017.

化了对彼此旅游市场的营销和推广力度，提供了难得的商业机会和发展空间。随着中国—东盟自由贸易区的升级项目的推进，中国与东盟之间的旅游市场交流也向区域一体化的方向迈进，双方酒店、景点、交通、旅行社、旅游OTA 企业加强了无缝对接，旅游产品、旅游资金、旅游技术、旅游人力资源，在区域内得到合理分配和充分流通，并形成相互依赖、分工明确、资源共享的良好状态。

在旅游产品方面，中国与东盟旅游产品市场逐渐趋于稳定和成熟，双方旅游企业都在现有产品的基础上，进一步开发富有个性化的深度游产品，不断提升游客出游体验，目前深度游、定制游、自助游已获得更多消费者青睐。由于中国前往东盟国家旅游的游客中，80% 以上为中青年群体，东南亚国家纷纷推出蜜月游、亲子游、休闲度假游、海岛文化游等针对性的旅游产品吸引中国消费者。同时，中国与东南亚各国也相继整治低价旅游市场，虚假低劣旅游产品市场逐渐缩小，高端定制游及碎片化的出游产品不断涌现，商业市场不断规范化。此外，中国与东盟各国也加强相关旅游和线路的创新，如广西目前与柬埔寨、泰国等东盟海上沿线国家合作，有效利用海洋海岛旅游资源，开发“中华泰山”号等游轮游线路，形成“一线带十国”的环东南亚旅游圈①。

（三）旅游投资的交流合作形势

在旅游投资方面，中国与东盟企业在对方的旅游直接投资增长迅速。随着“一带一路”倡议的推行，一批旅游企业也纷纷开启“走出去”战略。由中国投资商开发的港口、机场、商场、主题公园、主题小镇等在东盟国家遍地开花。在酒店行业，锦江、开元、如家等酒店集团进军东南亚市场。在互联网行业，途牛、驴妈妈、携程等旅游 OTA 企业纷纷开始其在海外的布局。在餐饮行业，复兴集团投资马来西亚连锁餐饮企业。在零售行业，中国国旅海外在柬埔寨开设了海外首家免税店②。东盟方面，海外华人企业对中国旅

① “海丝”友好之船明年起航　中国—东盟邮轮产业合作发展迎来新增长点 .［EB/OL］. 人民网：http://fJ.people.com.cn/n/2015/1217/c181466-27335437.html.

② 中国国旅海外首家免税店落户柬埔寨［EB/OL］. 凤凰旅游：http://travel.ifeng.com/news/world/detail_2015_01/06/40114300_0.shtml.

游投资的比重也有所增大，以郭氏集团的香格里拉酒店为代表的一批东南亚企业近年来在华持续投资。针对双方旅游企业投资融资问题，亚洲开发银行（ADB）和亚洲基础设施投资银行（AIIB）也为中国和东盟旅游业的发展拓宽了融资渠道。

（四）旅游人才的交流合作形势

在旅游人才交流方面，中国与东盟开展了多层次的人才交流与合作。随着中国与东盟旅游的发展，市场对双语、多语的旅游专业人才需求在逐渐增加，一批高层次的国际旅游人才不断涌现。通过举办东盟旅游教育论坛，加强高素质、国际化旅游人才的培养，扩大人员往来，加强校企教育合作等方式，中国和东盟的旅游人才合作不断加强。此外，在教育部、文化和旅游部等部门的大力支持和指导下，中国—东盟旅游教育联盟成立，该组织由中国—东盟中心、桂林旅游学院联合中国和东盟18所旅游院校及企业共同发起，旨在为中国与东盟旅游市场输送人才[①]。华侨大学长期持续举办“一带一路”沿线国家政府官员中文学习班，为泰国、印度尼西亚、菲律宾、老挝、安哥拉、马来西亚、柬埔寨、苏里南八国政府培养了大量优秀汉语人才。2018年和2021年，华侨大学与东南亚高校举办了“中国—东盟”旅游安全高峰论坛，参与高校同意合作推动“中国—东盟”旅游安全研究和人才培养

（五）交流合作形势展望

面对新的发展机遇和广阔的发展空间，中国和东盟需要进一步优化旅游产业布局，提高旅游资源互补和要素共享能力，提升互联互通水平，推动旅游市场、旅游投资、旅游人才等领域的交流合作，推动区域旅游一体化的发展。

但是，2020年以来，新冠疫情的传播重创了中国和东盟地区的旅游业发展。截至2022年年底，新冠疫情尚未解除“国际公共卫生紧急事件”状态。在这种形势下，不同国家采取了不同的疫情防控措施和出入境限制政策，这

① 中国—东盟旅游教育联盟成立［EB/OL］.新华网：http://www.xinhuanet.com/local/2017-07/30/c_129667166.htm，2017-07-30.

将在一段时间内影响中国与东盟地区的旅游交流发展。随着疫苗工程的持续推进，包括中国和东南亚在内的全球新冠疫情必将得到控制。在后新冠疫情时代，推动中国—东盟的旅游交流发展将具有更重要的战略意义和价值。旅游业一直是大部分东盟国家的支柱产业，新冠疫情对东盟旅游业造成了沉重的打击。因此，加快推动中国与东盟各国的旅游交流，恢复双方之间的旅游贸易关系，对于东盟加快恢复旅游经济、推动持续低迷的经济形势，缓解因为疫情而造成的失业、贫困与社会动荡等，具有重要的政治与经济意义。以此为背景，中国和东盟各国都应把疫情后的旅游交流与发展作为优先事项予以系统推进。

二、中国与东盟旅游交流合作的主要挑战

中国与东盟旅游业的交流合作一直保持着良好的发展势头。旅游已经成为充实中国与东盟外交关系的重要内涵，是增进中国和东盟各国经济社会发展的关键纽带，是促进双方民心相通和民众交流的重要桥梁。旅游业为双方关系发展奠定了更加坚实的政治、经济、民意和社会基础。需要看到的是，中国与东盟旅游业的发展既存在机遇、也存在挑战。在“一带一路”倡议的指引下，如何打造一个统一且协调高效的旅游安全合作平台，如何营造一个覆盖整个区域的旅游突发事件应急处置网络，如何创建一个适应整个域内环境的旅游安全制度和法律框架，如何建立一个完善可靠的旅游安全保障支撑体系，都是值得深入考虑和研究的问题。

在中国与东盟的旅游贸易中，中国一直处于逆差地位，中国每年大量国内旅游消费市场流入东盟国家，仅以2015年为例，中国出境前往东盟的游客人数就是东盟入境中国游客的近三倍，长此以往，这种贸易失衡的局面必然会导致外汇漏损，给中国与东盟旅游业的发展结构带来不利影响①。在旅游品质方面，目前中国和东盟的旅游产品中观光旅游占的比重还较高，大部分线路和产品需要更新换代，缺少高质量创新的服务品种和文化旅游产品，合作

① 庞莲荣．中国对泰国旅游服务贸易逆差研究［D］．广西大学，2015.

形式单一、合作深度不够。旅游中导游的强迫购物行为、旅游市场不规范、缺乏监管和引导、导游暴力行为等负面新闻不断发生破坏了旅游业的形象，影响了双方旅游服务贸易的发展。

此外，中国与东盟旅游发展面临的最大挑战就是旅游安全问题，这是本书所关注的焦点，也是主要的研究内容。旅游安全是游客出行的必要条件，东盟各国是涉旅自然灾害、事故灾难、公共卫生事件、社会安全事件等旅游安全事件多发的地区（详见本书第三至四章），东南亚地区海洋安全、政治安全、领土和主权等旅游安全问题突出，旅游风险形势较为严峻。同时，中国与东盟没有建立完善的旅游突发事件应急处理机制和区域性的旅游安全合作平台，旅游安全合作的路径策略和体系架构不明，旅游安全合作的保障体系不健全。

第三节　中国与东盟国家旅游交流合作的方向与路径[①]

中国与东盟旅游合作发展体系的建构，需以建立两地共同旅游市场为基础，以精品旅游产品线路为重点内容，以旅游企业“走出去”和“引进来”战略为动力源泉，多层次、全方位地构建旅游合作结构体系，引导中国与东盟旅游业的常态化合作进程。

一、中国—东盟旅游交流合作的主要方向

1. 中国—东盟旅游市场的合作发展

从本质而言，中国与东盟旅游市场合作需以建立共同旅游市场为基础，重点推进区域旅游自贸区建设，凸显两地共生共赢的旅游生态关系。中国与东盟旅游共同市场的建立须以谋求共同发展为目标，实现市场秩序、交通体系、信息平台、形象宣传、人才培训等方面的结构性融合。

① 张江驰，谢朝武.“一带一路”倡议下中国—东盟旅游产业合作：指向，结构与路径［J］.华侨大学学报：哲学社会科学版，2020（2）：25-34.

第一，旅游市场秩序是建立共同旅游市场的前提条件。总体而言，中国与东盟旅游共同旅游市场由中国旅游市场和东盟十国旅游市场组成，十一个国家在政治、经济和文化等社会环境上互有不同，旅游发展水平参差不齐，旅游市场秩序也存在明显差异。推进两地就旅游市场规范达成一致共识、形成制度化约束方能为共同旅游市场建设提供基础性支持。第二，加强旅游交通、基础设施的衔接。旅游共同市场的建设有赖于旅游交通的衔接，完善两地公共交通配套设施、集散中心以及道路枢纽站点，为实现市场协作提供稳定的交通通行环境。其中 2017 年 12 月 21 日，中泰铁路合作项目一期工程正式开工。2019 年 9 月，中越之间开始同行“复兴号”动车组列车。2021 年 12 月，中老铁路全线通车运营。2022 年 10 月，中泰铁路进入全面建设阶段。2023 年 6 月，印度尼西亚雅万高铁将建成通车。第三，建立信息交互机制和旅游信息平台。信息的缺失与不对称往往都是旅游市场无序、竞争无序、管理无序的直接原因。信息共享平台能够推进区域内信息监督体系的建立，规范市场秩序，形成公平健康的旅游市场环境。第四，建立健全市场联合宣传渠道。通过拓展传统媒体与新媒体宣传渠道开展联合宣传，建立一个包含所有国家在内的旅游推介平台，将中国与东盟各国中各具特色的旅游品牌、资源、餐饮、景区等进行统一宣传引导，形成统一的区域旅游形象。第五，重视旅游人才在旅游市场合作中的基础性作用。区域旅游合作引领了跨区域旅游人才流动，可通过不断强化中国与东盟两地院校联系，倡议建立由两地旅游专家、学者等组成的旅游人才智库，并借助高校平台建设旅游人才培训基地，建设一批素质高、能力突出的国际型旅游人才。

2. 中国—东盟旅游企业的合作发展

中国与东盟旅游合作往来的日益密切也为旅游企业的发展提供了新的契机。伴随着政府的产业扶持和政策支持，“走出去”和“引进来”战略已经成为两地旅游企业发展的必然趋势，不仅能为两地游客提供一体化的旅游服务，也拓宽了两地旅游企业合作的新领域、新范式和新空间，最终实现旅游企业的一体化发展。

推动中国与东盟旅游企业“走出去”和“引进来”战略，需发挥政府、企业、市场的角色作用，分阶段有序完善战略合作[①]。第一阶段，政府主导、市场协调、企业参与。近年来，尽管市场红利得到释放、政府扶持政策频频出台，但考虑到旅游企业的风险承受能力不高、制度环境差异与旅游市场环境的瞬息万变，中国与东盟两地旅游企业在对于“走出去”和“引进来”战略的践行中仍保持观望态度[②]。在合作推进的前期，两地政府必须摆脱“纸上谈兵”的模式，需从法律法规、优惠政策、资金支持、合作协议等方面扩大市场准入，切实推进企业合作进程。第二阶段，市场和企业共同主导，政府协调服务。随着“走出去”和“引进来”战略的推进，市场的主导作用日益凸显，能够规范、引导和提升旅游企业的竞争模式和经营模式。此时，市场优胜劣汰将成趋势，并进一步塑造更具潜力、竞争力的优质企业，从而推进“走出去”和“引进来”战略的进程。在这个阶段，政府的主导作用已经逐步减弱，但是仍需政府出台更为全面、细致的引导政策，激发企业合作热情与相关业务的拓展，其协调和服务职能突出。第三阶段，企业主导，市场、政府优化和协调。此时，两地旅游企业合作机制日渐成熟，企业竞争模式也日趋成型，旅游企业占主导地位，市场、政府向服务型、协调型职能转换。同时，市场与政府的监督功能也日渐凸显，旨在引导旅游企业合作往品质化、专业化和体系化方向发展。

3. 中国—东盟旅游产品线路的合作发展

近年来，中国与东盟的旅游产业增速较快，但各自在全球旅游市场中的比例仍有上升空间[③]，以精品旅游产品线路支撑中国与东盟旅游合作发展具有天然的优势、现实的需求和可预期的未来。中国与东盟可充分利用地理临近性，重点强化我国泛西南地区与东盟各国的陆上旅游联系，借助海上旅游通道推进跨国旅游航线建设，最终实现资源共享、产品对接与线路优化。

① 王起静.市场作用、政府行为与我国旅游产业的发展［J］.北京第二外国语学院学报，2005（1）：20-25.

② 王新越，司武兴.21世纪海上丝绸之路国家旅游合作研究［N］.中国海洋大学学报（社会科学版），2016（2）：41-45.

③ 李志勇，徐红宇.基于欧盟经验的中国—东盟旅游一体化建设研究［J］.广西社会科学，2016（7）：37-41.

中国与东盟在加快旅游产品线路的合作步伐中，可重点在以下三个方面取得突破。一是依托海上旅游通道，联合开发旅游产品线路。应在完善现有的“新马泰”、海上邮轮等旅游线路的基础上，积极整合地区间的滨海资源优势，整体规划、推出不同线路类型、满足不同层次需求的海上旅游产品线路①。当前，广西防城港市与越南下龙市已实现通过邮轮航线为载体，将途经的各国著名景点作为停靠点，实现各地特色旅游资源、旅游景点、餐饮住宿等串联合并，形成独具地域特色的海上邮轮产品。未来中远期的海上旅游产品体系的完善可将该航线辐射延展至马来西亚、柬埔寨、菲律宾等相邻国家和地区，从而形成环东南亚海上邮轮旅游圈。二是借力地缘优势，积极拓展中国与泰、老、越、缅等国的边境旅游线路，尤其是湄公河跨境水上特色国际旅游线路，大力培育中国—东盟陆上旅游产品线路合作品牌。例如，在大湄公河次区域经济合作中，中国东兴市发挥“两国一城”的地理优势，与越南芒街市打造跨境全域旅游新业态，提供人员自由往来、车辆自由通行、签证便利化等便利措施，随之形成了“陆上桂林”“海上桂林”“两国四地”等边境黄金旅游线路②，实现了两地旅游资源共享、市场共拓、客源互送以及利益共享。跨境旅游产品线路既是发挥旅游业先行作用、通过旅游桥梁作用推动地区互联互通的重要举措，也是对毗邻国家旅游经济合作新模式的探索。三是根据东盟各国旅游产业特点开展差异化的旅游线路合作。从旅游业发展层次来看，部分东盟国家的旅游业是其主导产业，其旅游产业结构合理、基础设施完备，但也有部分国家虽有丰富的旅游资源但发展程度不够，旅游业只是这些国家的潜力产业。中国与东盟各国应根据各自优势项目和产业结构开展差异化线路合作。比如，新加坡、泰国的旅游发展水平较高，旅游竞争力均强于东盟其他国家，可侧重于多元化旅游产品与精品跨国产品线路的打造，开辟两地旅游形象宣传专栏；又如，中国南部各省与东盟各国有相似的海洋旅游资源，可强化在海岛度假等产品领域的合作（见图 1-3-1）。

---

① 邹忠全.中国—东盟旅游合作的现状与对策思考——基于中国—东盟《服务贸易协议》视角的分析［J］.广西社会科学，2011（8）：64-67.

② 陈露露，许莨文.东兴“六联合”打造“两城一国”全域旅游［N］.防城港日报，2017-12-06.

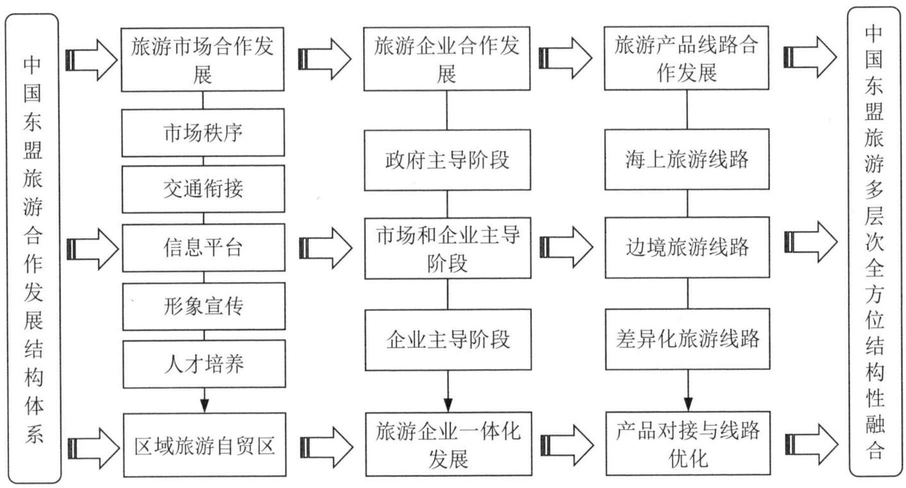

图 1-3-1　中国与东盟旅游合作发展的结构框架

二、中国与东盟旅游合作发展的主要路径

在“一带一路”倡议的引领下，启动中国与东盟旅游产业合作发展的先导战略，对开创地区新型旅游合作模式，推动两地旅游产业协同发展具有重要的基础意义。两地旅游合作发展的路径机制，需以谋求两地旅游共同繁荣为旨归，并完善观念构建、协作平台、协作网络、协作机制、利益共享等方面的内容，为两地旅游产业的一体化进程提供基础性保障。

1. 推动中国—东盟旅游合作发展的观念建构

旅游观念是民众对于旅游的态度以及旅游行为的意愿①，旅游合作观念则是民众对区域旅游集体协作、共同发展的态度，它具有整体性、层次性以及可塑性等特点，能为两地旅游合作塑造意识基础。2016 年东盟各国旅游部门集体通过了未来 10 年加快旅游业发展的《东盟旅游战略规划》，致力于推动东盟旅游市场的一体化，推进东盟内部民意观念、技术发展、经济建设等多方面的共同体建设。但是，由于中国与东盟以及东盟各国的发展水平以及发展诉求不尽相同，旅游合作观念存在较大的区域性差异，这也是近年来两地

① 亢雄. 旅游观念的嬗变与社会发展［J］. 延安大学学报（社会科学版），2015，37（4）：55-58.

旅游合作认同度不高的主要原因之一，两地还有待从观念建构上支撑旅游业的深层次合作。

旅游合作发展观念的建构可以从两地民意塑造、产业交流和政府对话等形式入手。民意可以理解为民众的意愿，在一定程度上代表了地区间、国家间的意识观念和民心相通指数。将旅游合作发展观念植入于地区的民意观念中，可在塑造地区民众旅游合作意识的基础上，便利旅游合作相关政策的推行实施，并引导民众主动参与到两地的旅游合作建设工程中。旅游产业交流可以从产业优势资源互补、信息共享、市场互通等层面开展，它有利于推进不发达地区的旅游产业升级，对于优化两地旅游企业的合作模式、经营机制乃至未来的合作发展方向均具有重要的引领作用。

从政府交流来看，中国与东盟已经建立了多渠道、多层次的政府对话形式和推介模式，如中国东盟中心联合北京电视台远赴东盟各国拍摄“你好东盟”，举办了中国—东盟旅游品质和可持续发展论坛暨东盟旅游图片展。此外，在“东盟旅游论坛”“中国福建周”“东盟旅游部长会议”等关于中国与东盟旅游业发展的旅游专项会议论坛也不在少数。两地可通过政府对话的引导和协作，建构旅游合作发展的国家观念。在两地旅游合作发展体系中，民意观念是基础，产业观念是重点，国家观念是核心，三者共同支撑着中国与东盟的旅游合作发展。

2. 设立中国—东盟旅游合作发展的协作平台

旅游协作平台是一个合作概念，合作秩序的形成、分工职责的明确、既得利益的分配都是在平台的搭建中实现。当前，中国与东盟以旅游合作发展为主要职能的官方合作平台、行业合作平台、民间合作平台尚未成熟建立，也成为掣肘两地诸多旅游决策、一体化建设落实的重要原因。中国与东盟可从政府、企业和民间三个层次设立旅游协作平台，专门负责两地旅游一体化建设。

政府协作平台可为两地旅游合作发展提供决策支持。由于中国与东盟各国在组织体制、管理模式等方面存在较大差异，短期内难以形成类似欧洲议会、欧盟理事会、非盟委员会等相对集中、统一的平台为两地旅游合作提供平台助力。因此，两地政府间旅游协作平台可在《中国—东盟自由贸易区全面经济合作框架协议》基础上，通过东盟与中国（10+1）旅游部长会议、东盟与中日韩（10+3）旅游部长会议等机制加强政策对话和决策合作，鼓励双方以互派成员的方式参加东盟年度旅游论坛、东盟高峰论坛、中国国际旅游交易会等，进一步成立以旅游合作发展为主题的旅游联席会议制度，侧重于两地旅游合作政策的制定、执行和完善，引导各国开展旅游合作。

企业协作平台是企业间实现优势资源互补、服务信息交换的重要渠道。旅游企业是两地旅游合作发展的重要参与主体，在推进两地旅游一体化建设中承担着信息共享、资源互补、人员互送、形象共建、价值共创等重要产业职能。当前，马来西亚中华总商会已经与中华工商联合协会联合签署了"一带一路"合作备忘录，建立跨国联通机制，以期为两地区搭建企业协作平台[①]。未来两地可联合建设中国—东盟旅游企业联合会、企业联盟等产业协作平台，不仅可在景区景点建设、旅游资讯发布、线路产品推介中起到催化作用，也可优化市场投资环境，引导旅游区内的招商引资和旅游地营销等方面的合作。

民间协作平台是政府、企业协作平台中的有力补充。民间组织具有关心社会公共利益、非营利性和志愿性等特点，在两地旅游公共服务建设中往往能做到比政府成本更低、效果更好[②]。目前，中国与东盟各国成立的民间协作平台有中国东盟协会、民间友好协会、华人社团、旅游协会等，举办开展的各类旅游研讨会、经验交流会在促进地区客源互送、强化旅游合作观念、增进人文交流中起到了关键性作用。

3. 建立中国—东盟旅游合作发展的协作网络

中国东盟旅游协作网络应以两地的旅游中心城市为依托，紧密围绕海陆两类旅游城市的联结，完善旅游合作发展的空间布局，建立旅游协作网络体系。这也应成为中国与东盟下一阶段旅游合作的共同目标。我国在 2015 年发布的《推动共建丝绸之路经济带和 21 世纪海上丝绸之路的愿景与行动》中明

① 曹家宁.中总与中华全国工商联签署备忘录　加强马中企业合作［N］.东方日报，2017-09-19.

② 唐兴霖，刘国臻.论民间组织在公共服务中的作用领域及权利保障［J］.经济社会体制比较，2007（6）：72-78.

确指出，将福建的福州、厦门、泉州纳入海上丝绸之路建设的重点港口城市，建立海上合作战略支点[①]，并持续将泉州打造成海上丝绸之路的先行区，在福州设立福州新区，积极推进厦门邮轮航线建设，加快平潭综合实验区等开发合作重要功能区建设，至今已初步形成中国与东盟旅游协作网络的基本雏形。

在建构中国与东盟旅游合作发展的协作网络时，以福建为中心的东南沿海省市是海上协作网络的建构重心，以广西为中心的西南邻近省份是陆上旅游协作网络建构的建构重心，最终实现以港口城市支点与内陆城市节点形成的两地旅游协作网络。在海上协作网络的建构中，福建作为古代海上丝绸之路的起点，在谋划对接东盟，辐射内陆城市中有着中转枢纽的积极作用[②]。进而，可发挥福建桥头堡作用，以上海—宁波—福州—泉州—厦门—广州—深圳等海上丝路节点城市作为中国—东盟海上旅游合作的中轴线，并沿海上丝绸之路辐射至整个东盟地区，建立起与东盟海上旅游合作的衔接网络。在海上协作网络中，将两地已有的协作城市节点（如广西防城港与越南下龙市）作为示范区，引导福建的福州—泉州—厦门建设成两地的海上旅游合作先行区，促进海上互联互通、商贸交流与文化往来；将上海、宁波、广州、深圳、海口、三亚等城市建设成海上旅游合作的重点区，打造沿海新型旅游合作新高地，加快上海、宁波与东盟的旅游协作步伐，推进海南国际旅游岛建设，形成面向东盟各国的国际旅游大通道、产业合作示范区和人文交流基地。在陆上协作网络的建构中，西南省份是陆上旅游协作网络有机衔接的重要门户。可重点推进广西、云南等内陆省份与泰国、越南、老挝等邻近国家在铁路、公路、航空等旅游网络通道的建设。其中，加快将南宁机场、桂林机场、北海机场、昆明长水机场建设成赴东盟旅游的国际枢纽中心；完善昆明—玉溪—磨憨—万象—曼谷高速铁路建设，进一步启动凭祥经谅山至河内、东兴经芒街至河内、龙邦经高平至河内等高速公路建设方案[③④]；简化出入境审批程

① 韩海燕．“一带一路”上的 15 个港口城市［J］．走向世界，2015（42）：82-87.

② 张江驰．协同理论视角下中国福建与东盟旅游产品体系构建［J］．乐山师范学院学报，2018，33（7）：59-61.

③ 徐冰．广西加强与东盟互联互通　五条高速公路直达口岸［N］．南国早报，2017-04-19.

④ 王志鹏．河内连接友谊关高速预计 2020 年贯通［N］．南宁晚报，2017-04-01.

序，建设中国—东盟旅游一体化合作试验区，打造投资自由化、贸易便利化、业态多元化的国际旅游示范区。

4. 确立中国—东盟旅游合作发展的协作机制

中国与东盟之间存在地区间隔、制度不同、文化差异、宗教冲突等差异因素，这使两地旅游合作发展的协作机制通常以政府为主导，通过政府行政力量来引导地区旅游合作发展。基于此，中国与东盟旅游协作还需从市场、企业、产品线路等层面寻找机会，建立主体多元化、行业综合化、多种机制综合协调的区域协作体系。

这一协作体系可分为三个方面：一是确立“政府主导、企业参与、民间支持、游客推动”的多元主体协作机制。多元化协作机制强调主体分工、优势互补、共生共存，如政府主体间建立长远的旅游发展规划、产业政策、地区风险管理与应急协作机制；旅游企业间建立客源互送、人才培养、资金保障等机制；民间建立信息对接、资源共享机制等。二是形成旅游行业综合管理机制。从东盟旅游发展规划来看，引导中国与东盟在旅游相关行业的合作，完善各行业间的综合管理模式和多层次协作机制，强化旅游业的带动效应和产业协作的良性循环已经成为重要内容。以泰国而言，近年来相继与京东、阿里巴巴、中旅总社等企业展开合作，相关合作备忘录亦有所签订，不仅包含旅游产业的合作与发展，也涉及地域开发、交通服务、会展服务、餐饮管理、文化教育、卫生医疗等相关产业。三是旅游宣传推广与营销机制。通过共同宣传与营销协作塑造区域旅游形象，使中国与东盟成为一个具有关联性的亚洲旅游品牌，并能被国内外游客所识别和选择。两地可整合各国的宣传资源和宣传平台，在特色旅游景区景点、旅游交通、旅游餐饮、旅游便利政策、旅游行程咨询等方面形成推广合力，逐步向全域化、整体化的旅游推介模式转换，并联合开展对外营销。进而，通过多主体协调、多层次行业沟通、多类别企业联合来构建“区域联动、政府主导、信息共享”的旅游协作机制。

5. 推动中国—东盟旅游合作发展的利益共享

利益共享是中国与东盟旅游合作发展的动力来源，关乎着两地旅游合作能否长期发展、稳定推进的重要问题。目前，东盟各国旅游竞争力的差异直接导致了资源、利益分配的不均衡，如泰国的国际旅游收入是老挝的 80 倍左右[①]。东盟各国内部的产业竞争也日益激烈，严重阻碍了两地旅游深层次合作与一体化建设进程。因此，塑造公平的旅游竞争环境、既得利益与优势资源的共享也成为两地旅游合作稳步推进的关键（见图 1-3-2）。

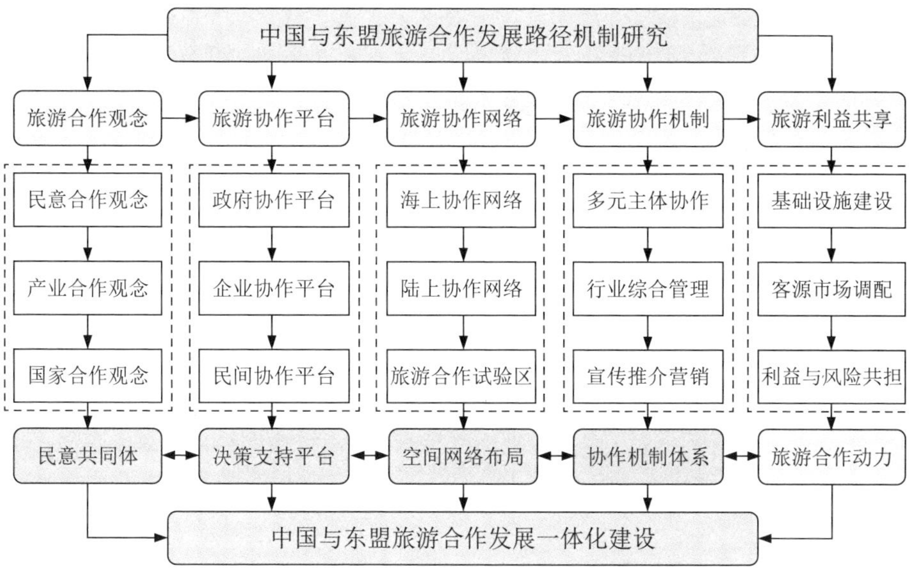

图 1-3-2　中国与东盟旅游合作发展的路径机制

旅游利益共享可从以下三个层面开展：其一，完善各地区的旅游基础设施与服务体系。具体而言，东盟各国旅游竞争力的差异在于旅游地基础设施的不完善，这也成为阻碍目的地可达性、区域一体化建设的重要因素。因此，可充分利用亚投行资金优势加强中国与东盟各国主要航线的建设，尤其是重点推动柬埔寨、缅甸、文莱、老挝等国家的内部航空、陆路、水路等交通体系建设。其二，实现各地区客源市场与规模的有机协调。东盟各国旅游人数主要集中在泰国、新加坡、马来西亚、印度尼西亚和越南 5 国，达到总人次的 84%[①]，而缅甸、老挝等国家则面临旅游发展乏力、设施设备资源闲置等

① ASEAN Secretariat. ASEAN Statistical Yearbook-2018［R］.Jakarta，2018.

困境。对于客源市场的协调，可加大国际旅游线路的开发、推出跨越多国的优惠联程航线，如推出新加坡—缅甸—菲律宾等跨国旅游产品线路，根据资源互补、产品衔接等进行优势整合，通过线路串联模式实现不平衡区域间的客源共享。其三，推动利益共享与风险共担机制的建设。中国与东盟旅游合作涉及多个国家和地区，政治环境、经济文化、民族宗教等关系错综复杂，两地旅游合作风险形势也日渐严峻。因此，在推进利益共享建设的同时，两地也要注重对风险的把控，从风险预防、风险监测、风险评价、应急管理等方面加强风险共担，为既得利益的分享提供坚实的基础条件。

总体上，中国与东盟地区的旅游交流逐年升温，两地旅游市场也具有越来越高的依存度，实现旅游产业的合作发展、推进区域旅游整合既是两地旅游合作的必然趋势，也符合两地人民的共同利益。因此，中国与东盟应积极推动两地旅游产业的合作发展，并将其作为推动“一带一路”倡议体系的重要先导手段和先行战略，同时从合作观念建构、协作平台建设、协作网络发展、协作机制优化、合作利益共享等方面予以推动，以为中国—东盟旅游产业的协作发展与共同繁荣提供战略基础。

第二章　东盟国家的安全形势

和平与发展是当今世界的总体发展趋势，但国际安全形势却日渐复杂。其中，领土纠纷、资源争夺、民族分裂主义、极端宗教恐怖主义等对国家安全环境的冲击日渐严重。近年来，随着东盟一体化的持续推进，其面临的安全形势与风险挑战也是与日俱增。因此，加强两地的旅游安全合作，既要考虑合作进程的顶层设计和市场基础，也需要充分重视各国的政治、经济、文化、社会等发展形势及其对旅游安全合作带来的综合影响，更需要谨慎厘清各国的安全风险形势、特征及形成机制，以实现两地旅游安全合作的务实、健康、有序。

随着全球治理体系的变革和发展，民族分离主义、恐怖主义、宗教极端主义逐渐成为世界各国在安全问题上的共同敌人，没有一个国家可以置身事外。自古以来，东盟十国因其独特的地缘政治格局和资源结构，一直是大国实现抱负的必争之地。同时，东盟内部的地理环境、民族冲突、社会治安、宗教历史关系等错综复杂，加之近年来全球化秩序的挑战和国际局势的瞬息万变，让东盟的安全环境与形势处于较为复杂的状态。

第一节　东盟南部六国的安全形势

马来西亚、印度尼西亚、泰国、菲律宾、新加坡、文莱六国是东南亚国家联盟的早期缔约国家。1967 年 8 月 8 日，马来西亚、印度尼西亚、泰国、菲律宾、新加坡在泰国首都曼谷成立东南亚国家联盟，并发表了《曼谷宣言》。1984 年，文莱加入东南亚国家联盟。越南、老挝、缅甸和柬埔寨等北部国家则是在 1995—1999 年间相继加入东南亚国家联盟。相比较而言，东盟南部六国的经济发展水平高于北部四国，南部六国的旅游业发展也较为成熟。

一、马来西亚的安全形势

近年来，马来西亚的经济形势处于平稳增长的态势，国家保持总体稳定与和平的状态。但是，由于历史遗留问题、领土资源争端、海上恐怖主义的凸显以及内部民族冲突、政治动荡等安全隐患的存在，地区矛盾时有发生。

马来西亚自独立以来，领土边界争端和冲突问题始终伴随着国家的成长①，是马来西亚外部风险的重要来源，其形成主要源自历史遗留问题、领土资源纠纷和海上恐怖主义等因素。第一，历史遗留问题。由于历史上对于国家边界划分模糊，加之长达 5 个世纪的殖民统治以及领土继承关系的混乱，特别是领土主权与政治制衡、经济纠纷相互结合，以致马来西亚的历史遗留问题更加难以彻底解决。其中，马来西亚与菲律宾关于沙巴的主权纠纷、与新加坡的白礁岛主权之争就是历史遗留问题的具现化，其纠纷呈现愈演愈烈势态，逐渐上升到局部武装冲突的地步。第二，领土资源纠纷。领土资源纠纷是驱动国家间矛盾的重要成因，也是国家发展过程中资源争夺矛盾的体现。根据东盟统计年鉴，2019 年马来西亚 GDP 增长率均为 4.3%②。多年来，马来西亚国家经济增长稳健，综合实力得到了很大的提升，依赖强健的国内需求和国际贸易的增长，其对于资源要素的需求也与日俱增。因此，马来西亚与周边国家在资源问题上变得愈加敏感，马来西亚与印度尼西亚的岛屿主权争议等，都是最为突出的证明。在马来西亚与印度尼西亚的岛屿争议中，国际法院已经在 2002 年根据有效统治理论对两个岛屿主权的归属问题做了明确的判别③，并发展出一些特定的规则和方案来处理由东南亚复杂地理特征所引发

① 岳蓉.《五国防御协议》：马来西亚安全困境下的合作［J］. 历史教学，2014（6）：19-22.

② ASEAN Statistical Yearbook 2015［R］.Jakarta，ASEAN Secretariat，November 2016.

③ 朱利江 . 马来西亚和印度尼西亚岛屿主权争议案评论［J］. 南洋问题研究，2003（4）：60-70.

的领土纠纷问题。但是，丰富的油气资源和众多不确定因素还是让马来西亚和印度尼西亚的岛屿纠纷愈演愈烈。第三，海上恐怖主义与安全威胁。马六甲海峡是马来西亚一个重要的国际贸易交通港埠，该海峡呈东南—西北走向。从横向来看，其位于太平洋和印度洋分隔线。从纵向来看，它位处亚洲和大洋洲的交界。马六甲海峡不仅是海上贸易的重要航道，也是世界海、空运输的枢纽中心。21 世纪以来，全球超过四分之一的运输和一半的石油运输都要经过这里，每年有 50% 的船只往来[①]。马六甲海峡独特的地缘政治地位和经济价值也使得海上恐怖主义和海盗日益猖獗。根据《2020 年全球海盗活动报告》，东南亚地区遭遇的海盗事件达 66 起[②]（表 2-1-1）。

表 2-1-1　2016—2020 年东南亚地区海盗事件分布

	2016 年	2017 年	2018 年	2019 年	2020 年
Indonesia（印度尼西亚）	49	43	36	25	26
Malaysia（马来西亚）	7	7	11	11	4
Philippines（菲律宾）	10	22	10	5	8
Singapore Straits（新加坡海峡）	2	4	3	12	23
Thailand（泰国）	0	0	0	0	1
Vietnam（越南）	9	2	4	2	4

数据来源：2020 年全球海盗活动报告

马来西亚内部的安全挑战主要由种族冲突、政党矛盾和社会治安等因素引起。近几年来，马来西亚的种族冲突仍持续存在，核心问题集中于马来人与华人在政治地位和经济实力上的不平衡。众所周知，马来人以马来西亚土著身份自居，政府赋予的特权使其在政治、法律、教育等方面拥有绝对的特殊地位。但是，华人的平等公民权难以得到确切保障，经济领域具有较高成就的华人不甘心在政治上无所作为，而依赖政府扶持的马来人对在经济领域

① 凌常荣 . 资源型区域旅游产品开发路径研究［M］. 中国社会科学出版社，2011.

② ICC-IMB. Piracy and Armed Robbery Against Ships Report：1 January-31 December 2020［R］.ICC-IMB，2020：6.

成功的华人也产生了心理不平衡甚至妒忌[①]。随着经济差距的进一步扩大，马来西亚种族矛盾更为明显。在政局方面，由于马来西亚前总理纳吉涉贪[②]，将马来西亚政局内部的一些潜规则得以披露，这使原本并不稳定的政治生态更加混乱。尤其是巫统内部的政见分歧与反对党联盟的分裂，使得马来西亚的政治转型进一步加快，马来西亚政局正处于一个分化和组合的过程中。在社会治安方面，马来西亚对社会安全治理工作十分重视，治安状况相对而言较为稳定。然而，随着近几年国家经济形势的向好，大量外籍劳工涌入和非法入境等现象不断发生，使原本良好的社会治安情况有所下降，这给政府也带来了沉重的治理压力。

二、印度尼西亚的安全环境与形势

印度尼西亚是东盟最具有影响力的成员国之一，整体安全形势较好，经济发展迅速，民生逐步改善。不过，领土纠纷、海上安全挑战依然威胁着印度尼西亚的外部安全和稳定，内部也面临着政治不稳、民族主义情绪高涨、宗教恐怖主义、贫富差距过大等问题。

自16世纪开始，印度尼西亚便开始了长达百年以上的殖民历史。在殖民地历史中，随着殖民地的肆意分割与殖民国家的更迭，以致为印度尼西亚独立后留下了众多纠缠不清的领土纠纷和权益冲突。因此，为适应转型期与纠纷解决的需求，印度尼西亚也将解决领土纠纷作为重要任务，其主张推行的《仲裁法和非讼纠纷解决程序》在一定程度上缓解了领土纠纷问题，但浓厚的宗教色彩与殖民历史也深刻影响着印度尼西亚的仲裁解决机制和社会治理模式。比如，与越南在相邻海域重叠部分的权益划分，与新加坡、菲律宾在岛屿主权归属的领土纠纷，与马来西亚的海疆划界争议等[③]，这些悬而未决的历史遗留问题在一定程度上干扰了地区的稳定。印度尼西亚的海上安全问题发

① 吴芸．马来西亚的多元文化及族群问题研究［J］．思想战线，2014，40（4）：44-47.

② 游雅雯．马来西亚总理纳吉涉贪弊案之发展及其政治效应：兼论对族群政治的影响［J］．战略安全研析，2015（125）：49-54.

③ 鞠海龙．印度尼西亚海上安全政策及其实践［J］．世界经济与政治论坛，2011（3）：25-36.

端于15世纪末，当时其正饱受因地区经济发展极度不平衡矛盾而引发的社会纷争，这使得西方殖民统治者趁虚而入，开启海上侵略战争。之后，由于印度尼西亚是世界上最大的群岛国家，储量丰富的石油、矿产和海洋资源逐步得到开发，并且毗邻马六甲海峡，地处东西交通要冲，地缘战略地位显著，使得海上安全成为印度尼西亚的现代化难题。长期以来，传统的海上殖民危机、安全利益和经济利益使印度尼西亚面临海上恐怖主义、海盗掠夺、跨国犯罪的安全困境，现阶段与域外大国干涉、国内政治冲突和地区矛盾纠纷的关系也日益密切。

印度尼西亚内部的风险来源较为多元。第一，政府腐败问题严重。归根结底，印度尼西亚的腐败问题并非一蹴而就，在前总统苏哈托的独裁统治时，印度尼西亚就已经成为世界上腐败较为严重的国家。虽然在之后印度尼西亚不断加大反腐力度，推进民主转型，也先后成立了“印度尼西亚根除腐败委员会”、印度尼西亚检察制度等专门打击政府腐败机构[①]，专项开展腐败领域的国家监督和社会治理，但官僚体系庞大，内部腐败网络盘根错节，导致腐败现象依然在惯性蔓延，遍布社会生活的各个角落，甚至呈现从台下走上台面的发展势态。第二，民族主义情绪高涨。印度尼西亚民族成分复杂，是一个由爪哇族、巽他族、马来族和华族等多个民族构成的多元文化社会，其文化包容程度低，具有较为强烈的民族主义之风。其中，由于华人与当地居民贫富悬殊，不断激起了民族间的暴力冲突事件和大规模的排华事件，“黑色五月暴动”排华暴乱[②]更是将印度尼西亚的民族认同问题推至风口浪尖，国家也曾一度因为民族冲突而面临分崩离析的困境。近年来，随着印度尼西亚民主改革开放政策的推进，华侨华人的经济地位和政治局势有所缓和，“华人省长”“华人市长”等参政行为也在逐步放宽，种族标识也在开始慢慢淡化。第三，极端恐怖主义行为接连发生。印度尼西亚有许多穆斯林，存在一些宗教极端主义和恐怖主义分子，伊斯兰恐怖主义势力也蔓延全国各地。21世纪以

① 李莉.印度尼西亚检察制度简介［J］.法制与经济，2010（10）：110-112.

② 郭秀玲.身份认同视角下的“黑色五月暴动”原因探析［J］.湖北科技学院学报，2015，35(6)：88-90.

来，印度尼西亚共同呼吁全体民众抵抗恐怖主义威胁，不断加大社会警察执法力度、舆论控制体系和军事高压打击措施，但国内仍接连遭受恐怖袭击事件。譬如，2002 年巴厘岛爆炸事件、2003 年雅加达万豪酒店恐怖爆炸事件、2004 年澳大利亚驻印度尼西亚大使馆恐怖爆炸事件、2009 年雅加达恐怖袭击事件等[①]，都显示恐怖袭击风险的长期存在。恐怖主义的肆意横行不仅对印度尼西亚经济的发展与社会稳定造成一系列消极影响，也成为内部安全隐患的重要来源。

三、泰国的安全环境与形势

泰国是东盟的第二大经济体，20 世纪 90 年代其经济高速发展，从而跻身成为“亚洲四小虎”之一。泰国是世界闻名的旅游胜地，旅游业是泰国的支柱产业之一。1997 亚洲金融危机之后，泰国经济陷入衰退。近年来，受动荡政局和新冠疫情的影响，泰国的经济形势呈现波动状态，增长速度较慢[②]。泰国是一个佛教盛行的国家，民众的行为心态较为平和。但是，泰国面临着领土纠纷、分裂主义、政治冲突等因素的影响，长期存在的阶层分化、频发的自然灾害等，也是泰国面临的安全隐忧，这些对泰国的安全形势和稳定发展造成了一定程度的冲击。

从外部安全环境来看，泰国与缅甸和柬埔寨等国家间的领土争端一直难以调和。泰国与柬埔寨的领土纠纷来自柏威夏寺附近地区的领土主权归属争议。柬泰关于柏威夏寺的纠纷兴起于 18 世纪的殖民时期，2007 年柏威夏寺的申遗工作开展间接引发两国强烈冲突，之后也连续发生了多次争议和边境武装冲突[③]。近年来，虽然两国一直释放出通过和平协商解决争端的意愿，但是局部冲突仍时有发生，双方均有人员损伤。泰国与缅甸作为两个陆上邻国，陆地边界领土争端和海域冲突皆时有发生，归根结底主要是英国“殖民遗

① 劳志健 . 我国海外直接投资政治风险初探［J］. 经济研究导刊，2008（11）：91-92.

② 唐卉，陈红升 . 泰国：2019 年回顾与 2020 年展望［J］. 东南亚纵横，2020（2）：22-32.

③ 杨勉 . 柬埔寨与泰国领土争端的历史和现实——以柏威夏寺争端为焦点［J］. 东南亚研究，2009（4）：4-8.

产”、民族问题和自然环境变更等因素造成的[①]。近年来，缅甸反武装分子作乱频频，以致缅甸边境多次爆发武装冲突，流弹也殃及邻国泰国，这不仅对两国关系的正常发展产生了消极影响，也为泰国的国家安全造成了一定程度的威胁。

从内部环境来看，南部分裂主义、政治生态不稳与社会分化现象日益严峻，这些都成为制约泰国社会长期稳定发展的关键因素。主要表现在：其一，南部分裂主义频频爆发。长期以来，泰国致力于推进南部穆斯林极“泰化”民族政策，以实现在语言、宗教、教育、习俗等方面的同化，缓解国家内部的民族分裂问题。然而，在地区经济差异过大、泰国民主转型的推进以及其政治地位被边缘化等多重因素的干扰下，泰国的民族隔阂进一步加深，南部民族问题愈加尖锐。同时，泰国南部伊斯兰主义的分裂主义行动一直不断，其主要目标是想通过分离南部四府从而建立独立的伊斯兰国家。其中，民族问题和宗教冲突也相互交织其中，暴力手段频频升级，引起了社会各界的强烈不安。其二，政治生态日趋复杂化。泰国是一个议会制君主立宪制国家，但与英国等君主立宪制国家不同，国王仍是国家的最高领导人，掌握国家的军事领导权。因此，在政治制度的特殊性上，泰国是世界上政变最多、政权更迭最为频繁的国家。泰国的军事政变行为虽然能够短暂控制政治局势，防止事态的继续扩大，但也未能从根本上实现国家政治生态的稳定，诸多政治诉求难以达成。其中，自 2014 年由执政党泰党议员沃拉差提出“特赦法案”引发的军事政变后[②]，国内政治对立派别间的分歧日益凸显，各种反政府示威活动、大规模学生民主运动等抵抗运动仍不间断。其三，社会阶层分化。早期，泰国社会阶层处于固化的状态，社会底层贫困人群与中产阶级人群泾渭分明。自 21 世纪以来，随着泰国经济的发展，泰国社会阶层的固化现状被逐步打破，阶层冲突逐步凸显，其中底层民众与精英阶层的利益冲突是泰国社会乱局的根源所在，并且代表大批社会底层支持者的“红衫军”与代表社会

① 邵建平．缅甸和泰国领土争端的由来及解决前景［J］．东南亚南亚研究，2011（4）：17-22.

② 憬怡．赦免法案引发泰国风暴［J］．南风窗，2014（3）：79-80.

精英阶层和财阀支持的“黄衫军”之间长期对峙，矛盾日益激化。其四，贫富悬殊难以调和。近年来，泰国经济稳中有升，然而伴随着经济发展的是贫困水平的持续和贫富差距的进一步扩大。泰国是世界上贫富差距最大的国家之一，根据世界银行的统计数据，2019 年泰国的基尼系数为 34.9[①]。

四、菲律宾的安全环境与形势

独立至今，菲律宾历经数次经济快速增长，大体环境仍是以和平为主，但外部环境不容乐观，国家局部地区冲突也频繁发生。其中，与周边国家的岛屿主权争端和恐怖主义势力一直是其外部环境的不稳定因素，国内的毒品犯罪、贫困失业和民族问题也日益严峻。

首先，南海争端成为菲律宾外部安全局势的最主要来源，其局势也牵动着各方视线和利益。中国与菲律宾在南海的争端主要是围绕着岛礁主权归属和海域划界问题引发的。近年来，菲律宾与域外大国非法仲裁南海争端，在南海海域恶意扣押中国渔船以及开展军事演习，同时又游走于域外大国之间，企图借助域外大国来实现领土占有目的。因此，中菲关系持续在紧张—缓和—紧张中循环，国家领土主权完整不容破坏，南海独特地缘战略和丰富资源也引起了域外大国的高调介入，已逐步形成极其复杂、敏感的国际政治生态圈。再者，国际恐怖主义势力的猖獗也逐渐成为威胁菲律宾国家安全的重要因素。根据美国国务院“2019 年恐怖主义国别报告”显示，2019 年菲律宾发生 6 起恐怖袭击事件，其中 1 月 27 日苏鲁（Sulu）的乔洛大教堂（Jolo Cathedral）发生的自杀式袭击，造成 23 人死亡、102 人受伤[②]。因此，菲律宾已经成为东南亚恐怖主义的“重灾区”，面临的国际恐怖主义威胁日趋严峻，其不仅在菲律宾全国范围内惯性蔓延，拥有根深蒂固的庞大势力，也引发了一些政局动荡和社会不安定。值得注意的是，恐怖主义势力与菲律宾南部叛乱的关系也日益紧密，出现了舆论误导、反华示威、恐吓威胁等迹象，严重

① The World Bank. Gini index（world bank estimate）. 网址：https://www.statista.com/，2021-10-02.

② Department of State . Country Reports on Terrorism 2019［R］.https://www.state.gov/country-reports-on-terrorism/，2021-10-02：54.

威胁到了国家安全和社会的强烈不安。

菲律宾内部的安全风险隐患呈现多元化发展趋势，主要表现在：第一，国内毒品泛滥。毒品犯罪已经成为影响菲律宾社会秩序的一大毒瘤，从全国范围来看，有四分之一的地区深受毒品犯罪的困扰，有十分之一的人口参与其中；从地理位置来看，菲律宾位于美洲与亚洲金三角毒品交易的中转地，岛屿众多、海岸线复杂以及治安巡逻盲点也给毒品的二次散发提供了便利；从贩毒网络来看，国内贩毒体系盘根错节，不仅与政坛高层关系密切，也涉及国外的势力参与其中。近年来，杜特尔特政府连续采取了高强度的禁毒行动①，在政府的严厉打击下，菲律宾的毒品活动有了明显的下降。但随着政党的轮替，这一禁毒成果能否保持尚未可知。第二，民族问题引人注目。菲律宾是一个拥有 90 多个民族的多民族国家，其民族问题主要来源于两个方面。一是菲律宾国族与山地少数民族的生存冲突，其主要原因在于国家政策对于国族的倾斜与扶持，但对山地少数民族生存空间、生存环境和自然资源则进行压榨、掠夺，自然而然地引发了山地少数民族的强烈不满。总体上，这也是由民族整合和政府政策所引发的矛盾。二是摩洛人的分离主义运动。菲律宾南部的民族分离运动受到历史殖民统治影响非常大，民族问题也逐渐从局部演变成要求独立的运动，主张建立全新的伊斯兰国家。在 2000 年，时任总统埃斯特拉达全面发动军事战争并攻陷该组织，但是至今民族冲突问题和武装对抗现象依然十分严峻。据悉，现国内民族的民族分离问题持续恶化甚至泛滥，与国际恐怖主义的联系也日益密切，并企图将其建设成东南亚恐怖极端分子的犯罪基地②。第三，自然灾害严重。值得注意的是，菲律宾是一个领土较为破碎的群岛国家，且地处东南亚的边缘地带和太平洋地震带，火山、地震、台风等自然灾害较为频繁。近年来，由于政府自然灾害应急能力建设不足以及自然环境的进一步恶化，台风、洪水、地震、泥石流等自然灾害频发，不仅造成了极大的人员伤亡和财产损失，也引发了民众对国家风险治理

① 杨静林.菲律宾的毒品安全问题与杜特尔特政府禁毒运动研究［J］.中国—东盟研究，2018（1）：17.

② 何欢 . 从棉兰老岛战事探析菲律宾的恐怖组织［J］. 世界知识，2017（13）：36-37.

和安全防范的强烈不满。第四，贫困和失业加剧。2012—2019年，菲律宾国内生产总值保持在6%以上，稳步增长的经济创造了许多就业机会，但是整个国家仍是处于就业不足的状态，至2018年贫困率仍有16%以上[①]。并且，时常出现经济动荡，贫富差距大、贪污腐败严重等因素，进而引发的社会不安定也成为阻碍其继续发展的一大挑战。

五、新加坡的安全环境与形势

新加坡是一个多元化的移民国家，也是东盟地区中唯一的发达国家，在人均收入、社会保障、基础设施建设等方面均居世界前列，有与小国不相称的国际地位和综合实力，也是社会安全发展程度较高的国家。根据经济与和平研究所公布的《2022全球和平指数》，新加坡安全指数位居亚洲第一。

在政治上，新加坡实行议会制共和制，人民行动党长期执政，地位稳固，政治形势非常稳定。近年来，李氏家族政治内斗对政治局势造成了一定的冲击，但整体内外安全局势仍保持良好的发展态势。在外交上，新加坡奉行和平、中立、不结盟的外交政策，并奉行“大国平衡策略”，既主张美国势力继续留在亚太地区，也重视与中国发展友好合作关系，同时与欧洲国家保持良好的合作关系。

在经济上，新加坡采取开放性的经济发展战略，以金融服务业为支柱性产业，产业结构合理，经济稳步增长。在2021年，新加坡人均GDP达到7.28万美元，居亚洲第1位。在社会治理方面，警察工作效率高，贪污犯罪案件少，社会治安良好。因此，新加坡整体安全环境良好，经济发展稳中有升，为旅游产业的发展提供了良好的外部条件。

但是，新加坡与马来西亚在新马长堤大桥修建、供水价格、白礁主权等议题方面常常存在争议和纠纷，并成为两国紧张关系的重要诱因。在新冠疫情后，全球政治经济形势剧烈变动，新加坡的海外移民不断增多，这逐渐推高了新加坡的房产价格和生活成本，也给新加坡的安全环境增添了新的不稳

① 菲律宾减贫取得积极进展［N］. 人民日报，2019-12-17（17）.

定因素。

六、文莱的安全环境与形势

文莱虽然是个弹丸小国，但却是世界上最富裕的国家之一。文莱保持多年来的发展格局，政治社会稳定，经济增长迅速，国家整体环境明朗。在政治上，文莱是世界上少有的君主专制国家，政教合一，君主拥有绝对的掌控权，政局稳定；在经济上，文莱拥有丰富的油气资源，依靠资源的出口极大地刺激了国家经济的增长，人均 GDP 居世界前列；在社会福利方面，国家奉行取之于民、用之于民，医疗、住房、教育等均得到高水平保障，社会福利制度完善。

然而，与内部明朗的环境相反，文莱的外部安全环境则令人担忧，它面临着海上安全建设和领土资源等复杂的矛盾纠纷。在海上安全方面，文莱内陆多为山地，近海地区蕴藏着丰富的油气资源，海上航道不仅是文莱对外贸易最主要的贸易通道，也是国家进出口产品的贸易渠道，因此海上安全也直接关乎着国家经济的发展和社会的稳定。纵观地区安全形势，文莱海上安全风险来源有三个层面：一是南海争端对文莱海上安全的影响和冲击。在南海安全局势中，文莱海上权益主张相继与中国和马来西亚的海上权益发生冲突，国家间的冲突时有发生，愈演愈烈。二是域外大国的博弈所引发的传统安全挑战。随着美国推进重返亚太战略以及签署跨太平洋伙伴关系协议，其高调介入东南亚各国争端，联合各国开展军事演习和修建军事基地、军港等，以保持并扩大在东南亚地区的军事影响力，使原本并不稳定的安全形势愈加复杂。三是海上恐怖主义、海盗、跨国犯罪等非传统安全问题日益猖獗[①]。相关研究表明，亚洲公海的海盗及劫船事件占全世界的比重高达 7 成以上，其中发生在南海和马六甲海峡的海盗事件占世界的30%~60%[②]。可见，南海和马六甲海峡是海盗事件高发的热点地区。近年来，由于狭小的国土面积和有限的

① 鞠海龙．文莱海上安全政策初探［J］．东南亚研究，2010（6）：24-28.

② 杜德斌，马亚华，范斐，等.中国海上通道安全及保障思路研究［J］.世界地理研究，2015(2)：1-10.

人口，难以实现在国家内部建立一支完全自给自足的军事力量，文莱逐步将大国平衡策略与外部的地区集体安全战略作为海上安全维护的重要方式，以实现海上安全与平稳发展的目的。

在领土资源纠纷方面，其主要矛盾是围绕着文莱与马来西亚关于林梦地区的主权归属为焦点而展开的。从地理位置上看，文莱与马来西亚相接壤，林梦地区正处于两个国家中间，自2009年以来，两国就该地区的主权、边界划定以及资源归属等问题进行多方磋商，至今仍未完全达成一致。文莱对林梦地区所持的立场和权益主张与马来西亚坚持的观点和主张相悖，地区风险形势岌岌可危，有上升到局部武装冲突的发展趋势。

第二节　东盟北部四国的安全形势

越南、老挝、缅甸、柬埔寨等东盟北部国家于20世纪90年代加入东南亚国家联盟。由于受柬越战争、美越战争和国家环境等因素的影响，北部四国的经济发展水平相对较低，社会安全形势较为复杂。近年来，发展经济成为东盟各国的主要导向。在此背景下，发展旅游经济成为东盟四国的重要发展战略，优化安全环境则成为重要的基础任务。

一、越南的安全环境与形势

越南奉行独立、自主、合作与发展的对外政策，当前时期不存在明显的外部安全隐患。近年来，随着越南国家经济快速发展，其国家安全形势也逐渐产生变化。但是，越南国内却饱受贩毒行为、民族矛盾、宗教信仰等非传统安全问题的侵扰，安全形势令人担忧。

在外部风险方面，越南的主要不稳定因素来自中国与越南的南海争端及其可能引发的海上摩擦。南海丰富的油气资源是地区矛盾激发的一大诱因，同时由于南海独特的地缘政治地位，域外大国高调介入南海事件，与越南一道在南海进行角逐，使得南海争端更加复杂化。

在内部风险方面，非传统安全隐患日渐凸显，引发了社会各界的强烈不安。越南毒品犯罪形势严峻，呈现国际化的发展势态。越南毒品泛滥历史悠久，已经成为越南社会发展的重大障碍，不仅贩毒网络盘根错节，吸毒人群居高不下，更是衍生了大量的违法犯罪和社会顽疾。当前，越南已成为毒品的集散地和转运至世界各地的枢纽。为了应对这种严峻的形势，越南近年来也开启高压“禁毒战”，不仅完善了立法体系，也先后成立了“预防和打击毒品犯罪局”和“国家毒品预防和打击委员会”等专门机构打击毒品走私犯罪。

越南人口拐卖犯罪和偷渡形势严峻，已发展成为严重的社会问题。越南的人口拐卖犯罪一般是跨国犯罪行为，人口贩卖罪犯运用多样化的手段将女性诱骗到国外参加卖淫或非法婚姻活动，以牟取暴利。中国是越南人口拐卖的重要目的地国家。此外，越南有不少民众在蛇头的组织下偷渡到西方国家，在路途中遭遇死亡的案例也不断发生。2019 年，英国警方在一辆卡车的拖车中发现 39 名越南籍的偷渡客死亡[①]。近年来，越南在加大国内执法力度的同时，也密切联合周边国家共同打击人口拐卖犯罪，取得了不错的成效。

越南的民族宗教问题仍存在。近年来，越南民族问题和宗教矛盾相互交织，地区暴力事件不断。其中，天主教和非法佛教在全国多个省份迅速发展，并通过非法手段向政府施压，企图实现不合理政治诉求。西原地区的“福尔罗”民族分裂问题是越南三大民族分裂问题中最为严重的，其势力逐渐壮大，并企图在中、越、老三国交界地区建立“赫蒙自治王国”，欲实现独立自治。此外，部分新疆“东突”分子把越南作为出逃中转站，不断从中越边境非法出境，然后到泰国等地集结，图谋前往中东参加“圣战”，进一步加大越南社会安全风险。

越南的社会治安问题持续升温。越南已经逐步确立了以国有制经济为主、其他所有制经济共同发展的社会主义经济制度，经济水平处于稳定发展阶段，但社会贫富差距也持续加大，加之贪污腐败、社会保障不足、政府执法纠纷等问题，游行集会、暴力犯罪等事件频频发生，严重威胁到了社会的安定。

① 章雅荻 . 全球人口贩卖与移民偷渡挑战仍然严峻［J］. 世界知识，2019（23）：65-67.

越南华人与当地居民的矛盾难以调解。越南当局采取了多种手段，不仅在政治上压制华侨，更是在经济上铲除华侨的影响，越南民众的反华情绪也随领海纠纷不断升温。2014 年 5 月 13 日，越南发生了打砸中资企业和华人的骚乱事件，2016 年、2018 年都曾发生反华游行活动。越南社会不时爆发的反华情绪，对于经济社会发展是一个严重的隐忧。

二、老挝的安全环境与形势

老挝经济发展水平处于东盟国家末端，但全民信仰小乘佛教，性格温和，民风淳朴，政局稳定，国家安全环境相对平静。其中，老挝不存在明显的外部安全隐患，但内部的政府腐败、未爆炸弹威胁、毒品犯罪、自然灾害等一直都是掣肘老挝经济发展和社会稳定的重大弊病。主要的安全风险包括下列因素：

第一，官场规陋繁多，政治腐败严重。老挝是一个贫穷落后的农业小国，公职人员工资待遇较差，相关的法制法规也不健全，加之监管和监督不到位，以致项目贪污、职权滥用、行业受贿索贿的现象频频发生，警察、政府官员、国有企业、法庭等都是腐败延伸的阶层。根据 2020 年清廉指数排行榜，老挝排名全球第 134[①]。此外，由腐败滋生的犯罪，如走私、贩毒、枪械等行为日益扩大，已经严重危害到了国家安全和社会稳定。

第二，承受未爆炸弹的威胁。在 20 世纪 60 年代至 70 年代越南战争期间，美国总计在老挝的 58 万次轰炸中倾泻了 200 多万吨炸弹。其中，美军在老挝投掷了 2.7 亿枚集束炸弹，大约 8000 万枚未爆[②]。同时，这 8000 多万枚未爆炸弹不清楚埋藏的具体位置，不知道埋多深，不了解炸弹威力范围，全部清除尚需大量探查的时间，以致全国部分区域饱受炸弹的威胁。同时，大量未爆炸弹也使得原本可以用于农业、工业、建筑、旅游的建设土地遭到一定程度的污染，阻碍了老挝经济的整体发展。

---

① Transparency International. The corruption Perceptions Index [R] .2020.

② 8000 万枚隐患——美国人在老挝扔了什么型号的炸弹 [J] . 兵器，2022（4）：2.

第三，毒品犯罪日益泛滥。老挝地处世界三大毒品生产地之一的金三角，毒品生产与贩卖活动屡禁不止，贩毒网络盘根错杂。在高压禁毒的背景下，国内毒品犯罪仍呈现团伙化、分散化和多元化等现象，其中社会贫富差距的进一步扩大以及地区经济发展的极度不平衡是国内毒品形势日益严峻的根本原因。毒品犯罪行为的猖獗不仅给政府带来了极大的治理压力，另一方面也给社会的稳定构成了极大的威胁。

第四，重大自然灾害频发。老挝地属于热带、亚热带季风气候，是一个以水稻为主要经济作物的不发达国家，国内部分地区年年频发干旱和洪涝等自然灾害。由于基础设施不足和抗灾能力低下，老挝应对自然灾害的能力较为薄弱，由此造成的灾害损失较为严重，对国民经济的发展造成了沉重影响。

三、缅甸的安全环境与形势

缅甸是东南亚经济发展水平较为靠后的国家，2013—2018 年的 GDP 年均增速达到 6% 以上，但受国内形势和疫情的影响，2019 年—2020 年增速下滑。从安全环境与形势来看，缅甸处于局部地区小乱不断、总体局势基本可控的局面。但是，2021 年的军事政变改变了缅甸的政局和内外部环境，缅甸国内持续发生游行示威活动。同时，长期存在的毒品问题、宗教矛盾、民族冲突、难民潮等是造成缅甸内部社会不稳定的重要根源。

在毒品问题方面，缅甸北部与泰国、老挝交界的金三角地带一直都是国际毒品的最大来源地之一。在缅甸，国家经济发展水平起点较低，伴随着长期的国家战乱和社会动荡，人民生活条件也非常贫困，地域、战争与贫困等多方面因素使得国家的毒品犯罪现象日益膨胀。虽然近年来缅甸的罂粟种植面积在不断减小，但是缅甸仍然是东亚和东南亚以及澳大利亚鸦片和海洛因的主要供应国①。至今，缅甸国内贩毒形势错综复杂，贩毒集团贩毒网络范围遍及全球，

① UNODC. opium production drops again in Myanmar as the synthetic drug market expands［R］. UNODC，https://www.unodc.org/，2021-10-02.

贩毒手段无所不用其极，且枪械与毒品同流也成为最大的治理隐患。

在宗教冲突方面，佛教教徒与伊斯兰教教徒的冲突矛盾根深蒂固，其根源主要在于教派之间在经济、社会等资源分配上所产生的分歧。缅甸约有85%以上的人信奉佛教，8%的人信奉伊斯兰教。在2012年至2014年期间，共发生了8次大规模宗教流血事件[①]，并且已从西部城市逐步往首都惯性蔓延，更使得全国范围内始终处于紧急防备状态。同时，在缅甸多个偏远地区也频频发布有关宗教冲突的煽动性言论，不仅引发了血腥骚乱以及毁灭性的暴动，也激起了民众和社会舆论对政府治理能力的强烈不满。在某种程度而言，缅甸宗教冲突已经成为了威胁国家安全和社会稳定的严重“社会毒瘤”。

在民族冲突方面，缅甸是全亚洲国家中民族成分最复杂的国家之一，民族问题尤为突出。在缅甸，大多数民族都有自己的防备武装力量，由于英国殖民主义的“分而治之”政策遗留问题、民族政策失误以及经济利益的严重不平衡等原因，缅族与其他少数民族的矛盾不断激化升级。其中，克钦独立武装与缅甸政府军冲突不断，双方力量的长期对峙成为影响缅甸社会稳定与发展的重大隐患。

在难民问题方面，缅甸长期的民族政治斗争、军事冲突与社会分[illegible]问题才是根源所在。2017年8月底，约72万罗兴亚人逃到孟加拉国、沦为难民。大量的缅甸难民出逃，不仅成为缅甸内政的重大难题，也给周边安全、边境的稳定和发展造成很大的负面影响，缅甸也因此承受了巨大的国际社会压力。

四、柬埔寨的安全环境与形势

柬埔寨是经济发展水平较低的国家，在全球和东盟都较为靠后。由于国内政治形势的持续稳定，在2010年开始实施外国人可持有房产的政策后，外国直接投资额逐年增长，柬埔寨的经济也实现了快速起飞。其中，2011—2019年GDP的平均增长率超过7%。由于经济快速成长、35岁以下年轻人占比高达7成，柬埔寨的失业率处于较低的水平，国民的收入水平不断提高。

① 平言 . 2014年国际宗教热点观察［J］. 中国宗教，2015（2）：8-11.

总体上，柬埔寨国家整体形势一片明朗，政治经济形势趋于稳定。不过，在领土纠纷、腐败和社会治安等方面仍存在一定的隐忧。

在外部风险方面，柬埔寨与泰国关于柏威夏古寺的主权纠纷历史悠久。1962 年，海牙国际法庭把柏威夏寺判归柬埔寨。2008 年 7 月，联合国教科文组织正式批准柏威夏古寺为世界文化遗产。在这一事件的触发下，柬埔寨和泰国关于古寺附近领土问题的纠纷不断升级，双方在这一区域多次发生武装冲突，并且导致了人员伤亡。由于存在领土纠纷，柬埔寨和泰国在政治、经济、文化和安全等方面的关系也因此高度纠结，双方的矛盾有愈演愈烈之势，未来关系充满不确定性。

在内部风险方面，腐败的长期存在是困扰柬埔寨的风险因素，也是引发社会治安问题的重要根源。腐败一直是柬埔寨国家治理的重要难题，国内腐败现象不仅涉及海关、教育、法律等诸多层面，政府高层之间也存在腐败现象的惯性蔓延，腐败网络盘根错节。根据 2020 年清廉指数排行榜，柬埔寨排名全球第 160[①]，是世界上腐败程度最高的国家之一。严重的腐败不仅影响了柬埔寨的国际形象，也滋生出一系列的社会问题。

虽然经济成长较快，但是较低的发展水平和工资水平及日益增加的贫富差距，不断放大柬埔寨社会的矛盾，并成为引发社会安全问题的重要原因。在柬埔寨，抢劫、盗窃、赌博、枪杀等犯罪案件不断增多，示威罢工活动显著增加，严重威胁当地民众的人身和财产安全。2014 年 1 月，金边服装业工人开展罢工示威并发生暴力冲突。2016 年 1 月柬埔寨曼哈顿经济特区爆发大规模罢工。2019 年 1 月，金边 2000 多名工人持续罢工一周。2019 年，柬埔寨的犯罪率较 2018 年上升 8%，60 多个国家 1500 多名外国人因为非法居留或涉嫌犯罪被政府驱逐[②]。

毒品泛滥成为柬埔寨社会越来越重要的隐忧。柬埔寨是毒品的重要来源国和过境国，境内不仅有制毒、吸毒、贩毒等黑色产业链，毒品的消费水平

---

① Transparency International. The corruption Perceptions Index［R］.2020.

② 犯罪率上升主因是大量外国人涌入［EB/OL］.搜狐网：https://www.sohu.com/a/374693462_120133562，2021-10-03.

也很高。没有死刑是柬埔寨毒品泛滥的重要原因之一。近年来，柬埔寨虽持续加大毒品打击力度，但是毒品犯罪形势却并没有好转，制毒和贩运互动呈现持续增加的态势[①]。2019 年柬埔寨毒品犯罪人数比 2018 年增长了 24%[②]，这表明毒品及其犯罪问题在柬埔寨变得日益严重。

① UNDOC. Drug market trends：cocaine amphetaminetype stimulants［R］.2021：57.

② 2019 年柬埔寨毒品犯罪人数增长了 24%［EB/OL］. 网易：https://www.163.com/dy/article/F2C56ST905350VO8.html，2021-10-03.

第三章　中国游客赴东盟旅游安全事件的分布特征

伴随着中国与东盟旅游交流的发展，中国游客赴东盟旅游安全事件的发生规模趋增，这既受到旅游交流规模的影响，也与东盟特有的基础条件和安全环境密切相关。深入了解中国游客赴东盟国家的旅游安全事件及发生特征，有助于明确中国与东盟国家旅游安全合作治理的方向与重点。

第一节　中国游客赴东盟旅游安全事件的基础特征

一、数据来源与研究方法

（一）数据来源

本研究数据来源于“旅行社责任保险统保示范项目”中中国游客赴东盟国家旅游出险案例。据原国家旅游局和中国银行保险监督管理委员会第35号令，旅行社责任保险是指以旅行社因其组织的旅游活动，对旅游者和受其委派并为旅游者提供服务的导游或者领队人员，依法应当承担的赔偿责任为保险标的的保险[①]。旅行社责任险是原国家旅游局和现文化和旅游部要求旅行社必须投保的强制险，在组织旅游活动过程中，因旅行社疏忽或过失发生保险

① 国家旅游局，中国银行保险监督管理委员会.旅行社责任保险管理办法［Z］.2010-11-25.

事故、导致旅游者受到人身伤亡和经济损失的，都属于旅行社责任险的赔偿范围。“旅行社责任保险统保示范项目”在全国旅行社企业中的覆盖率在80%左右，是国内覆盖率最高的旅行社责任保险项目。因此，该平台的旅行社责任险出险案例基本能代表我国旅游安全事件的发生水平，其中的我国游客赴东盟旅游的出险案例也能代表和反映中国游客赴东盟旅游安全事件的发生水平。

（二）数据编码

本研究所指的旅游安全事件属于广义定义，它是指中国游客在赴东盟旅游过程中发生的导致人身伤亡、财产损失、行程活动中止或终止的各类事件，它既包括旅游突发事件，也包括达不到突发事件级别标准的一般性旅游安全事故。本研究对旅游保险出险事件的案例数据进行了信息解构、统计分析和编码转换，信息解构和统计分析所涉及的变量主要包括事件类型、时空因素、人员因素、伤亡规模等。其中，在分解事件类型变量时，参考了《突发事件应对法》《旅游安全管理办法》等法规文件以及关于出境旅游安全事件的类型划分标准①，将中国游客赴东盟旅游安全事件类型变量划分为自然灾害、事故灾难、社会安全事件、公共卫生事件和业务安全事件等5个事件大类和29个事件亚类，将旅游安全事件所造成的死伤人数合并作为伤亡规模进行分析②。

（三）研究方法

本研究主要采用列联表卡方检验方法来开展研究。该方法常用来检验离散变量的名义变量和有序变量是否存在相关关系，它是以卡方（χ^2）分布作为基础的一种非参数检验方法，通常与残差分析结合进行，在卡方值具有统计显著性的前提下，再通过残差分析来检验各单元格的状况。卡方检验常用于检验一定显著水平上多个样本之间的差异度，其χ^2值的计算公式为③：

① 谢朝武，黄锐，陈岩英.“一带一路”倡议下中国出境游客的安全保障——需求、困境与体系建构研究［J］.旅游学刊，2019，34（3）：41-56.

② 谢朝武，申世飞.旅游地环境风险对中国旅游突发事件的影响及其区域分布研究［J］.地理科学进展，2013，32（3）：455-464.

③ Haberman S J. The analysis of residuals in cross-classified tables［J］. Biometrics，1973，29（1）：205-220.

$$\chi^2 = \sum\sum\frac{(f_0 - f_e)^2}{f_e} \tag{1}$$

式中：f_0 为观察次数，f_e 为期望次数。若样本含量小于 40 或单元格的理论频数 T<1 或 T<5 的格子数超过 20% 时[①]，则应考虑采用 Fisher 精确概率法。同时，本研究结合残差分析结果确定导致引致因素差异的来源。一般而言，调整后残差（Adjusted Residual，AR）高于 1.96 或低于 −1.96 时，表明该分类在 0.05 的显著水平上具有显著差异，显著高于或低于期望水平，表示其是造成显著差异的主要因素[②]。

二、中国游客赴东盟旅游安全事件的规模演进

2010—2019 年期间，我国共发生 7986 起赴东盟旅游安全事件，平均每年 798.6 起。旅游安全事件的年份分布如图 3-1-1a 所示。从变化趋势来看，我国赴东盟旅游安全事件呈现“缓慢增长—急剧上升—稳定高位”的三阶段发展态势，并且与同时期我国赴东盟旅游人次数的年份分布（见图 3-1-1b）存在一定的耦合性。

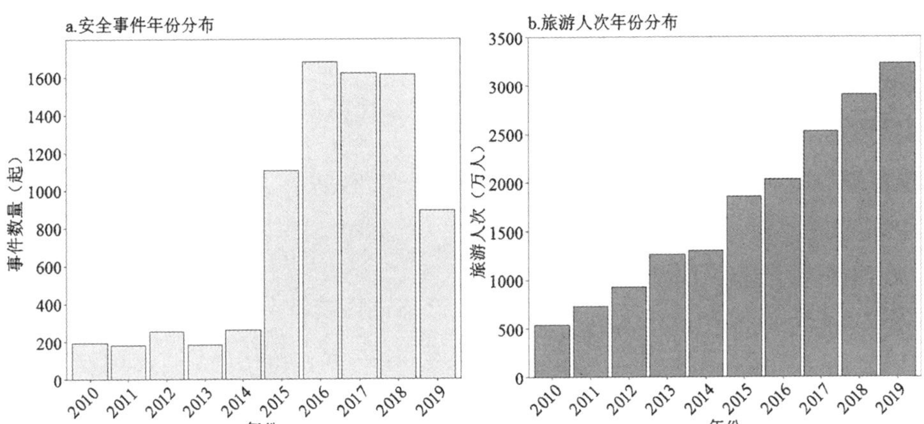

图 3-1-1　2010—2019 年赴东盟旅游安全事件及旅游人次年份分布

① 李克均，时松和，胡东生 . 列联表的行列关联度与对应分析［J］. 中国卫生统计，2006（3）：261-263.

② 贾丽艳，杜强 . SPSS 统计分析标准教程［M］. 北京：人民邮电出版社，2010：210.

分阶段来看，“缓慢增长”阶段为2010—2014年，该阶段我国赴东盟旅游安全事件发生水平较低，旅游安全事件总量为1073起，平均每年发生214.6起。从增长幅度来看，该阶段旅游安全事件年均增长率为9.11%，保持较为缓慢的增长趋势。“急剧上升”阶段为2015—2016年，该阶段旅游安全事件急剧上升。其中，2015年较上一年旅游安全事件数量增加841起，是上一年旅游安全事件数量的3.21倍。2016年较上一年旅游安全事件数量增加576起，增长幅度为52.22%。同时，从旅游人次分布来看，该阶段也是我国赴东盟旅游游客数量快速增长的阶段。据统计数据显示，2015年中国与东盟互访人数达到2364.5万人次，创历史新高。其中，中国赴东盟国家游客超过1700万人次，较上年增长了49.9%[①]。“稳定高位”阶段为2017—2019年，该阶段共发生4131起旅游安全事件，平均每年发生1377起。

从旅游人次数分布来看，2010—2014年我国赴东盟旅游人次数增长数量相对较慢，2014年较2010年增长旅游人次数为764.36万，平均每年增长191.09万人次。而2015—2019年期间，我国赴东盟旅游人次数呈现快速增长态势。其中，2019年较2015年增长旅游人次数为1368.63万，平均每年增长342.16万人次。可见，我国赴东盟旅游安全事件与赴东盟旅游人次数存在紧密的关系，二者保持着较为一致的变化态势。综合来看，当前正处于我国赴东盟旅游安全事件高发阶段，赴东盟旅游安全风险形势严峻。

三、中国游客赴东盟旅游安全事件的类型分布

通过调用SPSS26.0中的频率分析模块，对2010—2019年7986起我国游客赴东盟旅游安全事件的主要类型进行描述性统计分析。结果显示（见表3-1-1），事故灾难占据绝对地位，共发生4237起，占比高达53.06%；其次为公共卫生事件和业务安全事件，发生数量分别为1603起和1338起，占比分别为20.07%和16.75%；自然灾害与社会安全事件发生数量相对较少，分

① 2015中国与东盟互访人数创历史新高［EB/OL］. https://www.chinanews.com.cn/gn/2016/05-26/7884515.shtml.

别为 452 起和 356 起，占比分别为 5.66% 和 4.46%。

表 3–1–1　中国游客赴东盟旅游安全事件主要类型分布

事件大类	事件亚类	数量（起）	比率
自然灾害	气象灾害	201	2.52%
	海洋灾害	126	1.58%
	地质灾害	125	1.57%
公共卫生事件	个人疾病	1016	12.72%
	食物中毒	490	6.14%
	猝死	82	1.03%
	病毒疫情	15	0.19%
社会安全事件	抢劫	183	2.29%
	盗窃	150	1.88%
	群体性事件	6	0.08%
	机场罢工	5	0.06%
	暴力冲突	5	0.06%
	欺诈	4	0.05%
	恐怖主义	3	0.04%
事故灾难	意外摔倒	975	12.21%
	一般意外事故	954	11.95%
	涉水事故	571	7.15%
	高风险项目事故	485	6.07%
	交通事故	470	5.89%
	生物袭击	367	4.60%
	交通场所意外事故	345	4.32%
	火灾爆炸	11	0.14%
	设施设备	57	0.71%
	踩踏事故	2	0.03%
业务安全事件	航班延误或取消	851	10.66%
	操作事故	254	3.18%
	物品遗失或损坏	124	1.55%
	证件及票务问题	88	1.10%
	人员走失	21	0.26%

具体来看（见表 3–1–1），事故灾难的表现类型最为复杂，共计 10 种事件亚类。其中，意外摔倒事故以及一般意外性事故占整个事件类型总量的 12.21% 和 11.95%，涉水事故、高风险项目事故、交通事故、生物袭击事故以及交通场所意外事故占整个事件类型总量的 7.15%、6.07%、5.89%、4.60%、4.32%，设施设备事故、火灾爆炸事故、踩踏事故占整个事件类型总量的

0.70%、0.14%、0.03%。公共卫生事件主要表现为 4 种事件亚类，个人疾病、食物中毒、猝死发生频率较高，三者占比分别为 12.72%、6.14%、1.03%，合计占比为 19.88%。业务安全事件主要表现为 5 种事件亚类，其中航班延误或取消、操作事故、物品遗失或损坏、证件及票务问题是主要事件类型，占比分别为 10.66%、3.18%、1.55%、1.10%。自然灾害主要表现为气象灾害、海洋灾害、地质灾害三种事件亚类，发生数量分别为 201 起、126 起、125 起，占比分别为 2.52%、1.58%、1.57%。社会安全事件虽然整体发生频率较其他事件大类低，但其结构相对复杂，共计 7 种事件类型，其中主要以抢劫和盗窃为主，事件占比分别为 2.29%、1.88%。

本研究尝试对以上 29 种事件亚类的发生频率进行聚类分析，调用 SPSS26.0 中的快速聚类法（K-Means）模块，将聚类结果分为高频、中频、低频 3 个事件等级。经过二次迭代后，由聚类分析的 ANOVA 检验结果发现，该聚类的 F 值为 218.204，Sig. 值为 0.00，表明其在 P<0.01 的置信水平下显著成立，具有统计意义（见表 3–1–2）。

表 3–1–2　中国游客赴东盟旅游安全事件主要类型的 ANOVA 分析

	聚类		误差		F	显著性
	均方	自由度	均方	自由度		
总计	1378898.477	2	6319.303	26	218.204	0.00

聚类结果显示，高频事件有 4 类，中频事件有 6 类，低频事件有 19 类。个人疾病（12.72%）、意外摔倒（12.21%）、一般意外事故（11.95%）、航班延误或取消（10.66%）属于高频事件，涵盖公共卫生事件、事故灾难以及业务安全事件三大类；涉水事故（7.15%）、食物中毒（6.14%）、高风险项目事故（6.07%）、交通事故（5.89%）、生物袭击（4.60%）、交通场所意外事故（4.32%）属于中频事件，主要为事故灾难、公共卫生事件，其余类别事故属于低频事件，其中操作事故（3.18%）、气象灾害（2.52%）、抢劫（2.29%）、盗窃（1.88%）、海洋灾害（1.58%）、地质灾害（1.57%）、物品遗失或损坏（1.55%）等事件类型发生频率相对较高，涵盖事件类型多样。

通过聚类分析可以发现，中国赴东盟旅游安全事件既符合旅游安全事件统计中的一般性规律，同时又具有自身的特殊性。在高频旅游安全事件中，意外摔倒、一般意外事故、航班延误或取消是较为常规的旅游安全事件，是游客出行最为常见的旅游风险；个人疾病位列首位，主要原因在于东盟地区国家与我国气候条件差异较大，游客短时间内难以适应当地条件，同时水土不服、异地劳累等也容易导致旅游者疾病的突然发作，进而给旅游者人身健康带来影响。

在中频旅游安全事件中，涉水事故、食物中毒事故、高风险项目事故、交通事故、生物袭击事故发生频次较高，具有较强的地域特殊性。相关情况包括：第一，涉水事故属于频率发生较高的事件类型。老挝是东盟十国中唯一的内陆国，其余国家均有海岸线，滨海景点和岛屿众多，各类水上项目缺乏安全监管，多数景区、景点水上设施简陋，加上部分游客安全防范意识不强，每年涉水溺亡的案例较多。由于海滩较多，水下礁石情况复杂，游客稍有不慎就会撞上或卷入其中，造成人身安全事故。第二，食物中毒事故在东盟国家发生频率较高。由于东盟部分国家和地区较为贫困，餐饮卫生条件不达标，导致游客食物中毒事故频发。同时，东盟地区的饮食习惯与我国大多数地区存在较大的差异性，容易导致游客肠胃不适，出现食物中毒现象。第三，水上、低空等高风险项目在东盟旅游产品中较为常见。由于东盟地区海岛旅游较为热门，如普吉、斐济等地的潜水、冲浪、游艇、低空飞行等高风险项目较为常见，但运营高风险项目的商家常见缺乏资质、缺乏专业救援人员、专业救生设备设施不足等问题，加上东盟地区天气状况多变，多大风、暴雨等突发性天气，因此高风险项目引发的安全事故发生较为频繁。第四，交通事故以及交通场所意外事故频发。由于东盟地区的地形以山地和丘陵为主，部分国家景点分布在山区，道路崎岖，极易发生车祸，且东盟除新加坡和文莱以外大部分国家为发展中国家，经济落后，基础设施建设较差，也导致交通安全事故多发。此外，由于东盟地区多数国家道路状况较差、摩托车横行，这是道路交通事故以及交通场所意外事故频繁出现的重要原因。第五，生物袭击事故分布频次也较高。由于东盟地区水生生物较多，如泰国、马来西亚等地区时常出现海刺水母、箱型水母等毒水母。其中箱型水母是全球毒性最强生物之一，遇蜇后会造成剧痛、肌肉麻痹、胃部及背部痉挛、恶心、呕吐、胸痛等症状，若不及时治疗有致死风险[①]。

在低频旅游安全事件中，气象灾害、海洋灾害等自然灾害占比较高，抢劫、盗窃等社会安全事件发生频次居次。由于东盟地区社会治安相对较差，一些城市治安状况相对恶劣，街头市场有飞车党、摩托党出没，特别在芭堤雅、普吉等中国游客密集的地方，极容易发生游客贵重物品及现金被盗抢等社会安全事件。此外，东盟地区受暴雨、洪涝、台风等自然灾害的影响较大。

四、中国游客赴东盟旅游安全事件的伤亡特征

根据中国赴东盟旅游安全事件最终导致的伤亡后果，旅游安全事件可进一步区分为致死型旅游安全事件和致伤型旅游安全事件。旅游安全事件的伤害后果与旅游安全事件本身的内在性质存在较强的关联性，识别这种关联特征有利于减少旅游安全事件的伤亡规模[②]，对预防和较少旅游安全事件的发生具有重要意义。

（一）致死型旅游安全事件的类型分布

对 2010—2019 年我国游客赴东盟旅游安全事件进行统计发现，7986 起旅游安全事件中共有 390 起致死型旅游安全事件，占事件总量的 4.88%，事故共导致 390 人死亡。390 起致死型旅游安全事件分布在事故灾难、公共卫生事件、业务安全事件以及自然灾害等事件类型中，事件数量分别为 225 起、158 起、2 起、5 起，占比分别为 57.69%、40.51%、0.51%、1.28%。具体而言（见表 3-1-3），事故灾难中导致游客死亡的旅游安全事件包括涉水事故、交通事故、高风险项目事故、一般意外事故、意外摔倒、设施设备、生物袭击及交通场所意外事故，其中涉水事故、交通事故、高风险项目事故是导致游客死亡的主要事件类型，事件占比分别为 40.26%、8.46%、4.36%；公共卫生

① 蒯文豪，王玉连，吴建华，等.水母蜇伤的皮肤毒性与免疫反应研究进展［J］.海军医学杂志，2022（001-043）.

② 谢朝武.旅游应急管理［M］.北京：中国旅游出版社，2013：82-83.

事件中导致游客死亡的事件亚类包括猝死、个人疾病、食物中毒以及病毒疫情等事件类型，其中猝死和个人疾病是导致游客死亡的主要事件类型，占比分别为 21.03% 和 17.95%。自然灾害中导致游客死亡的事件亚类为海洋灾害和气象灾害，占比分别为 0.77% 和 0.51%。业务安全事件中导致游客死亡的事件亚类为人员走失，事件占比 0.51%。由此也表明，赴东盟旅游的中国游客生命安全主要受多种影响因素，其中涉水风险、猝死风险、个人疾病风险、交通风险以及高风险旅游项目风险是导致游客死亡的主要风险因素。

表 3-1-3　中国游客赴东盟致死型安全事件主要类型分布

事件大类	事件亚类	数量（起）	比率	事件大类	事件亚类	数量（起）	比率
事故灾难	涉水事故	157	40.26%	公共卫生事件	猝死	82	21.03%
	交通事故	33	8.46%		个人疾病	70	17.95%
	高风险项目事故	17	4.36%		食物中毒	3	0.77%
	一般意外事故	8	2.05%		病毒疫情	3	0.77%
	意外摔倒	6	1.54%	业务安全事件	人员走失	2	0.51%
	设施设备	2	0.51%	自然灾害	海洋灾害	3	0.77%
	生物袭击	1	0.26%		气象灾害	2	0.51%
	交通场所意外事故	1	0.26%				

本研究尝试对中国赴东盟各类致死型旅游安全事件分布情况进行聚类分析，调用 SPSS 快速聚类法（K-Means）模块，将聚类结果分为高频、中频、低频 3 个事件等级。经过 2 次迭代、聚类分析的 ANOVA 检验结果表明（见表 3-1-4），聚类的 F 值为 152.881，Sig. 为 0.00，具有统计意义。聚类结果显示，在中国游客赴东盟致死型安全事件中，涉水事故是高频事件，猝死和个人疾病属于中频事件，交通事故、高风险项目事故、一般意外事故、意外摔倒等属于低频事件。

表 3-1-4 中国游客赴东盟致死型安全事件主要类型分布的 ANOVA 分析

	聚类		误差		F	显著性
	均方	自由度	均方	自由度		
频数	13303.875	2	87.021	12	152.881	0.00

（二）致伤型旅游安全事件的类型分布

对 2010—2019 年我国游客赴东盟旅游安全事件进行统计发现，7986 旅游安全事件中共有 5613 起致伤型旅游安全事件，占事件总量的 70.29%，事故共造成 10029 人受伤。从事件分布数量来看（见表 3-1-5），事故灾难类旅游安全事件最多，达 4001 起，占比高达 71.28%，其中，意外摔倒、一般意外事故、高风险项目事故、交通事故、涉水事故、生物袭击、交通场所意外事故等是高发事件类型，事件占比分别为 17.25%、16.82%、8.41%、7.80%、7.23%、6.52% 和 6.13%；其次为公共卫生事件，事件数量达 1442 起，占比为 25.69%。其中，个人疾病和食物中毒等是高发事件类型，事件占比分别为 16.82% 和 8.66%；致伤型自然灾害的数量为 133 起，占比为 2.37%，其中海洋灾害和气象灾害占比分别为 2.11% 和 0.27%；致伤型社会安全事件和业务安全事件分布较少，分布数量分别为 30 起和 7 起，事件占比分别为 0.53% 和 0.12%。社会安全事件中导致游客受伤的主要事件类型为抢劫事故，事件占比为 0.34%。可见，中国游客赴东盟旅游安全事件中事故灾难和公共卫生事件的致伤率最高，自然灾害致伤率也有一定的分布比例。

表 3-1-5 中国游客赴东盟致伤型旅游安全事件主要类型分布及受伤人数分布

事件大类	事件亚类	事件数量（起）	事故比率	受伤人数（人）	受伤人数比率	平均每起事件致伤人数（人）
自然灾害	海洋灾害	123	2.19%	150	1.50%	1.22
	气象灾害	10	0.18%	16	0.16%	1.60

续表

事件大类	事件亚类	事件数量（起）	事故比率	受伤人数（人）	受伤人数比率	平均每起事件致伤人数（人）
事故灾难	意外摔倒	968	17.25%	978	9.75%	1.01
	一般意外事故	944	16.82%	982	9.79%	1.04
	高风险项目事故	472	8.41%	579	5.77%	1.23
	交通事故	438	7.80%	1432	14.28%	3.27
	涉水事故	406	7.23%	555	5.53%	1.37
	生物袭击	366	6.52%	428	4.27%	1.17
	交通场所意外事故	344	6.13%	354	3.53%	1.03
	设施设备	53	0.94%	91	0.91%	1.72
	火灾爆炸	8	0.14%	135	1.35%	16.88
	踩踏事故	2	0.04%	2	0.02%	1.00
公共卫生事件	个人疾病	944	16.82%	1229	12.25%	1.30
	食物中毒	486	8.66%	3021	30.12%	6.22
	病毒疫情	12	0.21%	37	0.37%	3.08
社会安全事件	抢劫	19	0.34%	19	0.19%	1.00
	群体性事件	6	0.11%	9	0.09%	1.50
	暴力冲突	5	0.09%	5	0.05%	1.00
业务安全事件	操作事故	7	0.12%	7	0.07%	1.00

从受伤人数来看（见表 3-1-5）：事故灾难是导致游客受伤最多的事件类型，共导致 5536 位游客受伤，居事件大类首位；其次为公共卫生事件，共导致 4287 位游客受伤，仅次于事故灾难；自然灾害共导致 166 位游客受伤，位居第三；社会安全事件和业务安全事件分别导致 33 位和 7 位游客受伤，位居第四和第五。具体来看，事故灾难中，交通事故导致的受伤人数最高，为 1432 人，其次为一般意外事故和意外摔倒事故，受伤人数分别为 982 人和 978 人。此外，高风险项目事故、涉水事故、生物袭击以及交通场所意外事故

所导致的受伤人数也较多，分别为 579 人、555 人、428 人以及 354 人；公共卫生事件中，食物中毒所导致的受伤人数最高，为 3021 人，同时也是所有事件亚类中导致受伤人数最多的亚类事件。可见，食物中毒问题是我国游客赴东盟旅游过程中亟待需要重视和解决的问题。个人疾病所导致的受伤人数也较多，为 1229 人；自然灾害中，海洋灾害所导致的受伤人数最高，为 123 人；社会安全事件中，抢劫所导致的受伤人数最高，为 19 人。

此外，从平均每起旅游安全事件致伤人数来看（见表 3-1-5），公共卫生事件中每起事件平均受伤人数高达 2.97 人，其次为事故灾难和自然灾害，其中每起事件平均受伤人数分别为 1.38 人和 1.25 人，社会安全事件和业务安全事件中每起事件平均受伤人数分别为 1.10 人和 1 人。具体来看，事故灾难中每起事件平均受伤人数最多的为火灾爆炸，高达 16.88 人。其主要原因在于火灾爆炸基本发生在密闭空间，事故具有较大的突发性和严重性，因此每起事件造成平均受伤人数最多；交通事故、设施设备事故以及涉水事故等每起事件平均受伤人数也较多，分别为 3.27 人、1.72 人、1.37 人。公共卫生事件中食物中毒和病毒疫情所造成的平均受伤人数最高，分别为 6.22 人和 3.08 人；社会安全事件中群体性事件所造成的平均受伤人数最高，为 1.50 人；自然灾害中气象灾害所造成的平均受伤人数最高，为 1.60 人。

本研究尝试对中国赴东盟各类致伤型旅游安全事件的分布情况进行聚类分析，聚类分析过程调用了 SPSS 的快速聚类法（K-Means）模块，将聚类结果分为高频、中频、低频 3 个事件等级。经过 2 次迭代、聚类分析的 ANOVA 检验结果表明（见表 3-1-6），聚类的 F 值为 577.147，Sig. 为 0.00，具有统计意义。聚类结果发现，在中国赴东盟各类致伤型旅游安全事件中，意外摔倒、个人疾病、一般意外事故倒属于高频事件，食物中毒、高风险项目事故、交通事故、涉水事故、生物袭击、交通场所意外事故等属于中频事件，其余各类旅游安全事件属于低频事件，其中海洋灾害、设施设备、抢劫、病毒疫情等事件发生频率稍高。

表 3-1-6　中国游客赴东盟致伤型安全事件分布亚类的 ANOVA 分析

	聚类		误差		F	显著性
	均方	自由度	均方	自由度		
频数	1059203.399	2	1835.24	16	577.147	0.00

第二节　中国游客赴东盟旅游安全事件的时间特征

旅游活动是旅游者依赖特定的时间来完成的一种具有综合性的行为活动。旅游安全事件在发生发展过程中，在时间要素上有其内在的规律和外在的表现特征。因此，识别旅游安全事件的时间特征及其机制，是预防旅游安全事件以及实现旅游安全有效治理的重要前提。

一、中国游客赴东盟旅游安全事件时间分布特征

在旅游活动中，宏观的季度分布和月份分布与旅游地的气候因素和景观表现因素存在直接的关联性，这使旅游活动表现出明显的淡旺季差异，由此引起的旅游者规模数量上的压力是导致旅游安全事件发生的重要原因。

在宏观季度分布上（见图 3-2-1），2010—2019 年中国游客赴东盟旅游安全事件主要集中在第一季度和第三季度，其中第一季度事件发生频率最高，占比高达 29.66%，第三季度旅游安全事件为 26.05%。第二季度和第四季度的旅游安全事件分布比例分别为 23.50% 和 20.79%。从宏观时间来看，中国赴东盟旅游安全事件分布受旅游淡旺季以及东盟地区自然环境影响较大，具有一定的季节性规律。中国赴东盟旅游旺季主要集中在第一季度和第三季度，其中第一季度期间东盟地区多数国家在气候上处于凉季，气候舒适，是旅游的最佳季节。第三季度是中国出境旅游的高峰期，由此引起的旅游者规模数量上的压力是导致旅游安全事件发生的重要原因。

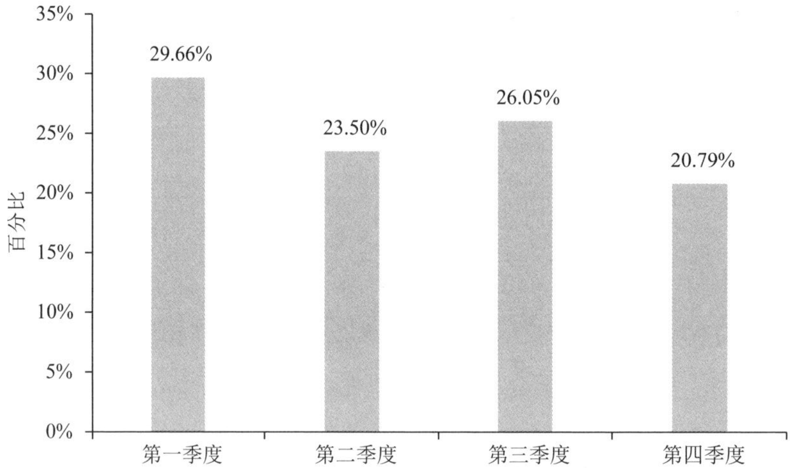

图 3-2-1　2010—2019 年中国游客赴东盟旅游安全事件的季度分布

在宏观月份分布上（见图 3-2-2），2 月和 7 月是中国游客赴东盟旅游安全事件高发月份，其分布比率分别为 12.68% 和 10.09%。此外，1 月、3 月、4 月、5 月、8 月、9 月的事件占比为 9.18%、9.32%、8.04%、8.53%、8.64%、7.31%、7.70%。6 月、10 月以及 12 月的事件发生频率相对较低，占比分别为 6.94%、5.07% 以及 6.50%。从宏观月份的分布来看，中国赴东盟旅游安全事件的月份分布受中国国内假期以及东盟地区气候环境影响较大，2 月以及 7 月是国内假期较多的月份，出境旅游人数较多。同时上半年多数月份为东南亚地区凉季，气候较为舒适，前往该地区开展旅游活动的人数较多。其他时间则处于部分国家雨季期，对旅游活动开展较为不利。以菲律宾为例，菲律宾 6—10 月为雨季，下雨持续时间久，造成出行不便，不适合旅游。而 11 月到次年 5 月为旱季，天气干爽，是旅行的最佳时节，人数增加的同时也带来了一定的安全风险隐患。

在微观时段分布上（见图 3-2-3），36.01% 的旅游安全事件发生于下午时段（12：00—18：00），29.98% 旅游安全事件发生于上午时段（6：00—12：00），这两个时间段是旅游活动的主要承载时间段，其事件发生频率远高于其他时间段。此外，有 22.90% 的旅游安全事件发生在晚上时段（18：00—

24：00），表明这个时间段的事件发生频率在全天也占据一定的地位；凌晨时段（0：00—6：00）属于旅游活动的沉寂期，因而相关安全事件发生频率较低，该时段旅游安全事件占比为 11.11%。

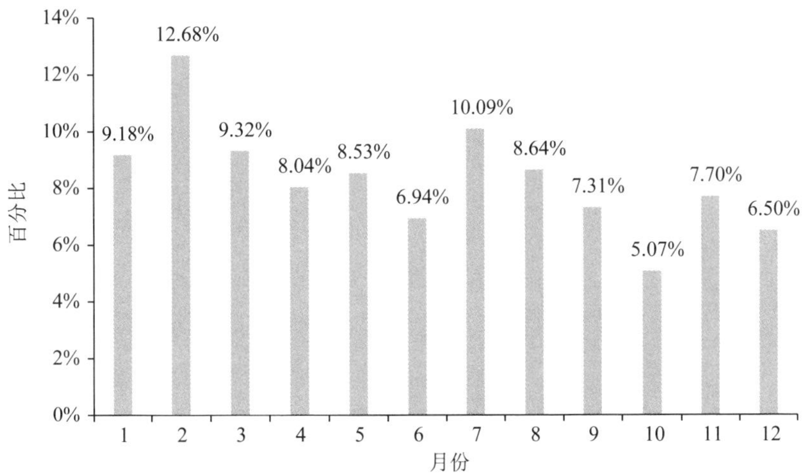

图 3-2-2　2010—2019 年中国游客赴东盟旅游安全事件的月份分布

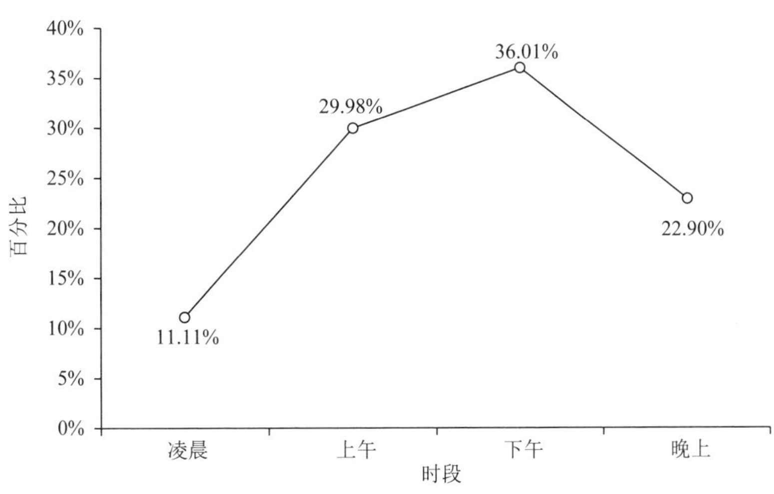

图 3-2-3　2010—2019 年中国游客赴东盟旅游安全事件的时段分布

在微观时间点分布上，研究以事件发生时间的整点时间作为统计时刻，分析其在 1 天 24 小时内的分布趋势。如图 3-2-4 所示，旅游安全事件在微观时间点分布上呈抛物线变化特征，总体趋势是先递增后递减。其中，上午 10 点与 14 点是中国游客赴东盟旅游安全事件的高发时间点，事件占比分别为 9.15% 和 6.96%；凌晨的 5 点是全天事件的最低点，事件占比仅为 1.43%。此外，在 9 点至 16 点，旅游安全事件的发生比率一直高于 5%，可见该时间段内属于全天事件高频区。而 23 点至次日 7 点，旅游安全事件的发生比率一直低于 3%，可见该时间段内属于全天事件的低频区；在 8 点至 10 点以及 16 点至 22 点，处于全天事件低频区与全天事件高频区的过渡区间。其中，上午 8 点至 10 点的事件发生比率呈现快速增加趋势，16 点至 22 点的事件发生比率则呈现逐步下降的趋势。

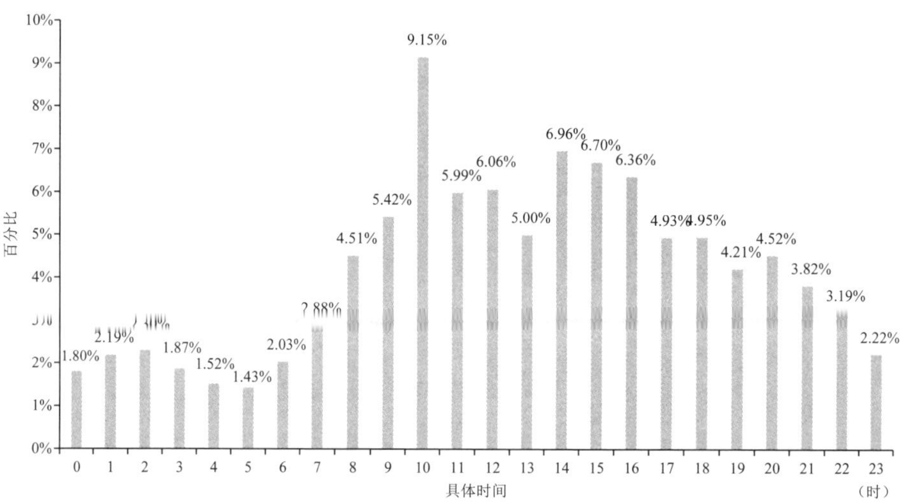

图 3-2-4　2010—2019 年中国游客赴东盟旅游安全事件的时间点分布

二、中国游客赴东盟旅游安全事件发生类型与时间因素的关联机制

由于季度和月份等宏观时间因素所反映出来的环境风险可控性较差，而时刻和时段等微观时间因素所反映出来的人员行为及活动因素较为可控。因

此研究采用列联表卡方检验的方法对赴东盟旅游安全事件类型与时段因素进行相关性检验，以期进一步分析二者之间的关联关系。统计分析显示，列联表 T<5 的格子数不超过 20%，因此研究使用 Pearson 卡方进行相关性检验。如表 3-2-1 所示，Pearson 卡方检验值为 299.434（p=0.00），对称度量 Cramer’s V=0.112（p=0.00）。由此表明，我国游客赴东盟旅游安全事件与时段因素的相关性在 p<0.01 的水平上显著成立，即不同时段旅游安全事件类型的分布水平具有显著的组间差异。

表 3-2-1　中国游客赴东盟旅游安全事件类型与时段因素的相关检定分析

事件大类		时间段				总计
		凌晨	上午	下午	晚上	
自然灾害	计数	60	159	156	77	452
	期望计数	50.2	135.5	162.8	103.5	452
	占事件总量比率	13.30%	35.20%	34.50%	17.00%	100.00%
	调整后残差	1.5	2.5	−0.7	−3.1	
事故灾难	计数	309	1248	1778	902	4237
	期望计数	470.6	1270.1	1525.9	970.4	4237
	占事件总量比率	7.30%	29.50%	42.00%	21.30%	100.00%
	调整后残差	−11.5	−1.1	11.8	−3.6	
公共卫生事件	计数	247	471	451	434	1603
	期望计数	178	480.5	577.3	367.1	1603
	占事件总量比率	15.40%	29.40%	28.10%	27.10%	100.00%
	调整后残差	6.1	−0.6	−7.3	4.4	
社会安全事件	计数	30	86	111	128	355
	期望计数	39.4	106.4	127.8	81.3	355
	占事件总量比率	8.50%	24.20%	31.30%	36.10%	100.00%
	调整后残差	−1.6	−2.4	−1.9	6	

续表

<table>
<tr><th colspan="2" rowspan="2">事件大类</th><th colspan="4">时间段</th><th rowspan="2">总计</th></tr>
<tr><th>凌晨</th><th>上午</th><th>下午</th><th>晚上</th></tr>
<tr><td rowspan="4">业务安全事件</td><td>计数</td><td>241</td><td>430</td><td>380</td><td>288</td><td>1339</td></tr>
<tr><td>期望计数</td><td>148.7</td><td>401.4</td><td>482.2</td><td>306.7</td><td>1339</td></tr>
<tr><td>占事件总量比率</td><td>18.00%</td><td>32.10%</td><td>28.40%</td><td>21.50%</td><td>100.00%</td></tr>
<tr><td>调整后残差</td><td>8.8</td><td>1.9</td><td>-6.4</td><td>-1.3</td><td></td></tr>
<tr><td rowspan="3">总计</td><td>计数</td><td>887</td><td>2394</td><td>2876</td><td>1829</td><td>7986</td></tr>
<tr><td>期望计数</td><td>887</td><td>2394</td><td>2876</td><td>1829</td><td>7986</td></tr>
<tr><td>占事件总量比率</td><td>11.10%</td><td>30.00%</td><td>36.00%</td><td>22.90%</td><td>100.00%</td></tr>
<tr><td>卡方</td><td colspan="6">Pearsonχ^2=299.434（df=12，p=0.00）</td></tr>
<tr><td>对称度量</td><td colspan="6">Cramer's V=0.112（p=0.00）</td></tr>
</table>

本研究结合卡方检验的残差结果来分析中国赴东盟旅游安全事件类型的在时段分布上的差异性。根据表 3-2-1 残差检定结果可知：（1）在凌晨时段，业务安全事件的发生率（18.0%，AR=8.8）和公共卫生事件的发生率（15.4%，AR=6.1）显著高于自然灾害（13.3%，AR=1.5）、事故灾难（7.3%，AR=-11.6）和社会安全事件（8.5%，AR=-1.6）。其中，事故灾难的发生率显著低于期望水平；（2）在上午时段，自然灾害（35.2%，AR=2.5）和业务安全事件（32.1%，AR=1.9）的发生显著高于事故灾难（29.5%，AR=-1.1）、公共卫生事件（29.4%，AR=-0.6）和社会安全事件（24.2%，AR=-2.4）。其中，社会安全事件的发生率显著低于期望水平；（3）在下午时段，事故灾难的发生率（42.0%，AR=11.8）显著高于自然灾害（34.5%，AR=-0.7）、公共卫生事件（28.1%，AR=-7.3）、社会安全事件（31.3%，AR=-1.9）和业务安全事件（28.4%，AR=-6.4）。其中，公共卫生事件和业务安全事件的发生率显著低于期望水平；（4）在晚上时段，社会安全事件（36.1%，AR=6）和公共卫生事件（27.1%，AR=4.4）的发生率显著高于自然灾害（17.0%，AR=-3.1）、事故灾难（21.3%，AR=-3.6）和业务安全事件（21.5%，AR=-1.3）。其中，自然灾

害和事故灾难的发生率显著低于期望水平。

第三节　中国游客赴东盟旅游安全事件的空间特征

旅游空间场所是旅游活动开展的基础载体。国家是旅游活动开展的宏观空间场所，旅游餐饮、住宿、交通、景区、购物、娱乐等要素场所是旅游活动开展的微观空间场所。由于空间场所的风险因素存在巨大差异，因此所承载的旅游安全事件也具有差异性。

一、中国游客赴东盟旅游安全事件的地域空间分布特征

从旅游安全事件数量的国家地域分布（见图 3-3-1a）来看，2010—2019 年 7986 起我国赴东盟旅游安全事件在东盟十国的分布排序为：泰国、越南、印度尼西亚、马来西亚、柬埔寨、新加坡、菲律宾、缅甸、老挝、文莱。其中，泰国是我国赴东盟旅游安全事件分布数量最多的国家，旅游安全事件数量占东盟总体的 56.16%，越南、印度尼西亚、马来西亚的旅游安全事件数量占比分别为 11.60%、11.11%、9.37%，都在 10% 左右，柬埔寨、新加坡、菲律宾的旅游安全事件数量占比在 2%~5%，缅甸、老挝、文莱的旅游安全事件数量占比则低于 1%。可以发现，我国赴东盟旅游安全事件具有较大的集中性，其中超过一半的安全事件都发生在泰国。进一步计算我国赴东盟旅游安全事件的基尼系数和地理集中指数[①]，其数值分别为 0.655 和 59.5，可见，我国赴东盟旅游安全事件存在严重的不均衡，旅游安全事件的空间分布具有较大的集聚性。通过计算首位度指数[②]可以发现，我国赴东盟旅游安全事件首位度指数为 4.84，具有高度首位度分布特征，这也进一步表明了我国赴东盟旅

① 冯亚芬，俞万源，雷汝林.广东省传统村落空间分布特征及影响因素研究［J］.地理科学，2017，37（2）：236-243.

② 雷仲敏，康俊杰.城市首位度评价：理论框架与实证分析［J］.城市发展研究，2010，17(4)：33-38.

游安全事件极大的集中性，泰国是我国赴东盟旅游安全事件的主要发生国。

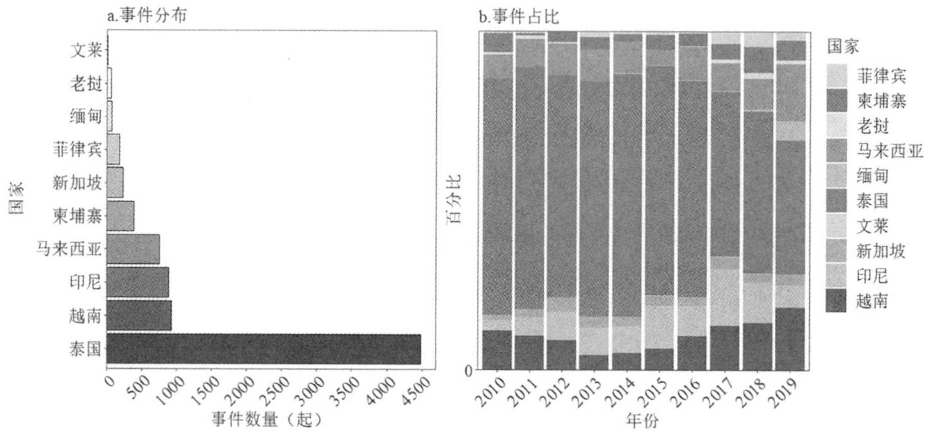

图 3-3-1 2010—2019 年赴东盟旅游安全事件国家分布

从东盟十国旅游安全事件在每年事件总量中的占比分布及趋势（见图3-3-1b）来看，赴东盟旅游安全事件在国家分布上呈现由“一核”到“一核多中心”的变化趋势。具体来看，2010—2015 年，我国赴东盟旅游安全事件数量主要集中在泰国，在总体分布上占据绝对的主导地位；而从2016年开始，泰国事件数量占比呈现不断下降趋势，而越南、马来西亚等国家事件数量占比则呈现不断上升趋势，表明我国赴东盟旅游安全事件的国家分布在以泰国为核心的特征上，逐步扩散到以多个国家为中心的分布态势。通过计算其地理集中指数也可以发现，2010 年赴东盟旅游安全事件的地理集中指数为 71.4，2019 年则为 48.2，呈现一个明显的下降趋势。因此，我国赴东盟旅游安全事件的高发事件国家在空间分布呈现出不断扩大化态势，由以泰国为核心的一极逐渐变化为包括越南、马来西亚等国家在内的多核心分布特征。

研究表明，我国赴东盟旅游安全事件的国家分布（见图 3-3-2a）与旅游人次数的国家分布（见图 3-3-2b）具有较大的耦合性。通过计算地理联系率[①]可以发现，二者地理联系率高达 76.3，进一步表明了旅游安全事件的国家分布与旅游人次数的国家分布存在较大的地理空间联系，如泰国是我国赴东盟旅游人次数最多的国家，同时也是旅游安全事件数量最多的国家。然而，在耦合性分布的基础上，二者也具有一定的差异性。如赴新加坡旅游人次数位列我国赴东盟十国第三位，而旅游安全事件数量则处于第六位；与之相反，赴印度尼西亚旅游人次数位列我国赴东盟十国第五位，而旅游安全事件数量则排名第三位，进一步说明，虽然旅游安全事件数量与旅游人次数的国家空间分布具有较大的关联性，但旅游安全事件的发生水平也与目的地的经济发展水平、安全保障能力、社会治安环境以及自然环境状况等密切相关。

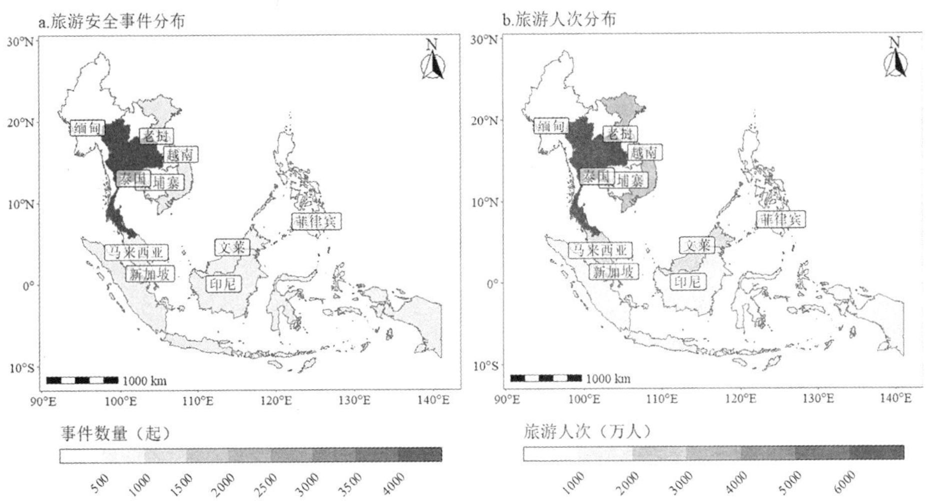

图 3-3-2　2010—2019 年赴东盟旅游安全事件及旅游人次空间分布

综上所述，我国赴东盟旅游安全事件在空间分布具有较大的集中性，表现出高度首位度分布特征，泰国是我国赴东盟旅游安全事件的主要发生国，旅游安全事件高发国家呈现出不断扩大化的态势，旅游安全事件的空间分布与旅游人次的空间既具有空间耦合性，同时又表现出一定的空间差异性。

① 方叶林，黄震方，李经龙，王芳．中国特色小镇的空间分布及其产业特征［J］．自然资源学报，2019，34（6）：1273-1284.

二、中国游客赴东盟旅游安全事件的要素空间分布特征

旅游要素空间是游客进行旅游活动的承载体，主要包括旅游餐饮场所空间、旅游交通场所空间、游览场所空间、旅游购物场所空间以及旅游娱乐场所空间。由于不同的场所空间要素所具有的属性、发挥的功能不同，其所承载的人员、设施设备也不尽相同，因此不同的场所要素空间存在特定的旅游风险结构，对旅游安全事件的发生也会产生不同的影响。

从要素空间的旅游安全事件发生频率来看（见图 3-3-3）：旅游交通场所（包括交通工具、机场、车站等）发生的事件占比最高，高达40.08%；其次为游览场所（景区景点），事件占比为 30.94%，仅次于旅游交通场所；旅游娱乐场所（包括水上娱乐项目、高风险娱乐项目、游乐园、歌厅、酒吧等）占比为 15.08%。其余三类场所的事件发生率相对较低，其中旅游餐饮场所的事件发生率为 8.90%，旅游住宿场所的事件发生率为 4.71%，旅游购物场所的事件发生率为 0.29%。可见在六大要素场所中，旅游交通场所、游览场所以及旅游娱乐场所此三类场所的安全风险最大，三类事件合计占比高达 86.10%，是安全事件集中发生区。

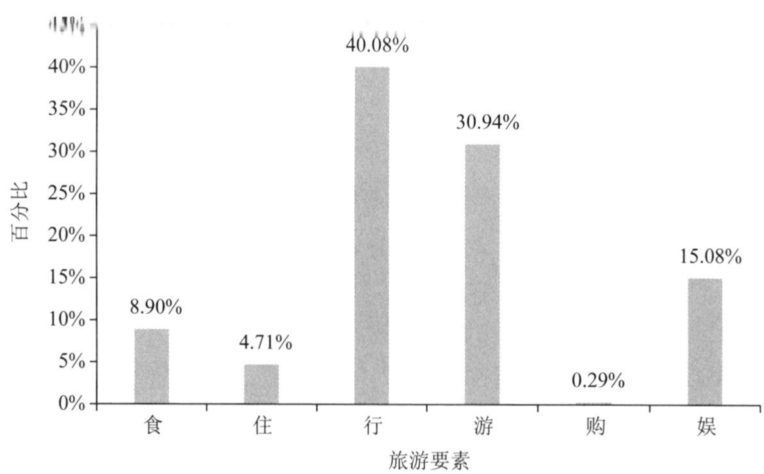

图 3-3-3　中国游客赴东盟旅游安全事件的要素空间分布

三、中国游客赴东盟旅游安全事件发生类型与地域的关联机制

本研究采用列联表卡方检验来进一步分析我国游客赴东盟旅游安全事件发生类型与东盟各国的关联关系及区域差异。统计分析显示，列联表 T<5 的格子数不超过 20%，因此研究使用 Pearson 卡方进行相关性检验。如表 3-3-1 所示，Pearson 卡方检验值为 982.471（p=0.00），对称度量 Cramer's V=.175（p=0.00）。由此表明，我国游客赴东盟旅游安全事件与地域因素的相关性在 p<0.01 的水平上显著成立，因此，在不同的国家内，自然灾害、事故灾难、公共卫生事件、社会安全事件和业务安全事件的分布水平存在显著的组间差异。

表 3-3-1　中国游客赴东盟旅游安全事件类型与地域因素的相关检定分析

国家		事件大类					总计
		自然灾害	事故灾难	公共卫生事件	社会安全事件	业务安全事件	
菲律宾	计数	51	42	23	1	66	183
	期望计数	10.4	97.1	36.7	8.1	30.7	183
	区域占比	27.90%	23.00%	12.60%	0.50%	36.10%	100.00%
	调整后残差	13.2	−8.3	−2.6	−2.6	7.1	
柬埔寨	计数	10	173	110	21	75	389
	期望计数	22	206.4	78.1	17.3	65.2	389
	区域占比	2.60%	44.50%	28.30%	5.40%	19.30%	100.00%
	调整后残差	−2.7	−3.5	4.1	0.9	1.4	
老挝	计数	0	46	12	1	3	62
	期望计数	3.5	32.9	12.4	2.8	10.4	62
	区域占比	0.00%	74.20%	19.40%	1.60%	4.80%	100.00%
	调整后残差	−1.9	3.3	−0.1	−1.1	−2.5	

续表

国家		事件大类					总计
		自然灾害	事故灾难	公共卫生事件	社会安全事件	业务安全事件	
马来西亚	计数	40	365	113	85	145	748
	期望计数	42.3	396.9	150.1	33.3	125.4	748
	区域占比	5.30%	48.80%	15.10%	11.40%	19.40%	100.00%
	调整后残差	−0.4	−2.5	−3.6	9.6	2	
缅甸	计数	0	39	22	3	4	68
	期望计数	3.8	36.1	13.6	3	11.4	68
	区域占比	0.00%	57.40%	32.40%	4.40%	5.90%	100.00%
	调整后残差	−2	0.7	2.5	0	−2.4	
泰国	计数	153	2479	972	150	731	4485
	期望计数	253.8	2379.5	900.3	199.4	752	4485
	区域占比	3.40%	55.30%	21.70%	3.30%	16.30%	100.00%
	调整后残差	−9.8	4.5	4	−5.4	−1.3	
文莱	计数	1	4	0	0	4	9
	期望计数	0.5	4.8	1.8	0.4	1.5	9
	区域占比	11.10%	44.40%	0.00%	0.00%	44.40%	100.00%
	调整后残差	0.7	−0.5	−1.5	−0.6	2.2	
新加坡	计数	12	78	30	3	106	229
	期望计数	13	121.5	46	10.2	38.4	229
	区域占比	5.20%	34.10%	13.10%	1.30%	46.30%	100.00%
	调整后残差	−0.3	−5.8	−2.7	−2.3	12.1	
印度尼西亚	计数	164	402	144	41	136	887
	期望计数	50.2	470.6	178	39.4	148.7	887
	区域占比	18.50%	45.30%	16.20%	4.60%	15.30%	100.00%
	调整后残差	17.5	−4.9	−3	0.3	−1.2	

续表

国家		事件大类					总计
		自然灾害	事故灾难	公共卫生事件	社会安全事件	业务安全事件	
越南	计数	21	609	177	50	69	926
	期望计数	52.4	491.3	185.9	41.2	155.3	926
	区域占比	2.30%	65.80%	19.10%	5.40%	7.50%	100.00%
	调整后残差	−4.8	8.2	−0.8	1.5	−8.1	
总计	计数	452	4237	1603	355	1339	7986
	期望计数	452	4237	1603	355	1339	7986
	区域占比	5.70%	53.10%	20.10%	4.40%	16.80%	100.00%
卡方	Pearsonχ^2=982.471（df=36，p=0.00）						
对称度量	Cramer's V=0.175（p=0.00）						

结合卡方检验的残差结果来分析我国游客赴东盟旅游安全事件发生类型与东盟各国的关联关系及区域差异。从发生水平上看，赴东盟地区旅游的中国游客在菲律宾主要受自然灾害和业务安全事件影响；在柬埔寨主要受业务安全事件和自然灾害影响；在老挝主要受事故灾难和公共卫生事件影响；在马来西亚主要受事故灾难和业务安全事件影响；在缅甸主要受事故灾难和公共卫生事件影响；在泰国主要受事故灾难和公共卫生事件影响；在文莱主要受事故灾难和业务安全事件影响；在新加坡主要受业务安全事件和事故灾难影响；在印度尼西亚主要受自然灾害和事故灾难影响；在越南主要受事故灾难和公共卫生事件影响。

残差的绝对值大于 1. 96 表示该数据与其他列数据存在显著差异。残差检验结果表明：菲律宾的自然灾害（27.9%，AR=13.2）发生水平显著高于其他地区，而事故灾难（23.0%，AR=−8.3）发生水平显著低于其他地区；缅甸的公共卫生事件（32.4%，AR=4.1）发生水平显著高于其他地区；柬埔寨的各类旅游安全事件发生水平与其他地区差异性不明显；老挝的事故灾难事件（74.2%，AR=3.3）发生水平显著高于其他地区；泰国的事故灾难

（55.3%，AR=4.5）和公共卫生事件（21.7%，AR=4）发生水平显著高于其他地区；文莱的各类旅游安全事件发生水平与其他地区差异性不明显；新加坡的业务安全事件（46.3%，AR=12.1）发生水平显著高于其他地区，而事故灾难（34.1%，AR=−5.8）发生水平显著低于其他地区；印度尼西亚的自然灾害（18.5%，AR=17.5）发生水平显著高于其他地区；越南的事故灾难（65.8%，AR=8.2）发生水平显著高于其他地区，而业务安全事件（7.5%，AR=−8.1）发生水平显著低于其他地区。

四、中国游客赴东盟旅游安全事件发生类型与要素空间的关联关系

本研究采用列联表卡方检验来进一步分析我国游客赴东盟旅游安全事件发生类型与各要素空间之间的关联关系。统计分析显示，列联表 T<5 的格子数不超过 20%，因此研究使用 Pearson 卡方进行相关性检验。如表 3-3-2 所示，Pearson 卡方检验值为 4805.017（p=0.00），对称度量 Cramer's V=0.388（p=0.00）。由此表明，我国游客赴东盟旅游安全事件与空间因素的相关性在 p<0.01 的水平上显著成立。因此，在不同的旅游要素空间场所，自然灾害、事故灾难、公共卫生事件、社会安全事件和业务安全事件的分布水平存在显著的组间差异。

表 3-3-2　中国游客赴东盟旅游安全事件类型与空间因素的相关检定分析

事件大类		六要素						总计
		食	住	行	游	购	娱	
自然灾害	计数	0	3	346	37	0	66（68.1）	452
	期望计数	40.2	21.3	181.2	139.9	1.3	68.1	452
	占事件总量比率	0.00%	0.70%	76.50%	8.20%	0.00%	14.60%	100.00%
	调整后残差	−6.8	−4.2	16.3	−10.8	−1.2	−0.3	

续表

事件大类		六要素						总计
		食	住	行	游	购	娱	
事故灾难	计数	74	254	1315	1477	9	1108	4237
	期望计数	377.2	199.5	1698.3	1311	12.2	638.8	4237
	占事件总量比率	1.70%	6.00%	31.00%	34.90%	0.20%	26.20%	100.00%
	调整后残差	−23.9	5.8	−17.5	8.1	−1.3	29.4	
公共卫生事件	计数	623	58	235	666	2	19	1603
	期望计数	142.7	75.5	642.5	496	4.6	241.7	1603
	占事件总量比率	38.90%	3.60%	14.70%	41.50%	0.10%	1.20%	100.00%
	调整后残差	47.1	−2.3	−23.2	10.3	−1.4	−17.4	
社会安全事件	计数	10	34	89	211	6	5	355
	期望计数	31.6	16.7	142.3	109.8	1	53.5	355
	占事件总量比率	2.80%	9.60%	25.10%	59.40%	1.70%	1.40%	100.00%
	调整后残差	−4.1	4.4	−5.9	11.9	5	−7.4	
业务安全事件	计数	4	27	1216	80	6	6	1339
	期望计数	119.2	63	536.7	414.3	3.9	201.9	1339
	占事件总量比率	0.30%	2.00%	90.80%	6.00%	0.40%	0.40%	100.00%
	调整后残差	−12.1	−5.1	41.5	−21.7	1.2	−16.4	
总计	计数	711	376	3201	2471	23	1204	7986
	期望计数	711.0	376.0	3201.0	2471.0	23.0	1204.0	7986
	占事件总量比率	8.90%	4.70%	40.10%	30.90%	0.30%	15.10%	100.00%
卡方	Pearsonχ^2=4805.017（df=20，p=0.00）							
对称度量	Cramer's V=0.388（p=0.00）							

本研究结合卡方检验的残差结果来分析中国赴东盟旅游安全事件类型在要素空间分布上的差异性。根据表 3-3-2 残差检定结果可知:（1）在旅游餐饮场所，公共卫生事件（38.9%, AR=47.1）的发生率显著高于自然灾害（0%,

AR=−6.8）、事故灾难（1.7%，AR=−23.9）、社会安全事件（2.8%，AR=−4.1）和业务安全事件（0.3%，AR=−12.1）。其中，事故灾难的发生率显著低于期望水平。（2）在旅游住宿场所，事故灾难（6.0%，AR=6%）、社会安全事件（9.6%，AR=4.4）的发生率显著高于自然灾害（0.7%，AR=−4.2）、公共卫生事件（3.6%，AR=−2.3）和业务安全事件（2%，AR=−5.1）。其中，业务安全事件的发生率显著低于期望水平。（3）在旅游交通场所，自然灾害（76.5%，AR=16.3）、业务安全事件（90.8%，AR=41.5）显著高于事故灾难（31.0%，AR=−17.5）、公共卫生事件（14.7%，AR=−23.2）和社会安全事件（25.1%，AR=−5.9）。其中，公共卫生事件的发生率显著低于期望水平。（4）在游览场所，事故灾难（34.9%，AR=8.1）、社会安全事件（59.4%，AR=11.9）、公共卫生事件（41.5%，AR=10.3）显著高于自然灾害（8.2%，AR=−10.8）和业务安全事件（6%，AR=−21.7）。其中，业务安全事件的发生率显著低于期望水平。（5）在旅游购物场所，社会安全事件（1.7%，AR=5）的发生率显著高于自然灾害（0%，AR=−1.2）、事故灾难（0.2%，AR=−1.3）、公共卫生事件（0.1%，AR=−1.4）和业务安全事件（0.4%，AR=1.2）。（6）在旅游娱乐场所，事故灾难（26.2%，AR=29.4）的发生率显著高于自然灾害（14.6%，AR=[illegible]0.3）、公共卫生事件（1.[illegible]%，AR=−[illegible]）、社会安全事件（1.4%，AR=−7.4）和业务安全事件（0.4%，AR=−16.4）。其中，公共卫生事件和业务安全事件的发生率显著低于期望水平。

第四章　中国游客赴东盟旅游安全事件的国别特征

在东盟国家中，泰国、越南、印度尼西亚、马来西亚、柬埔寨、新加坡、菲律宾七国是中国游客赴东盟旅游的主要目的地国家，也是旅游安全事件发生规模较大的几个国家。了解这些国家的旅游安全事件的分布特征及其机制，有利于为中国与东盟国家的旅游安全合作治理提供认知基础。

第一节　中国游客赴泰国旅游安全事件及其特征

一、中国游客赴泰旅游发展形势

泰国位于中南半岛中南部，旅游业起步较早，可追溯至20世纪50年代末60年代初。近年泰国旅游业保持稳定发展势头，已成为促进经济发展、增加就业和减少贫困的国民经济支柱产业。当前，泰国旅游业对国内生产总值贡献率约为12%[①]。泰国是东盟第一大旅游国，赴泰外国游客占东盟入境游客的比例长期稳居东盟国家首位，2019年全年访泰的海外游客人数达3991.63万人次，占东盟入境旅游总人数的27.82%。中国与泰国友好近邻，两国人民往来密切，旅游交往源远流长。2012年，中泰两国发布《关于建立全面战略

① 中国—东盟中心.2019年东盟旅游业简况［R］.2020-07-31.

合作伙伴关系的联合声明》，提出“推进两国旅游合作，提高旅游产品质量，推动环境友好型旅游产业发展。大力鼓励民间交往，夯实双边关系未来发展的根本和基础”[①]。2016 年，中泰两国旅游部门在曼谷共同签署了《关于加强旅游市场监管合作的谅解备忘录》，其中提出双方成立中泰旅游市场监管合作协调小组[②]。2019 年中国赴泰旅游游客人数高达 1099 万人次（见图 4-1-1），占泰国入境总人数的 27.55%，是泰国的第一大旅游客源国。同时曼谷、普吉岛等地也是中国热门出境旅游目的地[③]，中泰旅游交流互访呈现出良好态势，未来发展潜力较大。随着新冠疫情的好转，中国赴泰旅游的发展将迎来新的契机。

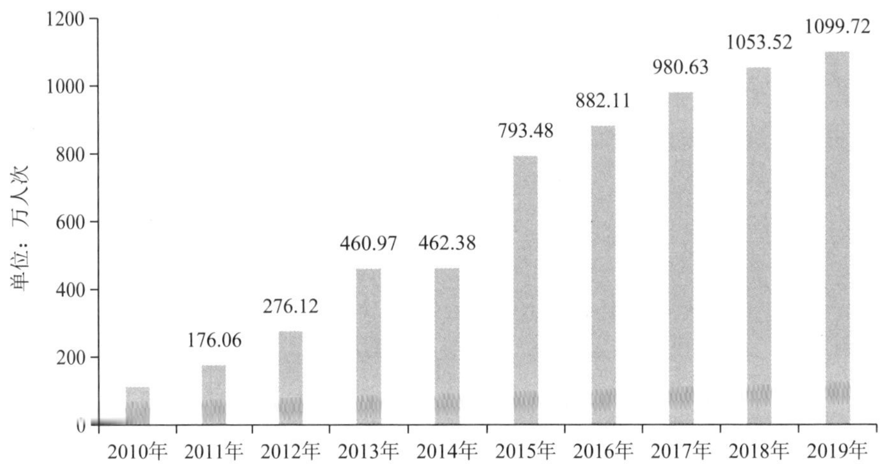

图 4-1-1　2010—2019 年中国赴泰旅游人次数

数据来源：根据东盟秘书处数据库整理

二、中国游客赴泰旅游安全事件的分布特征

（一）中国游客赴泰旅游安全事件的类型分布

通过调用 SPSS26.0 中的频率分析模块，对 2010—2019 年的 4485 起我国

① 中华人民共和国和泰王国.中泰关于建立全面战略合作伙伴关系的联合声明［Z］.2012-04-19.

② 中国国家旅游局与泰国旅游和体育部.关于加强旅游市场监管合作的谅解备忘录［Z］.2016-09-21.

③ 中国旅游研究院.中国出境旅游发展年度报告 2017［R］.北京：中国旅游出版社，2017：20-40.

游客赴泰旅游安全事件的主要类型进行描述性统计分析。结果显示（见表4-1-1）：事故灾难占据绝对地位，共发生2479起，占比高达55.27%；其次为公共卫生事件和业务安全事件，发生数量分别为972起和731起，占比分别为21.67%和16.30%；自然灾害与社会安全事件发生数量相对较少，分别为153起和150起，占比分别为3.41%和3.34%。

具体而言（见表4-1-1），事故灾难的表现类型最为复杂，共计10种事件亚类。其中一般意外性事故和意外摔倒事故占事故总量的12.35%和11.26%。高风险项目事故、涉水事故、交通事故、交通场所意外事故也是事故灾难中的高发事件类型，占事故总量的8.18%、7.45%、5.95%、4.82%、4.37%。公共卫生事件主要表现为4种事件亚类，其中个人疾病和食物中毒事故占比高达12.75%和7.63%。业务安全事件主要表现为5种事件类型，其

表4-1-1　中国游客赴泰旅游安全事件主要类型分布

事件大类	事件亚类	数量（起）	比率	事件大类	事件亚类	数量（起）	比率
自然灾害	气象灾害	80	1.78%	事故灾难	一般意外性事故	554	12.35%
	海洋灾害	70	1.56%		意外摔倒	505	11.26%
	地质灾害	3	0.07%		高风险项目事故	367	8.18%
社会安全事件	盗窃	86	1.92%		涉水事故	334	7.45%
	抢劫	51	1.14%		交通事故	267	5.95%
	机场罢工	5	0.11%		交通场所意外事故	216	4.82%
	欺诈	4	0.09%		生物袭击	196	4.37%
	暴力冲突	2	0.04%		设施设备事故	30	0.67%
	群体性事件	2	0.04%		火灾爆炸	8	0.18%
业务安全事件	航班延误或取消	471	10.50%		踩踏事故	2	0.04%
	操作事故	143	3.19%	公共卫生事件	个人疾病	572	12.75%
	物品遗失或损坏	65	1.45%		食物中毒	342	7.63%
	证件及票务问题	38	0.85%		猝死	50	1.11%
	人员走失	14	0.31%		病毒疫情	8	0.18%

中航班延误或取消、操作事故、物品遗失或损坏是主要事件类型，占比分别为 10.50%、3.19%、1.45%。自然灾害主要表现为气象灾害、海洋灾害、地质灾害三种事件亚类，其中气象灾害和海洋灾害占比分别为 1.78%、1.56%。社会安全事件虽然整体发生频率较其他事件大类低，但其结构相对复杂，共计 6 种事件亚类，其中主要以抢劫和盗窃为主，二者事件数量分别为 86 起和 51 起，占比分别为 1.92% 和 1.14%。

本研究尝试对以上 28 种事件亚类的发生频率进行聚类分析，调用 SPSS26.0 中的快速聚类法（K-Means）模块，将聚类结果分为高频、中频、低频 3 个事件等级。经过二次迭代后，由聚类分析的 ANOVA 检验结果发现，该聚类的 F 值为 153.032，Sig. 值为 0.00，表明其在 $P<0.01$ 的置信水平下显著成立，具有统计意义（见表 4-1-2）。

表 4-1-2　中国游客赴泰旅游安全事件主要类型的 ANOVA 分析

	聚类		误差		F	显著性
	均方	自由度	均方	自由度		
频数	445295.259	2	2909.824	25	153.032	0.00

聚类结果显示，高频事件有 4 类，中频事件有 5 类，低频事件有 19 类。个人疾病、一般意外事故、意外摔倒、航班延误或取消等属于高频事件，涵盖公共卫生事件、事故灾难以及业务安全事件三大类；高风险项目事故、食物中毒、涉水事故、交通事故、交通场所意外事故等属于中频事件，主要为事故灾难、公共卫生事件。其余类别事故属于低频事件，其中生物袭击、操作事故、盗窃、气象灾害、海洋灾害、物品遗失或损坏、抢劫、猝死等发生频率相对较高，低频事件涵盖类型多样。

通过聚类分析可以发现，中国赴泰旅游安全事件既符合旅游安全事件统计中的一般性规律，同时又具有自身的特殊性。首先，在高频旅游安全事件中，意外摔倒和一般意外事故是较为常规的旅游安全事件，是游客出行最为常见的旅游风险；由于泰国地处东南亚中南半岛，主要属于热带季风气候，旅游者受目的地和景区特殊的地域环境和自然气候的影响较大，容易造成游客水土不服，进而引起游客疾病发作，因此个人疾病属于高发事件类型；航班延误和取消是中国游客赴泰旅游的高发事件类型。其次，在中频旅游安全事件中，由于泰国多山路窄且弯道多，路况环境复杂，交通事故以及交通场所意外事故多发；泰国旅游目的地大部分处于沿海地区，滨海景点和涉水项目多，同时海底不明生物也较多，且出境游客出海旅游自我保护意识不强，因此高风险项目引发的事故、涉水事故以及生物袭击事故较多；此外，泰国气候相对湿热，生鲜食品易出现变质情况，中国赴泰游客出现腹泻以及急性肠胃炎症状较多，食物中毒事件的发生次数也较为频繁。最后，在低频旅游安全事件中，泰国气候状况变化较大，由此引发的气象灾害、海洋灾害事件也时有发生。

（二）中国游客赴泰旅游安全事件的伤亡分布

1. 致死型旅游安全事件的类型分布

对 2010—2019 年我国游客赴泰旅游安全事件进行统计发现，4485 起旅游安全事件中共有 223 起致死型旅游安全事件，占事件总量的 4.97%。223 起致死型旅游安全事件分布在事故灾难、公共卫生事件、自然灾害以及业务安全事件大类中，事件数量分别为 140 起、79 起、2 起、2 起，占比分别为 62.78%、35.43%、0.90%、0.90%。具体而言（见表 4-1-3），事故灾难中导致游客死亡的旅游安全事件包括涉水事故、交通事故、高风险项目事故、一般意外事故、意外摔倒、设施设备事故、交通场所意外事故以及生物袭击等事件亚类。其中，涉水事故、交通事故、高风险项目事故是导致游客死亡的主要事件类型，事件占比分别为 39.91%、12.11%、4.48%；公共卫生事件中导致游客死亡的旅游安全事件包括猝死、个人疾病、食物中毒等，其中猝死和个人疾病事件占比分别为 22.42% 和 12.56%。自然灾害中导致游客死亡的旅游安全事件为气象灾害，事件占比 0.90%。业务安全事件中导致游客死亡的旅游安全事件为人员走失，事件占比 0.90%。由此也表明，赴泰国旅游的中国游客生命安全主要受涉水风险、猝死风险、个人疾病风险以及交通风险等影响。

表 4-1-3　中国游客赴泰致死型安全事件主要类型分布

事件大类	事件亚类	数量（起）	比率	事件大类	事件亚类	数量（起）	比率
事故灾难	涉水事故	89	39.91%	事故灾难	生物袭击	1	0.45%
	交通事故	27	12.11%	公共卫生事件	猝死	50	22.42%
	高风险项目事故	10	4.48%		个人疾病	28	12.56%
	一般意外事故	8	3.59%		食物中毒	1	0.45%
	意外摔倒	3	1.35%	业务安全事件	人员走失	2	0.90%
	设施设备	1	0.45%	自然灾害	气象灾害	2	0.90%
	交通场所意外事故	1	0.45%				

本研究尝试对中国赴泰各类致死型旅游安全事件的分布情况进行聚类分析，调用 SPSS 快速聚类法（K-Means）模块，将聚类结果分为高频、中频、低频 3 个事件等级。经过 2 次迭代、聚类分析的 ANOVA 检验结果表明（见表 4-1-4），聚类的 F 值为 91.538，Sig. 为 0.00，具有统计意义。聚类结果发现，在中国游客赴泰致死型安全事件中，涉水事故是高频事件，猝死、个人疾病、交通事故等属于中频事件，高风险项目事故、一般意外事故、意外摔倒、人员走失，气象灾害等属于低频事件。

表 4-1-4　中国游客赴泰致死型安全事件主要类型分布的 ANOVA 分析

	聚类		误差		F	显著性
	均方	自由度	均方	自由度		
频数	3932.068	2	42.956	10	91.538	0.00

2. 致伤型旅游安全事件的类型分布

对 2010—2019 年我国游客赴泰旅游安全事件进行统计发现，4485 起旅游安全事件中共有 3321 起致伤型旅游安全事件，占事件总量的 74.05%，共造成 6515 人受伤。具体而言（见表 4-1-5），事故灾难类旅游安全事件最多，达 2338 起，占比为 70.40%，其中，一般意外事故、意外摔倒、高风险项目事故、涉水事故、交通事故、交通场所意外事故、生物袭击事件占比分别为

16.44%、15.12%、10.87%、7.29%、7.26%、6.47%、5.87%；其次为公共卫生事件，达 892 起，占比为 26.86%，个人疾病和食物中毒分别为 544 起、340 起，占比分别为 16.38%、10.24%；致伤型自然灾害的数量为 79 起，占比为 2.38%，其中海洋灾害和气象灾害占比分别为 2.11% 和 0.27%；致伤型业务安全事件和社会安全事件分布较少，分布数量分别为 7 起和 5 起，事件占比分别为 0.21% 和 0.15%。可见，中国游客赴泰旅游安全事件中事故灾难和公共卫生事件的致伤率最高，自然灾害致伤率也有一定的分布比例。

表 4-1-5　中国游客赴泰致伤型安全事件主要类型分布

事件大类	事件亚类	数量（起）	比率	事件大类	事件亚类	数量（起）	比率
事故灾难	一般意外事故	546	16.44%	公共卫生事件	个人疾病	544	16.38%
	意外摔倒	502	15.12%		食物中毒	340	10.24%
	高风险项目事故	361	10.87%		病毒疫情	8	0.24%
	涉水事故	242	7.29%	业务安全事件	操作事故	7	0.21%
	交通事故	241	7.26%	自然灾害	海洋灾害	70	2.11%
	交通场所意外事故	215	6.47%		气象灾害	9	0.27%
	生物袭击	195	5.87%	社会安全事件	群体性事件	2	0.06%
	设施设备	28	0.84%		暴力冲突	2	0.06%
	火灾爆炸	6	0.18%		抢劫	1	0.03%
	踩踏事故	2	0.06%				

本研究尝试对中国赴泰各类致伤型旅游安全事件的分布情况进行聚类分析，聚类分析过程调用了 SPSS 的快速聚类法（K-Means）模块，将聚类结果分为高频、中频、低频 3 个事件等级。经过 2 次迭代、聚类分析的 ANOVA 检验结果表明（见表 4-1-6），聚类的 F 值为 192.352，Sig. 为 0.00，具有统计意义。聚类结果发现，在中国赴泰各类致伤型旅游安全事件中，一般意外事故、个人疾病和意外摔倒等属于高频事件，高风险项目事故、食物中毒、涉水事故、交通事故、交通场所意外事故、生物袭击等属于中频事件，其余

各类事件属于低频事件，其中海洋灾害、设施设备事故发生频率稍高。

表 4-1-6　中国游客赴泰致伤型安全事件主要类型分布的 ANOVA 分析

	聚类		误差		F	显著性
	均方	自由度	均方	自由度		
频数	344820.329	2	1792.656	16	192.352	0.00

（三）中国游客赴泰旅游重大安全事件和重点风险防范领域

政治动荡和地区恐怖主义属于赴泰旅游的重大安全风险类型。泰国雨季降水量大，海上天气变幻多端，常有强降雨、大风大浪等天气，因此赴泰旅游涉水风险较大。在统计的出境旅游出行提示信息中，主要以泰国政治冲突引发的大规模抗议游行示威事件、恐怖主义暴力袭击事件以及涉水安全事件为主。例如，2010 年 3 月至 9 月，泰国爆发严重军警与平民冲突；2013 年 11 月至次年 2 月，泰国民众持续集会抗议特赦法案；2014 年 5 月，泰国发生政变、全国实施宵禁。一系列的政治事件对泰国的旅游安全形象和我国游客赴泰国的旅游意愿带来了显著的负向影响[①]。2015 年 8 月 17 日，泰国著名景点四面佛附近发生恐怖爆炸袭击，共造成 22 人死亡，120 余人受伤。其中，中国游客死亡 4 人，20 余人受伤。2016 年泰国多个旅游胜地连环爆炸，造成多人死亡。2018 年 7 月 5 日，两艘载有中国游客的船只在泰国普吉岛附近突遇特大暴风雨发生倾覆事故，造成47名中国游客不幸遇难或失联[②]。恐怖袭击事件以及涉水安全风险对中国赴泰旅游安全造成了威胁，且事故发生的安全风险等级较高，影响范围更广，属于重大旅游安全事件类型。

此外，中国赴泰旅游游客还需重点关注“黑导游”问题、入泰旅游团“零团费”问题、“劣质珠宝”等欺诈性商品及服务、高价租车船服务、色情表演等非法服务、非法入境及跨国犯罪、黑社会团体活动以及景点贩毒活动等风险问题。这些旅游风险是赴泰游客易发生的风险类型，旅游者需要提高

① 李月调.谢朝武.赴泰中国游客安全事故时空分布研究［J］.中国安全科学学报，2016，26(6)：169-174.

② 何彦陶 . 普吉岛沉船事故带来的警示［J］. 海运纵览，2018（6）：4.

自身安全意识，加强对此类风险的防范。

三、中国游客赴泰旅游安全事件的特征机制

（一）中国游客赴泰旅游安全事件发生类型与时间因素的关联关系

1. 中国游客赴泰旅游安全事件时间因素的分布特征

通过对4485起中国游客赴泰旅游安全事件进行统计发现，在季度分布上，第一季度的旅游安全事件发生频率最高，占比达30.12%，第二季度和第三季度的旅游安全事件数量较为接近，分别为25.75%和25.60%，仅次于第一季度，第四季度的旅游安全事件占比为18.53%，具体如图4-1-2所示。从月份分布来看（见图4-1-3），各月份旅游安全事件的发生频率存在较明显的区别，2月和7月的事件发生频率明显高于其他月份，是赴泰旅游安全事件的集中发生月份，此外，3—5月及8月也是赴泰旅游安全事件的高发月份。

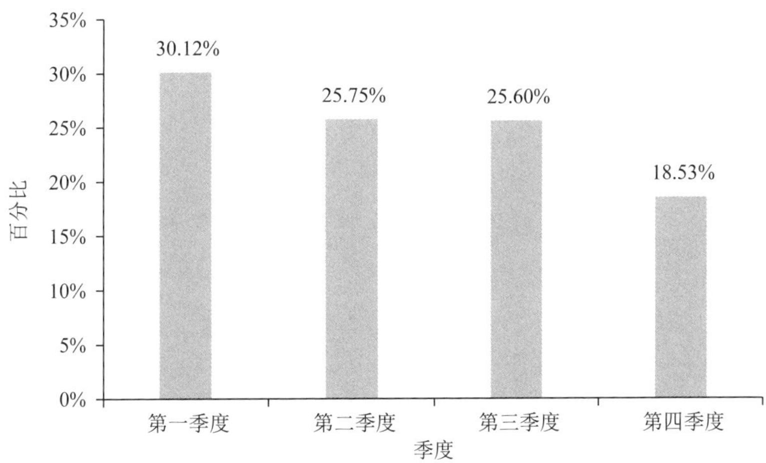

图4-1-2　中国游客赴泰旅游安全事件的季度分布

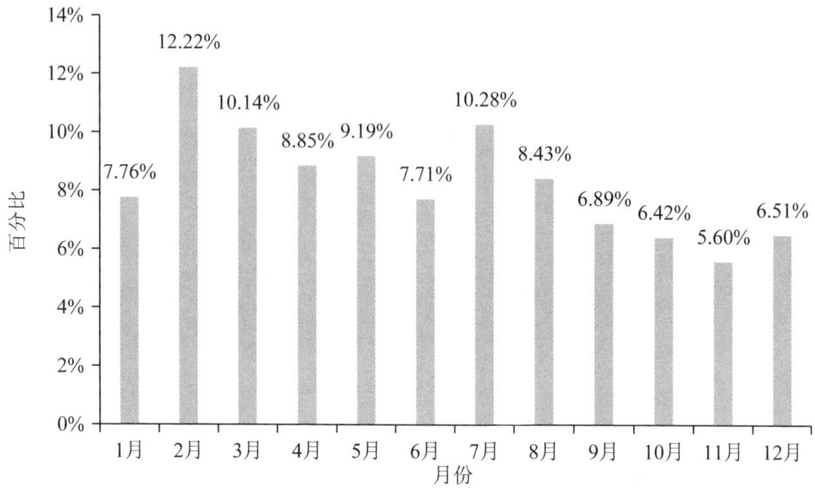

图 4-1-3　中国游客赴泰旅游安全事件的月份分布

在微观时间上，从微观时间段分布来看（见图 4-1-4），28.49% 的赴泰旅游安全事件发生在上午时段，36.23% 的旅游安全事件发生在下午（12：00—18：00），24.68% 的赴泰旅游安全事件发生在晚上时段；相较之下，凌晨时段发生的安全事故较少，该时段共发生 475 起，占比为 10.59%。白天是旅游活动的主要承载时间，旅游安全事件发生概率较高，上午时段与

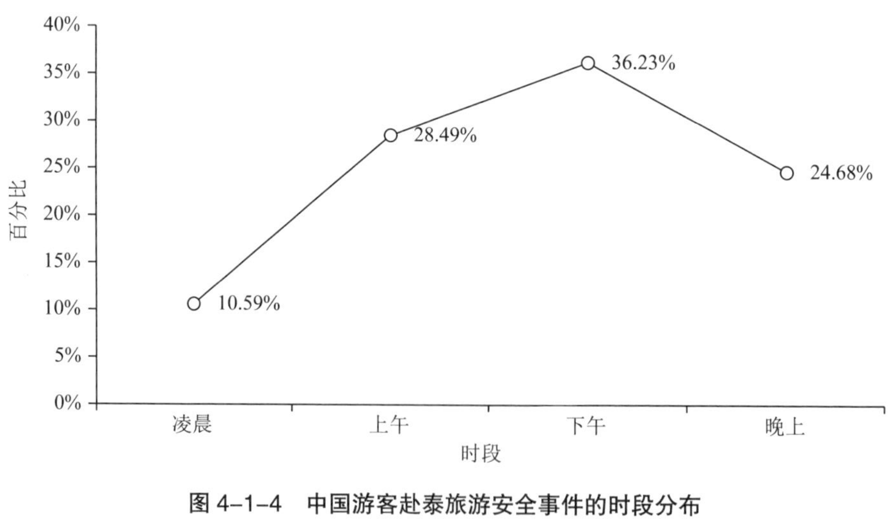

图 4-1-4　中国游客赴泰旅游安全事件的时段分布

下午时段所发生的安全事件合计占比高达 64.72%。从具体时刻来看（见图 4-1-5），中国游客赴泰旅游安全事件在 24 小时内的变化趋势大体呈现为抛物线变化趋势，总体呈现先增后减态势。其中上午 10 点是旅游安全事件的高发时间点。

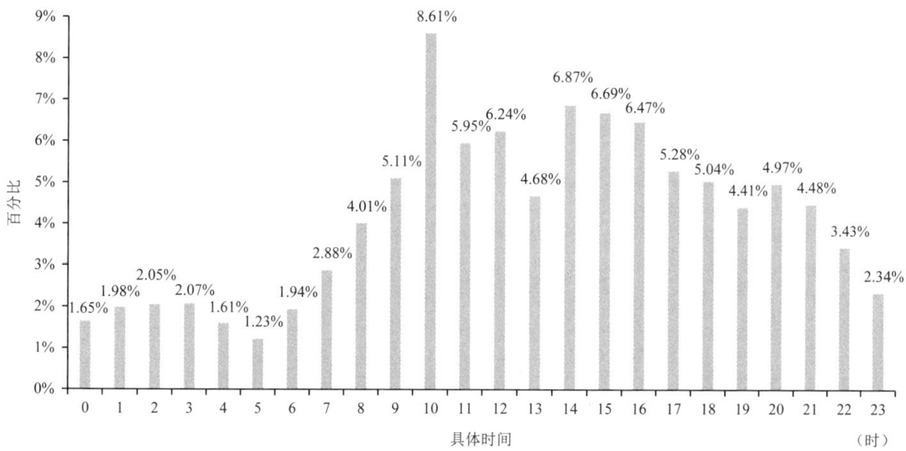

图 4-1-5　中国游客赴泰旅游安全事件的时间点分布

2. 中国游客赴泰旅游安全事件发生类型与时间因素的关联关系

研究采用列联表卡方检验的方法对赴泰旅游安全事件类型与时段因素进行相关性检验，以进一步分析二者之间的关联关系。统计分析显示，列联表 T<5 的格子数不超过 20%，因此研究使用 Pearson 卡方进行相关性检验。如表 4-1-7 所示，Pearson 卡方检验值为 241.909（p=0.00），对称度量 Cramer's V=0.134（p=0.00）。由此表明，我国游客赴泰旅游安全事件与时段因素的相关性在 $p<0.01$ 的水平上显著成立，即不同时段旅游安全事件类型的分布水平具有显著的组间差异。

表 4-1-7 中国游客赴泰旅游安全事件类型与时段因素的相关检定分析

事件大类		时间段				总计
		凌晨	上午	下午	晚上	
自然灾害	计数	12	56	66	19	153
	期望计数	16.2	43.6	55.4	37.8	153
	占事件总量比率	7.80%	36.60%	43.10%	12.40%	100.00%
	调整后残差	−1.1	2.3	1.8	−3.6	
事故灾难	计数	163	679	1055	582	2479
	期望计数	262.5	706.4	898.2	611.9	2479
	占事件总量比率	6.60%	27.40%	42.60%	23.50%	100.00%
	调整后残差	−9.7	−1.8	9.8	−2.1	
公共卫生事件	计数	152	263	272	285	972
	期望计数	102.9	277	352.2	239.9	972
	占事件总量比率	15.60%	27.10%	28.00%	29.30%	100.00%
	调整后残差	5.8	−1.1	−6	3.8	
社会安全事件	计数	9	40	35	66	150
	期望计数	15.9	[illegible]	[illegible]	[illegible]	150
	占事件总量比率	6.00%	26.70%	23.30%	44.00%	100.00%
	调整后残差	−1.9	−0.5	−3.3	5.6	
业务安全事件	计数	139	240	197	155	731
	期望计数	77.4	208.3	264.9	180.4	731
	占事件总量比率	19.00%	32.80%	26.90%	21.20%	100.00%
	调整后残差	8.1	2.8	−5.7	−2.4	
总计	计数	475	1278	1625	1107	4485
	期望计数	475	1278	1625	1107	4485
	占事件总量比率	10.60%	28.50%	36.20%	24.70%	100.00%
卡方	Pearsonχ2=241.909（df=12，p=0.00）					
对称度量	Cramer's V=0.134（p=0.00）					

本研究结合卡方检验的残差结果来分析中国赴泰旅游安全事件类型的在时段分布上的差异性。根据表 4-1-7 残差检定结果可知:（1）在凌晨时段，公共卫生事件（15.6%，AR=5.8）和业务安全事件（19%，AR=8.1）的发生率显著高于自然灾害（7.8%，AR=−1.1）、事故灾难（6.6%，AR=−9.7）、社会安全事件（6.0%，AR=−1.9）。其中，事故灾难的发生率显著低于期望水平。（2）在上午时段，自然灾害（36.6%，AR=2.3）和业务安全事件（32.8%，AR=2.8）的发生率显著高于事故灾难（27.4%，AR=−1.8）、公共卫生事件（27.1%，AR=−1.1）、社会安全事件（26.7%，AR=−0.5）。（3）在下午时段，事故灾难（42.6%，AR=9.8）和自然灾害（43.1%，AR=1.8）的发生率显著高于公共卫生事件（28.0%，AR=−6）、社会安全事件（23.3%，AR=−3.3）、业务安全事件（26.9%，AR=−5.7）。其中，公共卫生事件的发生率显著低于期望水平。（4）在晚上时段，公共卫生事件（29.3%，AR=3.8）和社会安全事件（44.0%，AR=5.6）的发生率显著高于自然灾害（12.4%，AR=−3.6）、事故灾难（23.5%，AR=−2.1）、业务安全事件（21.2%，AR=−2.4）。其中，自然灾害的发生率显著低于期望水平。

（二）中国游客赴泰旅游安全事件发生类型与空间因素的关联关系

1. 中国游客赴泰旅游安全事件空间因素的分布特征

通过对 2010—2019 年 4485 起中国游客赴泰国旅游安全事件进行统计发现（见图 4-1-6），在旅游要素空间的结构分布上，发生在旅游餐饮场所（饭店、餐馆）占比 10.42%、发生在住宿场所（酒店客房、洗手间等场所）占比 4.97%，交通场所（交通工具、机场、车站）占比最高达到 37.93%，发生在游览场所（景区景点）占比 28.47%，发生在旅游购物场所占比 0.31%，发生在旅游娱乐场所占比 17.90%。总体上，旅游安全事件主要发生在旅游交通、游览、娱乐以及餐饮四类场所，合计占事件总量的 94.72%。

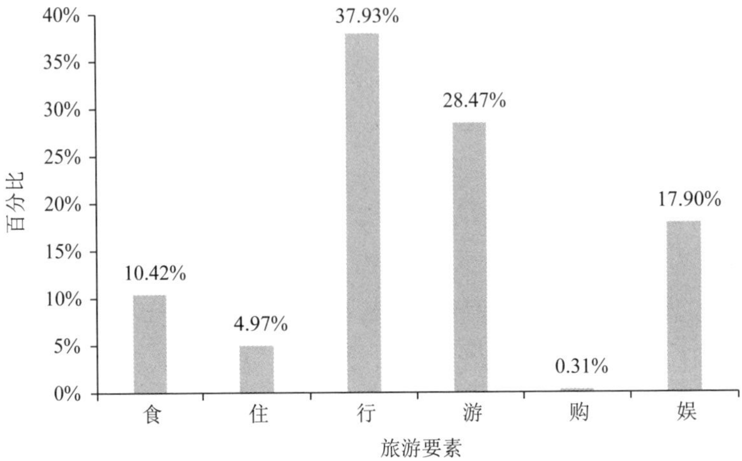

图 4-1-6　中国游客赴泰旅游安全事件的要素空间分布

2. 中国游客赴泰旅游安全事件发生类型与空间因素的关联关系

本研究采用列联表卡方检验来进一步分析我国游客赴泰旅游安全事件发生类型与各要素空间的关联关系。统计分析显示，列联表 T<5 的格子数不超过 20%，因此研究使用 Pearson 卡方进行相关性检验。如表 4-1-8 所示，Pearson 卡方检验值为 2852.408（p=0.00），对称度量 Cramer's V=0.399（p=0.00）。由此表明，我国游客赴泰旅游安全事件与时段因素的相关性在 p<0.01 的水平上显著成立。因此，在不同的旅游要素空间场所，自然灾害、事故灾难、公共卫生事件、社会安全事件和业务安全事件的分布水平存在显著的组间差异。

表 4-1-8　中国游客赴泰旅游安全事件类型与空间因素的相关检定分析

事件大类		要素空间						总计
		食	住	行	游	购	娱	
自然灾害	计数	0	0	93	17	0	43	153
	期望计数	15.9	7.6	58	43.6	0.5	27.4	153
	占事件总量比率	0.00%	0.00%	60.80%	11.10%	0.00%	28.10%	100.00%
	调整后残差	−4.3	−2.9	5.9	−4.8	−0.7	3.3	

续表

事件大类		要素空间						总计
		食	住	行	游	购	娱	
事故灾难	计数	37	157	754	783	5	743	2479
	期望计数	258.1	123.3	940.2	705.8	7.7	443.8	2479
	占事件总量比率	1.50%	6.30%	30.40%	31.60%	0.20%	30.00%	100.00%
	调整后残差	−21.7	4.7	−11.5	5.1	−1.5	23.4	
公共卫生事件	计数	427	33	140	357	2	13	972
	期望计数	101.2	48.3	368.6	276.8	3	174	972
	占事件总量比率	43.90%	3.40%	14.40%	36.70%	0.20%	1.30%	100.00%
	调整后残差	38.7	−2.6	−17.1	6.4	−0.7	−15.2	
社会安全事件	计数	2	20	51	72	3	2	150
	期望计数	15.6	7.5	56.9	42.7	0.5	26.9	150
	占事件总量比率	1.30%	13.30%	34.00%	48.00%	2.00%	1.30%	100.00%
	调整后残差	−3.7	4.8	−1	5.4	3.8	−5.4	
业务安全事件	计数	1	13	663	48	4	2	731
	期望计数	76.1	36.3	277.2	208.1	2.3	130.9	731
	占事件总量比率	0.10%	1.80%	90.70%	6.60%	0.50%	0.30%	100.00%
	调整后残差	−9.9	−4.3	32.1	−14.3	1.2	−13.6	
总计	计数	467	223	1701	1277	14	803	4485
	期望计数	467	223	1701	1277	14	803	4485
	占事件总量比率	10.40%	5.00%	37.90%	28.50%	0.30%	17.90%	100.00%
卡方	Pearsonχ^2=（df=20，p=0.00）							
对称度量	Cramer's V=0.399（p=0.00）							

本研究结合卡方检验的残差结果来分析中国赴泰旅游安全事件类型在要素空间分布上的差异性。根据表4-1-8残差检定结果可知：（1）在旅游餐饮场所，公共卫生事件（43.9%，AR=38.7）的发生率显著高于自然灾害（0.0%，AR=-

4.3）、事故灾难（1.5%，AR=−21.7）、社会安全事件（1.3%，AR=−3.7）、业务安全事件（0.1%，AR=−9.9）。其中，事故灾难的发生率显著低于期望水平。（2）在旅游住宿场所，事故灾难（6.3%，AR=4.7）和社会安全事件（13.3%，AR=4.8）的发生率显著高于自然灾害（0.0%，AR=−2.9）、公共卫生事件（3.4%，AR=−2.6）、业务安全事件（1.8%，AR=−4.3）。其中，业务安全事件的发生率显著低于期望水平。（3）在旅游交通场所，业务安全事件（90.7%，AR=32.1）的发生率显著高于自然灾害（60.8%，AR=5.9）、事故灾难（30.4%，AR=−11.5）、公共卫生事件（14.4%，AR=−17.1）、社会安全事件（34.0%，AR=−1）。其中，公共卫生事件的发生率显著低于期望水平。（4）在游览场所，事故灾难（31.6%，AR=5.1）、公共卫生事件（36.7%，AR=6.4）和社会安全事件（48.0%，AR=5.4）的发生率显著高于自然灾害（11.1%，AR=−4.8）、业务安全事件（6.6%，AR=−14.3）。其中，业务安全事件的发生率显著低于期望水平。（5）在旅游购物场所，社会安全事件（2.0%，AR=3.8）的发生率显著高于自然灾害（0.0%，AR=−0.7）、事故灾难（0.2%，AR=−1.5）、公共卫生事件（0.2%，AR=−0.7）、业务安全事件（0.5%，AR=1.2）。（6）在旅游娱乐场所，事故灾难的发生率显著高于自然灾害（28.1%，AR=3.3）、公共卫生事件（1.3%，AR=−15.2）、社会安全事件（1.3%，AR=−5.4）、业务安全事件（0.0%，AR=−13.6）。其中，公共卫生事件的发生率显著低于期望水平。

第二节　中国游客赴越南旅游安全事件及其特征

一、中国游客赴越旅游发展形势

越南是东盟国家中唯一与中国大陆海陆相连的国家，与中国之间的海陆交通便利，是东盟与中国之间经济贸易和人员往来的交通要道。越南位于热带，四季气温较高，国内拥有下龙湾海上胜景世界遗产以及越南国家级天然植物园菊芳原始林区，国家公园众多，是越南优质的旅游资源。近年来越南接待入境游客人次不断提高，占东盟入境游客的比重呈现不断上升的趋势。据东盟秘书处数据显示，2019 年越南共接待入境游客 1800.86 万人次，占整个东盟地区入境接待游客总量的 12.55%，越南旅游业在整个东盟地区所占据的地位也越来越重要。中国与越南的旅游合作始于 1994 年，中越两国签署了《中越旅游合作协议》，奠定了中越旅游合作的基础。随后，两国又签署了《1999—2000 年中越双边旅游合作协议》，2000 年 10 月签署了《中国公民自费赴越旅游备忘录》和《旅游合作会谈备忘录》，自备忘录实施以来，两国间往来的游客数量明显增加，中国是越南旅游业最大的市场[①]。2019 年，中国赴越南旅游人次达 580.64 万人次，较 2018 年增幅达 16.91%，中国赴越南旅游人次整体呈现连年增长趋势（见图 4-2-1）。未来随着我国边境旅游的兴盛，越南凭借着其独特的自然景观和人文风情会吸引越来越多的中国游客前往河内、下龙湾、芽庄等越南知名度较高的景点，其未来发展潜力较大。

图 4-2-1　2010—2019 年中国赴越南旅游人次数

数据来源：根据东盟秘书处数据库整理

二、中国游客赴越旅游安全事件分布特征

（一）中国游客赴越旅游安全事件的类型分布

通过调用 SPSS26.0 中的频率分析模块，对 2010—2019 年的 926 起我

① 中国—东盟中心 .2019 年东盟旅游业简况［R］.2020-07-31.

国游客赴越旅游安全事件的主要类型进行描述性统计分析。结果显示：事故灾难占据绝对地位，占比达 65.77%；其次为公共卫生事件，事件占比为 19.11%；业务安全事件和社会安全事件发生数量较为接近，事件占比分别为 7.45% 和 5.40%；自然灾害发生数量相对较少，事件占比为 2.27%。

具体来看（见表 4-2-1），事故灾难的表现类型最为复杂，共计 9 种事件亚类，其中意外摔倒和一般意外事故是事故灾难中高发事件类型，占事件总量的 19.44% 和 15.77%。此外，交通事故、涉水事故、交通场所意外事故、高风险项目事故、生物袭击也是事故灾难中高发事件类型。公共卫生事件主要表现为 4 种事件亚类，其中个人疾病和食物中毒事故占比分别为 13.71% 和 3.24%。业务安全事件主要表现为 5 种事件类型，其中航班延误或取消和操作事故是主要事件类型，占比分别为 4.43% 和 2.05%。自然灾害主要表现为气象灾害和海洋灾害，占比分别为 1.19% 和 1.08%。社会安全事件主要以抢劫和盗窃为主，二者占比分别为 3.46% 和 1.73%。

表 4-2-1　中国游客赴越旅游安全事件主要类型分布

事件大类	事件亚类	数量（起）	比率	事件大类	事件亚类	数量（起）	比率
自然灾害	海洋灾害	10	1.08%	公共卫生事件	病毒疫情	4	0.43%
	气象灾害	11	1.19%		猝死	16	1.73%
事故灾难	高风险项目事故	43	4.64%		个人疾病	127	13.71%
	火灾爆炸	2	0.22%		食物中毒	30	3.24%
	交通场所意外事故	44	4.75%	社会安全事件	盗窃	16	1.73%
	交通事故	80	8.64%		抢劫	32	3.46%
	设施设备	13	1.40%		群体性事件	2	0.22%
	涉水事故	62	6.70%	业务安全事件	操作事故	19	2.05%
	生物袭击	39	4.21%		航班延误或取消	41	4.43%
	一般意外事故	146	15.77%		人员走失	2	0.22%
	意外摔倒	180	19.44%		物品遗失或损坏	4	0.43%
					证件及票务问题	3	0.32%

本研究尝试对以上 23 种事件亚类的发生频率进行聚类分析，调用 SPSS26.0 中的快速聚类法（k-means）模块，将聚类结果分为高频、中频、低频 3 个事件等级。经过二次迭代后，由聚类分析的 ANOVA 检验结果（见表 4-2-2），该聚类的 F 值为 54.278，Sig. 值为 0.00 ，表明其在 $P<0.01$ 的置信水平下显著成立，具有统计意义。聚类结果显示，高频事件有 1 类，中频事件有 3 类、低频事件有 19 类。意外摔倒属于高频事件，一般意外事故、个人疾病、交通事故属于中频事件，其余类别事故属于低频事件。其中涉水事故、交通场所意外事故、高风险项目事故等发生频率相对较高，低频事件涵盖类型多样。

表 4-2-2 中国游客赴越旅游安全事件主要类型的 ANOVA 分析

	聚类		误差		F	显著性
	均方	自由度	均方	自由度		
频数	22391.831	2	412.539	20	54.278	0.00

（二）中国游客赴越旅游安全事件的伤亡分布

1. 致死型旅游安全事件的类型分布

对 2010—2019 年我国游客赴越旅游安全事件进行统计发现，926 起旅游安全事件中共有 73 起致死型旅游安全事件，占事件总量的 7.88%。73 起致死型旅游安全事件分布在事故灾难、公共卫生事件以及自然灾害大类中，占比分别为 49.32%、47.95%、2.74%。具体而言（见表 4-2-3），事故灾难中导致游客死亡的旅游安全事件包括涉水事故、高风险项目事故、交通事故、意外摔倒等事件亚类。其中，涉水事故和高风险项目引发的事故是导致游客死亡的主要事件亚类，事件占比分别为 38.36% 和 5.48%；公共卫生事件中导致游客死亡的事件类型包括猝死、个人疾病、病毒疫情、食物中毒等，其中猝死和个人疾病是导致游客死亡的主要事件亚类，事件占比分别为 21.92%、20.55%。自然灾害中导致游客死亡的旅游安全事件类型为海洋灾害。由此也表明，赴越南旅游的中国游客人身安全主要受涉水风险、猝死风险以及个人疾病风险影响。

表 4-2-3　中国游客赴越致死型安全事件主要类型分布

事件大类	事件亚类	数量（起）	比率	事件大类	事件亚类	数量（起）	比率
公共卫生事件	猝死	16	21.92%	事故灾难	涉水事故	28	38.36%
	个人疾病	15	20.55%		高风险项目事故	4	5.48%
	病毒疫情	3	4.11%		交通事故	2	2.74%
	食物中毒	1	1.37%		意外摔倒	2	2.74%
自然灾害	海洋灾害	2	2.74%				

本研究尝试对中国赴越各类致死型旅游安全事件的分布情况进行聚类分析，调用SPSS的快速聚类法（K-Means）模块，将聚类结果分为高频、中频、低频 3 个事件等级。经过 2 次迭代、聚类分析的 ANOVA 检验结果表明（见表 4-2-4），聚类的 F 值为 362.6，Sig. 为 0.00，具有统计意义。聚类结果发现，在中国游客赴越致死型安全事件中，涉水事故是高频事件类型，猝死和个人疾病是中事件类型，高风险项目事故、病毒疫情、交通事故、意外摔倒、海洋灾害、食物中毒为低频事件类型。

表 4-2-4　中国游客赴越致死型安全事件主要类型分布的 ANOVA 分析

	聚类		误差		F	显著性
	均方	自由度	均方	自由度		
频数	352.528	2	0.972	6	362.6	0.00

2. **致伤型旅游安全事件的类型分布**

对 2010—2019 年我国游客赴越旅游安全事件进行统计发现，926 起旅游安全事件中共有 734 起致伤型旅游安全事件，占事件总量的 79.27%，共造成 1045 人受伤。具体而言（见表 4-2-5），事故灾难类旅游安全事件分布数量最多，占比为 77.93%。其中，意外摔倒、一般意外事故、交通事故、交通场所意外事故等为主要事件亚类。公共卫生事件占比为 19.35%，其中个人疾病和食物中毒事件占比分别为 15.26% 和 3.95%。致伤型社会安全事件及自然灾害事件分布较少。

表 4-2-5 中国游客赴越致伤型安全事件分布的主要类型分布

事件大类	事件亚类	数量（起）	比率	事件大类	事件亚类	数量（起）	比率
事故灾难	意外摔倒	178	24.25%	事故灾难	火灾爆炸	2	0.27%
	一般意外事故	145	19.75%	公共卫生事件	个人疾病	112	15.26%
	交通事故	80	10.90%		食物中毒	29	3.95%
	交通场所意外事故	44	5.99%		病毒疫情	1	0.14%
	高风险项目事故	39	5.31%	社会安全事件	抢劫	10	1.36%
	生物袭击	39	5.31%		群体性事件	2	0.27%
	涉水事故	33	4.50%	自然灾害	海洋灾害	8	1.09%
	设施设备	12	1.63%				

本研究尝试对中国赴越各类致伤型旅游安全事件的分布情况进行聚类分析，聚类分析过程调用了 SPSS 的快速聚类法（K-Means）模块，将聚类结果分为高频、中频、低频 3 个事件等级。经过 2 次迭代、聚类分析的 ANOVA 检验结果表明（见表 4-2-6），聚类的 F 值为 59.733，Sig. 为 0.00，具有统计意义。聚类结果发现，在中国赴越各类致伤型旅游安全事件中，意外摔倒和一般意外事故是高频事件，个人疾病和交通事故是中频事件，其余各类旅游安全事件属于低频事件。其中，交通场所意外事故、高风险项目事故、生物袭击、涉水事故、食物中毒等事件发生频率稍高。

表 4-2-6 中国游客赴越致伤型安全事件主要类型分布的 ANOVA 分析

	聚类		误差		F	显著性
	均方	自由度	均方	自由度		
频数	19519.762	2	326.784	12	59.733	0.00

中国游客赴越各类伤亡型旅游安全事件的发生率有其内在规律，意外摔倒和一般意外事故是旅游安全事件中常见的类型，具有一定普遍性，也在中国赴越旅游安全事件中属于高频伤亡事件类型。由于越南各地多山，道路基础设施建设较差，且城市摩托车的泛滥，民众交通意识差，交通事故发生率

较高，故旅游交通安全事故是越南中频致伤型旅游安全事件。此外，中国赴越游客多选择岘港、河内、下龙湾、芽庄等沿海地区，故涉水事故也较多。

（三）中国游客赴越旅游重大安全事件和重点风险防范领域

近年来中国赴越南旅游的游客数量不断增加，但面临的风险类型和风险隐患也不断增多。2014 年 5 月，越南南部爆发多起针对外资企业的暴力打砸事件，造成在越中国公民人身伤亡和企业财产损失，国家旅游局和外交部连发多条旅游出行提示，提醒暂勿前往越南，中越旅游一度中断。2016 年 5 月和 2017 年 2 月，越南发生多起海关工作人员向中国游客索要小费、殴打中国游客的案例，严重影响了赴越游客的人身财产安全，给越南旅游形象带来了较大的负面影响。另外，越南政府对此类案件重视程度不够，缺乏相应的处罚和管理措施，也为中国赴越旅游安全埋下隐患。因此，中国游客赴越旅游面临的安全风险依然较大。此外，病毒疫情也是中国赴越游客需要密切关注的风险，2017 年前三季度越南登革热病例达 8.1 万例，造成 24 人死亡。登革热主要通过蚊虫叮咬传播，旅游者在景区等人口密集的地区极易受传染，游客需采取必要防疫措施，在病毒疫情多发的地区要保护裸露在外的皮肤，避免被蚊虫叮咬，如若出现发热、发烧等不适症状，需及时就医。

二、中国游客赴越旅游安全事件的特征机制

（一）中国游客赴越旅游安全事件发生类型与时间因素的关联关系

1. 中国游客赴越旅游安全事件时间因素的分布特征

对 2010—2019 年中国游客赴越南 926 起旅游安全事件进行统计分析发现，从宏观季度分布来看（见图 4-2-2），第一季度的旅游安全事件发生频率最高，占比达 29.91%。主要原因在于：第一季度涵盖寒假、春节等长时间假期，游客扎堆出游在一定程度上给旅游目的地的造成接待压力，进而导致安全风险增加；第二季度、第三季度、第四季度的旅游安全事件分布比例比较接近，分别为 23.76%、22.25%、24.08%。从月份分布来看（见图 4-2-3），赴越南旅游安全事件在月份分布上具有一定的差异性，其中 2 月的事件发生频率明显高于其他月份，事件分布比例达 13.61%，是事件高发月份；此外，1 月、

3—5 月、9 月及 11 月事件分布比例也较高，事件占比主要集中在 8%~10%。6—7 月和 12 月事件分布比例相对较低。从中国游客赴越南旅游安全事件的宏观时间分布特征来看，赴越旅游安全事件除个别月份相对占比较高外，其余月份事件分布比例相对均匀，主要原因在于中国与越南领土接壤，两地之间往来方便，前往开展边境旅游的游客较多，因此游客分布相对较为均匀，安全事故的分布也具有一定的均匀性。

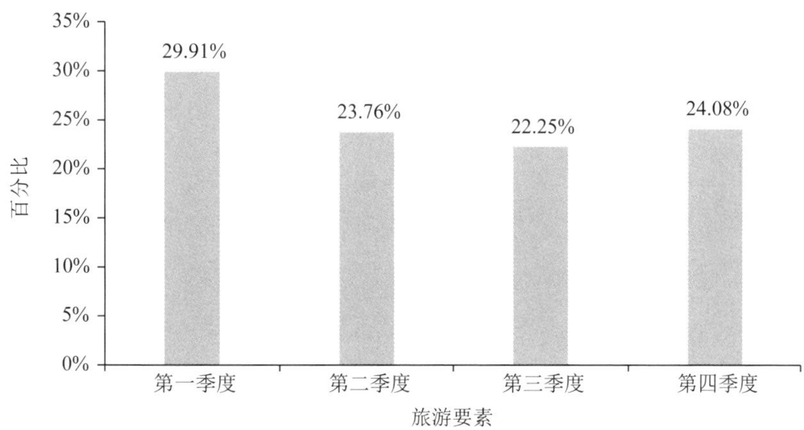

图 4-2-2　中国游客赴越旅游安全事件的季度分布

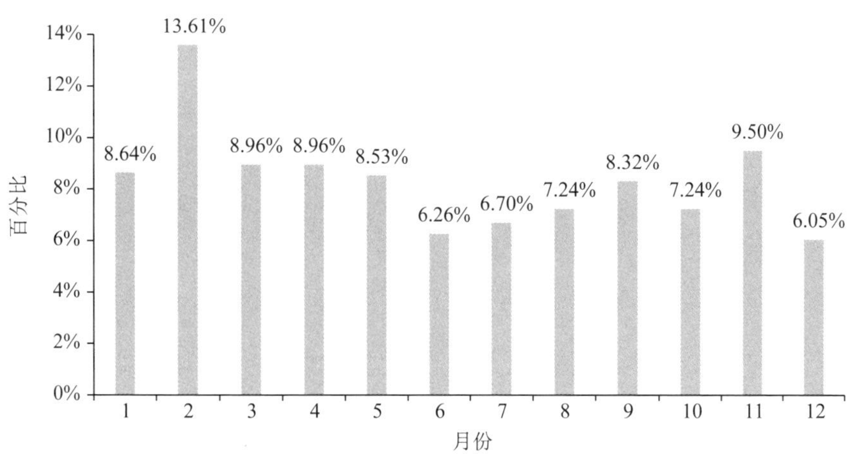

图 4-2-3　中国游客赴越旅游安全事件的月份分布

在微观时间分布上，30.45% 的赴越南旅游安全事件发生在上午（6：00—12：00）时段，39.63% 的旅游安全事件发生在下午（12：00—18：00）时段，20.30% 的旅游安全事件发生在晚上（18：00—24：00）时段；相较之下，凌晨（0：00—6：00）时段发生的安全事故较少，该时段旅游安全事件占比仅为 9.61%（见图 4-2-4）。从一天内的具体时刻来看，事件整体呈现先增后减变化特征。如图 4-2-5 所示，其中 10 点和 16 点是事件高发时间点，事件分布比例分别为 8.42% 和 7.78%，是全天旅游安全事件高峰期；凌晨 3 点为事件分布比例最少的时间点，事件占比仅为 1.08%；从高发事故持续时间点来看，8 点一直到 18 点是事件高发期，该时段内的事件分布比例都超过或接近 5%。

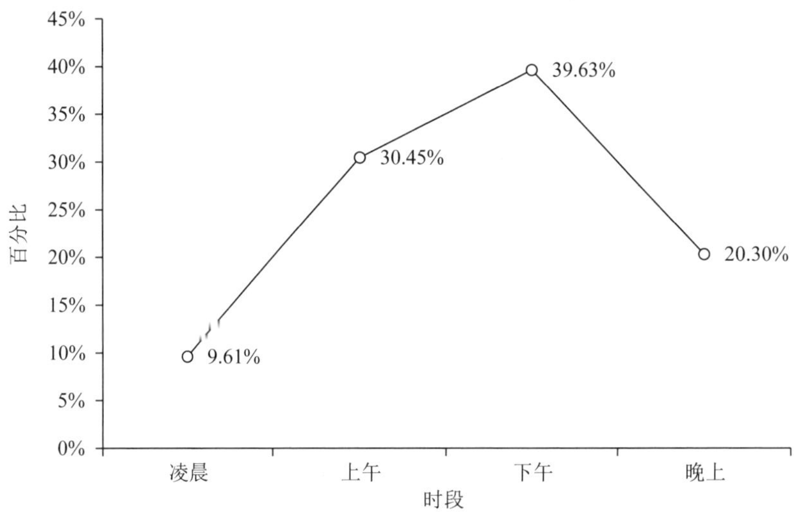

图 4-2-4　中国游客赴越旅游安全事件的时段分布

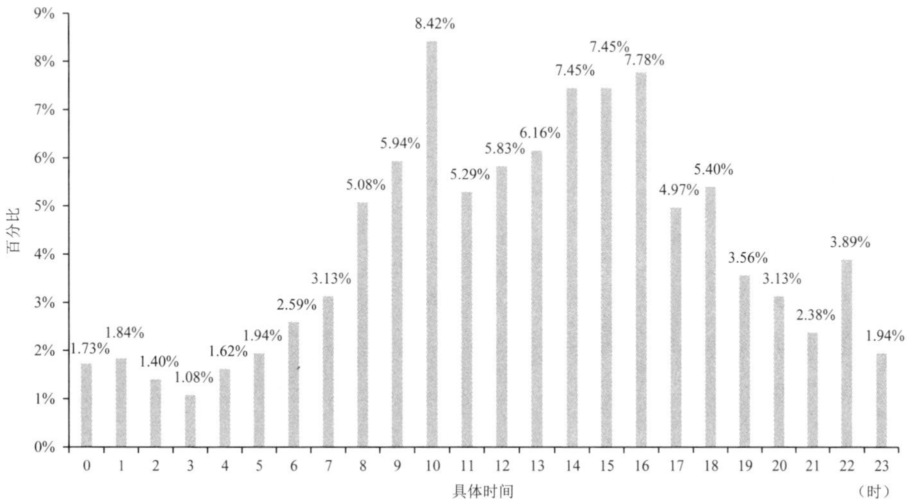

图 4-2-5　中国游客赴越旅游安全事件的时间点分布

2. 中国游客赴越旅游安全事件发生类型与时间因素的关联关系

本研究采用列联表卡方检验进一步分析我国游客赴越旅游安全事件发生类型与时段因素的关联关系。统计分析显示，列联表 T<5 的格子数不超过 20%，因此研究使用 Pearson 卡方进行相关性检验。如表 4-2-7 所示，Pearson 卡方检验值 =44.850（p=0.00），对称度量 Cramer's V=0.127（p=0.00）。由此表明，我国游客赴越旅游安全事件与时段因素的相关性在 p<0.01 的水平上显著成立，即不同时段内旅游安全事件类型的分布水平具有显著的组间差异。

表 4-2-7　中国游客赴越旅游安全事件类型与时段因素的相关检定分析

事件大类		时段				总计
		凌晨	上午	下午	晚上	
自然灾害	计数	2	8	5	6	21
	期望计数	2	6.4	8.3	4.3	21
	占事件总量比率	9.50%	38.10%	23.80%	28.60%	100.00%
	调整后残差	0	0.8	-1.5	1	

续表

事件大类		时段				总计
		凌晨	上午	下午	晚上	
事故灾难	计数	44	200	262	103	609
	期望计数	58.5	185.5	241.4	123.6	609
	占事件总量比率	7.20%	32.80%	43.00%	16.90%	100.00%
	调整后残差	−3.4	2.2	2.9	−3.6	
公共卫生事件	计数	28	49	59	41	177
	期望计数	17	53.9	70.2	35.9	177
	占事件总量比率	15.80%	27.70%	33.30%	23.20%	100.00%
	调整后残差	3.1	−0.9	−1.9	1.1	
社会安全事件	计数	5	6	17	22	50
	期望计数	4.8	15.2	19.8	10.2	50
	占事件总量比率	10.00%	12.00%	34.00%	44.00%	100.00%
	调整后残差	0.1	−2.9	−0.8	4.3	
业务安全事件	计数	10	19	24	16	69
	期望计数	[illegible]	21	[illegible]	[illegible]	69
	占事件总量比率	14.50%	27.50%	34.80%	23.20%	100.00%
	调整后残差	1.4	−0.5	−0.9	0.6	
总计	计数	89	282	367	188	926
	期望计数	89	282	367	188	926
	占事件总量比率	9.60%	30.50%	39.60%	20.30%	100.00%
卡方	Pearsonχ^2=44.850（df=12，p=0.00）；Fisher 值 =42.773（p=0.00）					
对称度量	Cramer’s V=0.127（p=0.00）					

本研究结合卡方检验的残差结果来分析中国赴越旅游安全事件类型在时段分布上的差异性。根据表 4-2-7 残差检定结果可知:（1）在凌晨时段，公

共卫生事件（15.8%，AR=3.1）的发生率显著高于自然灾害（9.5%，AR=0）、事故灾难（7.2%，AR=−3.4）、社会安全事件（10.0%，AR=0.1）、业务安全事件（14.5%，AR=1.4）。其中，事故灾难的发生率显著低于期望水平。（2）在上午时段，事故灾难（32.8%，AR=2.2）的发生率显著高于自然灾害（38.1%，AR=0.8）、公共卫生事件（27.7%，AR=−0.9）、社会安全事件（12.0%，AR=−2.9）、业务安全事件（27.5%，AR=−0.5）。其中，社会安全事件的发生率显著低于期望水平。（3）在下午时段，事故灾难（43.0%，AR=2.9）的发生率显著高于自然灾害（23.8%，AR=−1.5）、公共卫生事件（33.3%，AR=−1.9）、社会安全事件（34.0%，AR=−0.8）、业务安全事件（34.8%，AR=−0.9）。（4）在晚上时段，社会安全事件（44.0%，AR=4.3）的发生率显著高于自然灾害（28.6%，AR=1）、事故灾难（16.9%，AR=−3.6）、公共卫生事件（23.2%，AR=1.1）、业务安全事件（23.2%，AR=0.6）。其中，事故灾难的发生率显著低于期望水平。

（二）中国游客赴越旅游安全事件发生类型与空间因素的关联关系

1. 中国游客赴越旅游安全事件空间因素的分布特征

在旅游要素空间的结构分布上，通过对 2010—2019 年 926 起中国游客赴越旅游安全事件进行统计分析发现（见图 4-2-6），发生在餐饮场所的旅游安全事件占比为 5.94%；发生在住宿场所的旅游安全事件占比为 6.05%；发生在交通场所的旅游安全事件占比为 34.02%；发生在游览场所的旅游安全事件占比为 40.71%，为事件发生频率最高的旅游要素空间；发生在购物场所的旅游安全事件占比为 0.32%；发生在娱乐场所的旅游安全事件占比为 12.96%。总体上，中国赴越旅游安全事件主要发生在旅游交通、游览场所要素空间，合计占事件总量的 74.73%，是事件高发场所。

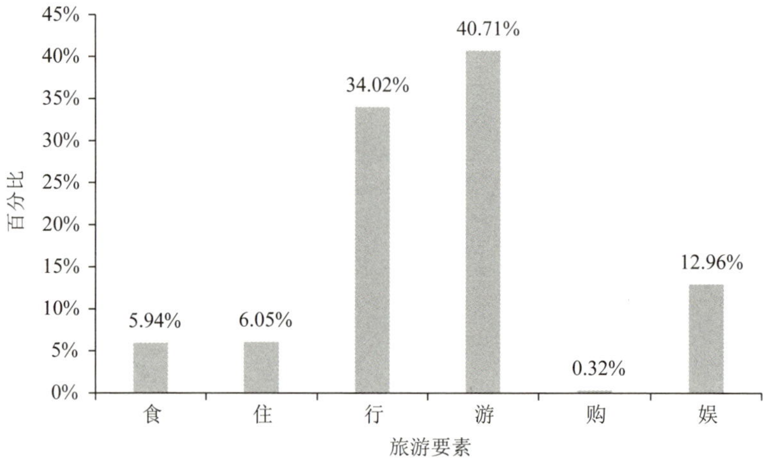

图 4-2-6　中国游客赴越旅游安全事件的要素空间分布

2. 中国游客赴越旅游安全事件发生类型与空间因素的关联关系

本研究采用列联表卡方检验来进一步分析赴越旅游安全事件发生类型与各要素空间的关联关系，由于数据表格中期望计数 <5 的格子数超过 20%，因此本研究采用 Fisher 精确检验进行统计分析。如表 4-2-8 所示，Fisher 值 = 276.513（精确检验 p 值 =0.00），对称度量 Cramer’s V=0.293（p=0.00）。由此表明，我国游客赴越旅游安全事件与空间因素的相关性在 p<0.01 的水平上显著成立，即在不同的旅游要素空间场所，自然灾害、事故灾难、公共卫生事件、社会安全事件和业务安全事件的分布水平存在显著的组间差异。

表 4-2-8　中国游客赴越旅游安全事件类型与空间因素的相关检定分析

事件大类		要素空间						总计
		食	住	行	游	购	娱	
自然灾害	计数	0	0	14	3	0	4	21
	期望计数	1.2	1.3	7.1	8.5	0.1	2.7	21
	占事件总量比率	0.00%	0.00%	66.70%	14.30%	0.00%	19.00%	100.00%
	调整后残差	−1.2	−1.2	3.2	−2.5	−0.3	0.8	

续表

事件大类		要素空间						总计
		食	住	行	游	购	娱	
事故灾难	计数	12	36	211	239	1	110	609
	期望计数	36.2	36.8	207.2	247.9	2	78.9	609
	占事件总量比率	2.00%	5.90%	34.60%	39.20%	0.20%	18.10%	100.00%
	调整后残差	−7.1	−0.2	0.6	−1.3	−1.2	6.4	
公共卫生事件	计数	43	12	23	97	0	2	177
	期望计数	10.5	10.7	60.2	72.1	0.6	22.9	177
	占事件总量比率	24.30%	6.80%	13.00%	54.80%	0.00%	1.10%	100.00%
	调整后残差	11.5	0.5	−6.6	4.2	−0.8	−5.2	
社会安全事件	计数	0	4	8	33	2	3	50
	期望计数	3	3	17	20.4	0.2	6.5	50
	占事件总量比率	0.00%	8.00%	16.00%	66.00%	4.00%	6.00%	100.00%
	调整后残差	−1.8	0.6	−2.8	3.7	4.7	−1.5	
业务安全事件	计数	0	4	59	5	0	1	69
	期望计数	4.1	4.2	23.5	28.1	0.2	8.9	69
	占事件总量比率	0.00%	5.80%	85.50%	7.20%	0.00%	1.40%	100.00%
	调整后残差	−2.2	−0.1	9.4	−5.9	−0.5	−3	
总计	计数	55	56	315	377	3	120	926
	期望计数	55	56	315	377	3	120	926
	占事件总量比率	5.90%	6.00%	34.00%	40.70%	0.30%	13.00%	100.00%
卡方	Pearsonχ^2=317.288（df=20，p=0.00）；Fisher 值 =276.513（p=0.00）							
对称度量	Cramer's V=0.293（p=0.00）							

本研究结合卡方检验的残差结果来分析中国赴越旅游安全事件类型在要素空间分布上的差异性。根据表 4-2-8 残差检定结果可知：（1）在旅游餐饮场所，公共卫生事件（24.3%，AR=11.5）的发生率显著高于自然灾害（0.0%，

AR=−1.2）、事故灾难（2.0%，AR=−7.1）、社会安全事件（0.0%，AR=−1.8）、业务安全事件（0.0%，AR=−2.2）。其中，事故灾难的发生率显著低于期望水平；（2）在旅游住宿场所，各类旅游安全事件的发生率不存在显著偏高或显著偏低的状况；（3）在旅游交通场所，业务安全事件（85.5%，AR=9.4）的发生率显著高于自然灾害（66.7%，AR=3.2）、事故灾难（34.6%，AR=0.6）、公共卫生事件（13.0%，AR=−6.6）、社会安全事件（16.0%，AR=−2.8）。其中，公共卫生事件的发生率显著低于期望水平；（4）在游览场所，公共卫生事件（54.8%，AR=4.2）和社会安全事件（66.0%，AR=3.7）的发生率显著高于自然灾害（14.3%，AR=−2.5）、事故灾难（39.2%，AR=−1.3）、业务安全事件（7.2%，AR=−5.9）。其中，业务安全事件的发生率显著低于期望水平；（5）在旅游购物场所，社会安全事件（4.0%，AR=4.7）的发生率显著高于自然灾害（0.0%，AR=−0.3）、事故灾难（0.2%，AR=−1.2）、公共卫生事件（0.0%，AR=−0.8）、业务安全事件（0.0%，AR=−0.5）；（6）在旅游娱乐场所，自然灾害（19.0%，AR=0.8）的发生率显著高于事故灾难（18.1%，AR=6.4）、公共卫生事件（1.1%，AR=−5.2）、社会安全事件（6.0%，AR=−1.5）、业务安全事件（1.4%，AR=−3）。其中，公共卫生事件的发生率显著低于期望水平。

第三节　中国游客赴印度尼西亚旅游安全事件及其特征

一、中国游客赴印度尼西亚旅游发展形势

印度尼西亚自然风光优美，海洋、火山旅游资源丰富，素有“千岛之国”的美称。旅游业是印度尼西亚五大优先发展支柱产业之一，近年来其入境旅游人次占东盟入境旅游总人次比重不断上升。据东盟秘书处数据显示，2019 年印度尼西亚共接待入境游客人数达 1610.70 万人次，占整个东盟地区入境接待游客总量的 11.23%，其在东盟旅游发展中的地位不断提高。随着中国与印度尼西亚双边关系不断升温，赴印度尼西亚旅游的中国游客整体呈现连年递增趋势

（见图 4-3-1），自 2017 年起，赴印度尼西亚旅游的中国游客就超过 200 万人次大关。2019 年，中国赴印度尼西亚旅游人数达 207.23 万人次，虽然较 2018 年有所下降，但整体依然维持在一个较高水平，中国也成为继马来西亚之后印度尼西亚第二大旅游客源地[①]。同时，印度尼西亚也是我国热门出境国家[②]，巴厘岛成为最受中国出境游客欢迎的海岛之一，两国旅游发展前景良好。

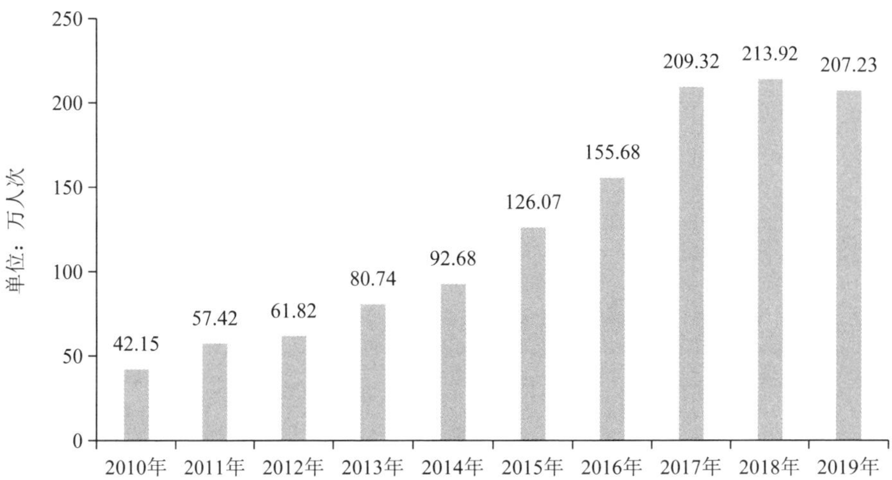

图 4-3-1　2010—2019 年中国赴印度尼西亚旅游人次

数据来源：根据东盟秘书处数据库整理

二、中国游客赴印度尼西亚旅游安全事件分布特征

（一）中国游客赴印度尼西亚旅游安全事件的类型分布

通过调用 SPSS26.0 中的频率分析模块，对 2010—2019 年 887 起我国游客赴印度尼西亚旅游安全事件的主要类型进行描述性统计。结果显示：事故灾难占据绝对地位，占比达 45.32%；其次为自然灾害、公共卫生事件和业务安全事件，占比分别为 18.49%、16.23% 和 15.33%；社会安全事件发生数量相对较少，事件占比为 4.62%。

① 中国—东盟中心 .2019 年东盟旅游业简况［R］.2019-07-31.

② 中国旅游研究院 . 中国出境旅游发展年度报告 2017［M］. 北京：中国旅游出版社，2017：20-40.

具体来看（见表 4-3-1），事故灾难的表现类型最为复杂，共计 7 种事件亚类。其中涉水事故是事故灾难中发生比例最高的事件类型，占事件总量的 12.63%。此外，一般意外事故、意外摔倒、生物袭击、交通事故、高风险项目事故及交通场所意外事故等事件类型也是事故灾难中高发事件类型。公共卫生事件主要表现为个人疾病、食物中毒、猝死 3 种事件亚类。业务安全事件主要表现为 4 种事件类型，其中航班延误或取消、物品遗失或损坏、操作事故是主要事件类型，占比分别为 11.95%、1.58%、1.24%。自然灾害主要表现为气象灾害、海洋灾害、地质灾害三种事件类型，占比分别为 13.42%、3.27%、1.80%。社会安全事件虽然整体发生频率较其他事件大类低，但其结构相对复杂，涵盖有盗窃、抢劫、恐怖主义、暴力冲突等事件类型，其中抢劫和盗窃占比分别为 2.03% 和 2.14%。

表 4-3-1　中国游客赴印度尼西亚旅游安全事件主要类型分布

事件大类	事件亚类	数量（起）	比率	事件大类	事件亚类	数量（起）	比率
自然灾害	地质灾害	119	13.42%	公共卫生事件	个人疾病	105	11.84%
	海洋灾害	29	3.27%		食物中毒	35	3.95%
	气象灾害	16	1.80%		猝死	4	0.45%
事故灾难	涉水事故	112	12.63%	社会安全事件	盗窃	19	2.14%
	一般意外事故	86	9.70%		抢劫	18	2.03%
	意外摔倒	65	7.33%		恐怖主义	2	0.23%
	生物袭击	40	4.51%		暴力冲突	2	0.23%
	交通事故	37	4.17%	业务安全事件	航班延误或取消	106	11.95%
	高风险项目事故	31	3.49%		物品遗失或损坏	14	1.58%
	交通场所意外事故	31	3.49%		操作事故	11	1.24%
					证件及票务问题	5	0.56%

本研究尝试对以上 21 种事件亚类的发生频率进行聚类分析，调用 SPSS26.0 中的快速聚类法（K-Means）模块，将聚类结果分为高频、中频、

低频 3 个事件等级。经过二次迭代后，由聚类分析的 ANOVA 检验结果发现（见表 4-3-2），该聚类的 F 值为 90.214，Sig. 值为 0.00，表明其在 $P<0.01$ 的置信水平下显著成立，具有统计意义。

表 4-3-2　中国游客赴印度尼西亚旅游安全事件主要类型的 ANOVA 分析

<table>
<tr><th rowspan="2"></th><th colspan="2">聚类</th><th colspan="2">误差</th><th rowspan="2">F</th><th rowspan="2">显著性</th></tr>
<tr><th>均方</th><th>自由度</th><th>均方</th><th>自由度</th></tr>
<tr><td>频数</td><td>14269.355</td><td>2</td><td>158.172</td><td>18</td><td>90.214</td><td>0.00</td></tr>
</table>

聚类结果显示，高频事件有 2 类，中频事件有 4 类、低频事件有 15 类。一般意外事故和意外摔倒属于高频事件；地质灾害、涉水事故、航班延误或取消、个人疾病等属于中频事件；其余类别事故属于低频事件，其中生物袭击、交通事故、食物中毒、高风险项目事故等发生频率相对较高，低频事件涵盖类型较为多样化。

（二）中国游客赴印度尼西亚旅游安全事件的伤亡分布

1. 致死型旅游安全事件的类型分布

对 2010—2019 年我国游客赴印度尼西亚旅游安全事件进行统计发现，887 起旅游安全事件中共有 29 起致死型旅游安全事件，占事件总量的 3.27%。29 起致死型旅游安全事件分布在事故灾难、公共卫生事件以及自然灾害大类中，占比分别为 58.62%、37.93%、3.45%。具体而言（见表 4-3-3），事故灾难中导致游客死亡的旅游安全事件包括涉水事故、高风险项目事故，其中涉水事故是导致游客死亡的主要事件类型，事件占比高达 55.17%；公共卫生事件导致游客死亡的旅游安全事件包括个人疾病、猝死，事件占比分别为 24.14% 和 13.79%。自然灾害中导致游客死亡的旅游安全事件为海洋灾害，事件数量仅为 1 起。可见，赴印度尼西亚旅游的中国游客人身安全主要受到涉水风险、个人疾病风险的影响。

表 4-3-3　中国游客赴印度尼西亚致死型安全事件主要类型分布

事件大类	事件亚类	数量（起）	比率	事件大类	事件亚类	数量（起）	比率
事故灾难	涉水事故	16	55.17%	公共卫生事件	个人疾病	7	24.14%
	高风险项目事故	1	3.45%		猝死	4	13.79%
自然灾害	海洋灾害	1	3.45%				

本研究尝试对中国赴印度尼西亚各类致死型旅游安全事件分布情况进行聚类分析，调用 SPSS 快速聚类法（K-Means）模块，将聚类结果分为高频、中频、低频 3 个事件等级。经过 2 次迭代、聚类分析的 ANOVA 检验结果表明（见表 4-3-4），聚类的 F 值为 33.4，Sig. 为 0.029，具有统计意义。聚类结果发现，在中国游客赴印度尼西亚致死型安全事件中，涉水事故是高频事件，个人疾病和猝死是中频事件，高风险项目事故和海洋灾害为低频事件。

表 4-3-4　中国游客赴印度尼西亚致死型安全事件主要类型分布的 ANOVA 分析

	聚类		误差		F	显著性
	均方	自由度	均方	自由度		
频数	75.15	2	2.25	2	33.4	0.029

2. 致伤型旅游安全事件的类型分布

对 2010—2019 年我国游客赴印度尼西亚旅游安全事件进行统计发现，887 起旅游安全事件中共有 542 起致伤型旅游安全事件，占事件总量的 61.10%，事故共造成 857 人受伤。具体而言（见表 4-3-5），事故灾难类旅游安全事件最多，达 379 起，占比为 60.30%。其中，涉水事故、一般意外事故、意外摔倒、生物袭击、交通事故、交通场所意外事故、高风险项目事故占比分别为 16.97%、15.68%、11.99%、7.38%、6.64%、5.72%、5.54%；其次为公共卫生事件，达 132 起，占比为 24.35%；个人疾病和食物中毒占比分别为 17.90%、6.46%；致伤型自然灾害及社会安全事件分布较少，事件占比分别为 5.17% 和 0.55%。可见，中国游客赴印度尼西亚旅游安全事件中事故灾难和公共卫生事件的致伤率最高。

表 4-3-5　中国游客赴印度尼西亚致伤型安全事件主要类型分布

事件大类	事件亚类	数量（起）	比率	事件大类	事件亚类	数量（起）	比率
事故灾难	涉水事故	92	16.97%	事故灾难	高风险项目事故	30	5.54%
	一般意外事故	85	15.68%	公共卫生事件	个人疾病	97	17.90%
	意外摔倒	65	11.99%		食物中毒	35	6.46%
	生物袭击	40	7.38%	自然灾害	海洋灾害	28	5.17%
	交通事故	36	6.64%	社会安全事件	暴力冲突	2	0.37%
	交通场所意外事故	31	5.72%		抢劫	1	0.18%

本研究尝试对中国赴印度尼西亚各类致伤型旅游安全事件的分布情况进行聚类分析，聚类分析过程调用了 SPSS 的快速聚类法（K-Means）模块，将聚类分为高频、中频、低频 3 个事件等级。经过 2 次迭代、聚类分析的 ANOVA 检验结果表明（见表 4-3-6），聚类的 F 值为 63.628，Sig. 为 0.00，具有统计意义。聚类结果发现，在中国赴印度尼西亚各类致伤型旅游安全事件中，个人疾病、涉水事故、一般意外事故是高频事件，意外摔倒、生物袭击、交通事故、食物中毒等属于中频事件，其余各类旅游安全事件属于低频致伤型旅游安全事件，其中交通场所意外事故、高风险项目事故、海洋灾害发生频率稍高。印度尼西亚岛屿众多，赴印度尼西亚游客参观地区多为滨海景观，如巴厘岛等地溺水事故多发，故涉水事故是高频事件。此外印度尼西亚地处环太平洋地震带，地壳运动活跃，多火山灾害，火山爆发产生的灰尘和碎屑严重影响旅游环境和航空交通。而旅游交通安全事件和意外摔倒等属于旅游目的地安全事故常见的类型，在印度尼西亚事故发生率也相对较高。

表 4-3-6　中国游客赴印度尼西亚致伤型安全事件主要类型分布的 ANOVA 分析

	聚类		误差		F	显著性
	均方	自由度	均方	自由度		
频数	2522.427	2	39.643	11	63.628	0.00

（三）中国游客赴印度尼西亚旅游重大安全事件和重点风险防范领域

首先，恐怖主义是赴印度尼西亚旅游面临的重大安全风险类型。21 世纪以来，印度尼西亚不断发生各类型恐怖袭击案件，如2002年巴厘岛爆炸、2004年澳大利亚驻雅加达大使馆爆炸、2009年雅加达酒店连环爆炸案等都给印度尼西亚旅游业发展带来了巨大打击[①]。其次，民族隔阂也是中国游客赴印度尼西亚旅游的较大风险阻碍。1998年印度尼西亚发生排华事件，造成大量平民伤亡，给中国与印度尼西亚的外交关系和旅游业发展蒙上了一层阴影。根据印度尼西亚民调显示，对华人的刻板印象在当地人心里依然根深蒂固，民族隔阂依然存在[②]。因此，赴印度尼西亚旅游需尊重当地风俗文化，警惕此类风险的发生。此外，重大自然灾害也是赴印度尼西亚旅游需重点防范的安全风险，印度尼西亚处于环太平洋火山地震带边缘，多地震、海啸等自然灾害，2004年印度洋海啸造成印度尼西亚20多万人死亡，大批游客受难，对印度尼西亚旅游业发展造成了致命的打击。同时，印度尼西亚也是世界上火山最多的国家，2014年2月锡纳朋火山喷发造成16人死亡，上千人流离失所；2015—2016年巴厘岛附近多所火山爆发，导致机场关闭、大量游客滞留。据联合国国际减灾战略报告调查显示，在全世界最容易受到海啸、地震、火山爆发、洪水、山崩、干旱和森林火灾灾害的200多个国家及地区中，印度尼西亚位列第一[③]。印度尼西亚的自然灾害具有发生频率高、影响范围广、风险等级高等特点，是中国游客赴印度尼西亚旅游需要重点关注的风险领域。

三、中国游客赴印度尼西亚旅游安全事件的特征机制

（一）中国游客赴印度尼西亚旅游安全事件发生类型与时间因素的关联关系

1. 中国游客赴印度尼西亚旅游安全事件时间因素的分布特征

通过对2010—2019年中国游客赴印度尼西亚887起旅游安全事件进行统计发现，从宏观季度分布来看，第三季度的旅游安全事件发生频率最高，占比达31.34%，第四季度的旅游安全事件分布比例为26.49%，位居第二，第一

① 吕美琛．新时期印度尼西亚反恐困境和策略［J］．东南亚纵横，2015（6）：37-41.

② 王九龙．战后东南亚排华探究［D］．暨南大学，2016.

③ 印度尼西亚被列全球最易受自然灾害国家．［EB/OL］．网易新闻：http://news.163.com/11/0827/11/7CF8FC1600014JB6.html

季度的旅游安全事件分布比例为 22.89%，位居第三，第二季度的旅游安全事件分布比例相对较小，占比为 19.28%，位居第四位，具体如图 4-3-2 所示。从月份分布来看（见图 4-3-3）：11 月是事件高发月份，占比达 16.69%，是中国游客赴印度尼西亚旅游安全事件的集中发生月份；2 月、7 月及 8 月的事件分布比例也较高，分别为 10.60%、13.98% 和 10.94%；1 月、4 月、12 月事件分布比例相对较低，在 4%~6%。

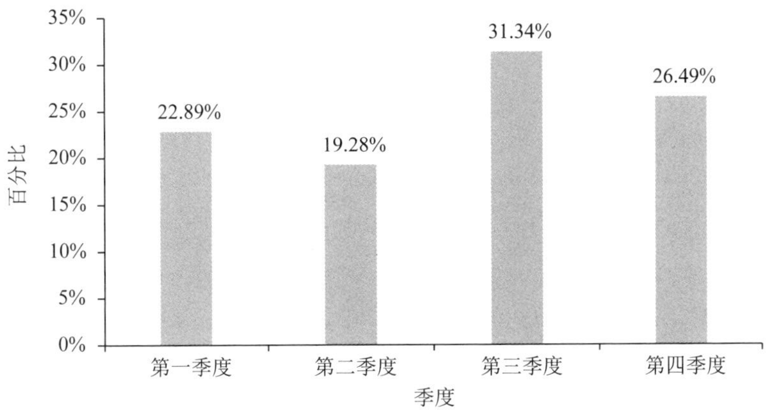

图 4-3-2　中国游客赴印度尼西亚旅游安全事件的季度分布

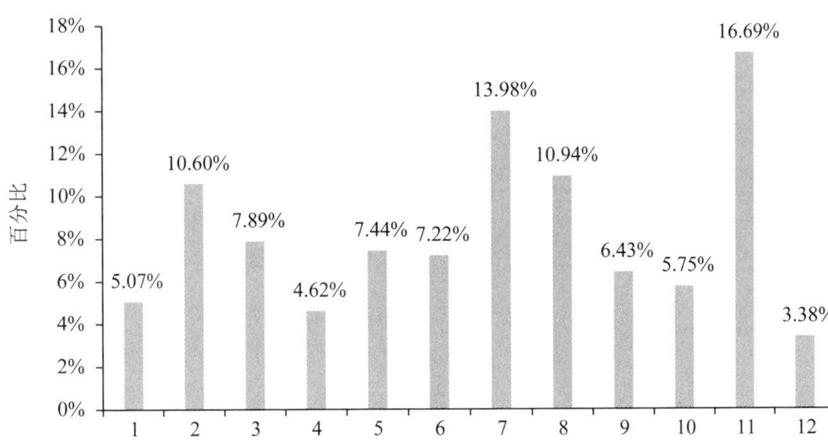

图 4-3-3　中国游客赴印度尼西亚旅游安全事件的月份分布

微观时间分布上，从一天内的时间段来看（见图 4-3-4），31.68% 的赴印度尼西亚旅游安全事件发生在上午（6：00—12：00）时段，37.20% 的旅游安全事件发生在下午（12：00—18：00）时段，19.84% 的旅游安全事件发生在晚上（18：00—24：00）时段；相较之下，凌晨（0：00—6：00）时段发生的安全事故较少，该时段旅游安全事件占比为 11.27%。从一天内的具体时刻来看，赴印度尼西亚旅游安全事件在 24 小时内的变化呈现抛物线趋势，如图 4-3-5 所示，其中 10 点是事件高发时间点，占比达 11.50%，是全天旅游安全事件高峰期；4 点及 5 点事件分布比例最小，占比都低于 1%；从高发事故持续时间点来看，8 点到 20 点是事件高发期，该时段内的每个时间点的事件分布比例都超过或接近 4%。

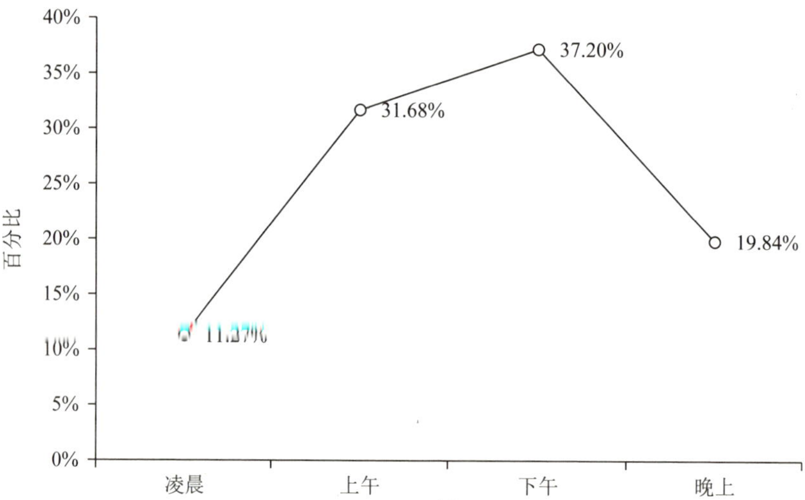

图 4-3-4　中国游客赴印度尼西亚旅游安全事件的时段分布

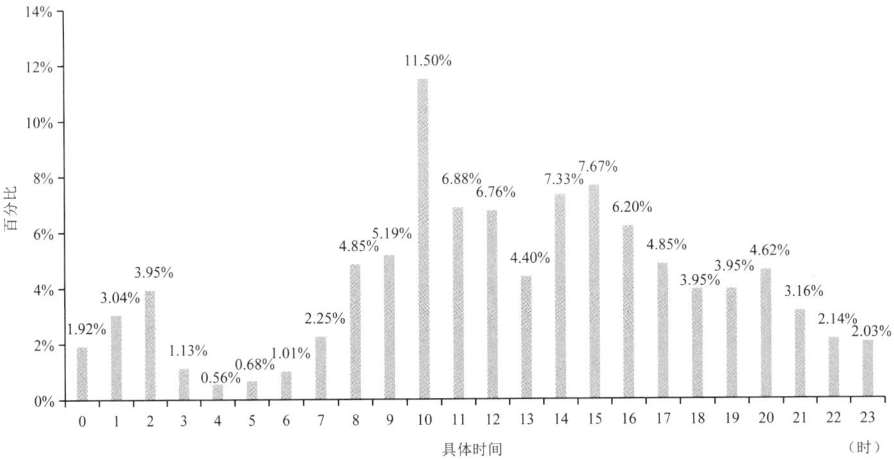

图 4-3-5　中国游客赴印度尼西亚旅游安全事件的时间点分布

2. 中国游客赴印度尼西亚旅游安全事件发生类型与时间因素的关联关系

本研究采用列联表卡方检验来进一步分析我国游客赴印度尼西亚旅游安全事件发生类型与时段因素的关联关系。统计分析显示，列联表 T<5 的格子数不超过 20%，因此研究使用 Pearson 卡方进行相关性检验。如表 4-3-7 所示，Pearson 卡方检验值 =118.219（p=0.00），对称度量 Cramer's V=0.214（p=0.00）。由此表明，我国游客赴印度尼西亚旅游安全事件与时段因素的相关性在 p<0.01 的水平上显著成立，即不同时段内旅游安全事件类型的分布水平具有显著的组间差异。

表 4-3-7　中国游客赴印度尼西亚旅游安全事件类型与时段因素的相关检定分析

事件大类		时段				总计
		凌晨	上午	下午	晚上	
自然灾害	计数	32	55	46	31	164
	期望计数	18.5	52	61	32.5	164
	占事件总量比率	19.50%	33.50%	28.00%	18.90%	100.00%
	调整后残差	3.7	0.6	−2.7	−0.3	

续表

事件大类		时段				总计
		凌晨	上午	下午	晚上	
事故灾难	计数	21	110	215	56	402
	期望计数	45.3	127.4	149.6	79.8	402
	占事件总量比率	5.20%	27.40%	53.50%	13.90%	100.00%
	调整后残差	−5.2	−2.5	9.1	−4	
公共卫生事件	计数	19	56	36	33	144
	期望计数	16.2	45.6	53.6	28.6	144
	占事件总量比率	13.20%	38.90%	25.00%	22.90%	100.00%
	调整后残差	0.8	2	−3.3	1	
社会安全事件	计数	4	8	8	21	41
	期望计数	4.6	13	15.3	8.1	41
	占事件总量比率	9.80%	19.50%	19.50%	51.20%	100.00%
	调整后残差	−0.3	−1.7	−2.4	5.2	
业务安全事件	计数	24	52	25	35	136
	期望计数	15.3	43.1	50.6	27	136
	占事件总量比率	17.60%	38.20%	18.40%	25.70%	100.00%
	调整后残差	2.6	1.8	−4.9	1.9	
总计	计数	100	281	330	176	887
	期望计数	100	281	330	176	887
	占事件总量比率	11.30%	31.70%	37.20%	19.80%	100.00%
卡方	Pearsonχ^2=122.101（df=12，p=0.00）；Fisher 值 =118.219（p=0.00）					
对称度量	Cramer's V=0.214（p=0.00）					

本研究结合卡方检验的残差结果来分析中国赴印度尼西亚旅游安全事件类型的在时段分布上的差异性。根据表 4-3-7 残差检定结果可知：（1）在凌晨时段，自然灾害（19.5%，AR=3.7）的发生率显著高于事故灾难（5.2%，AR=−5.2）、公共卫生事件（13.2%，AR=0.8）、社会安全事件（9.8%，AR=

-0.3）、业务安全事件（17.6%，AR=2.6）。其中，事故灾难的发生率显著低于期望水平。（2）在上午时段，各类型旅游安全事件的发生率与其期望水平基本相等。（3）在下午时段，事故灾难的发生率显著高于自然灾害（28.0%，AR=−2.7）、公共卫生事件（25.0%，AR=−3.3）、社会安全事件（19.5%，AR=−2.4）、业务安全事件（18.4%，AR=−4.9）。其中，业务安全事件的发生率显著低于期望水平。（4）在晚上时段，社会安全事件（51.2%，AR=5.2）的发生率显著高于自然灾害（18.9%，AR=−0.3）、事故灾难（13.9%，AR=-4）、公共卫生事件（22.9%，AR=1）、业务安全事件（25.7%，AR=1.9）。其中，事故灾难的发生率显著低于期望水平。

（二）中国游客赴印度尼西亚旅游安全事件发生类型与空间因素的关联关系

1. 中国游客赴印度尼西亚旅游安全事件空间因素的分布特征

在旅游要素空间的结构分布上，通过对 2010—2019 年 887 起中国游客赴印度尼西亚旅游安全事件进行统计分析发现（见图 4-3-6）：发生在餐饮场所的旅游安全事件占比为 5.75%；发生在住宿场所的旅游安全事件占比为 2.14%；发生在交通场所的旅游安全事件占比为 46.22%，为事件发生频率最高的旅游要素空间；发生在游览场所的旅游安全事件占比为 29.09%；发生在

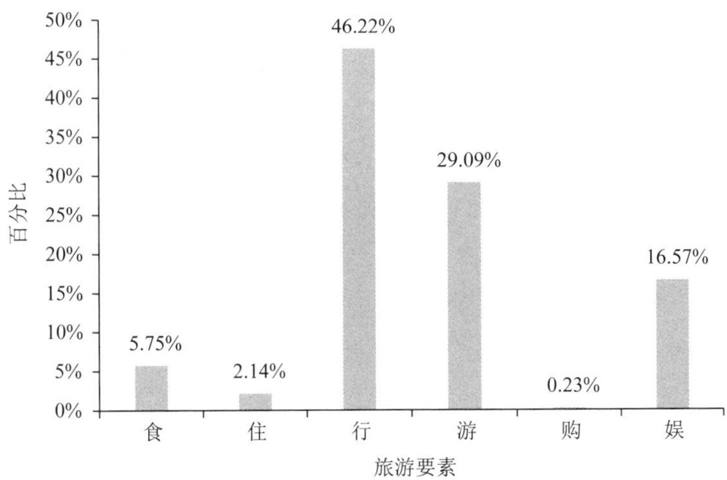

图 4-3-6　中国游客赴印度尼西亚旅游安全事件的要素空间分布

购物场所的旅游安全事件占比为0.23%；发生在娱乐场所的旅游安全事件占比为16.57%。总体上，中国赴印度尼西亚旅游安全事件主要发生在旅游交通、游览以及娱乐场所要素空间，合计占事件总量的91.89%，是事件高发场所。

2. **中国游客赴印度尼西亚旅游安全事件发生类型与空间因素的关联关系**

本研究采用列联表卡方检验来进一步分析赴印度尼西亚旅游安全事件发生类型与各要素空间的关联关系，由于数据表格中期望计数<5的格子数超过20%，因此本研究采用Fisher精确检验进行统计分析。如表4-3-8所示，Fisher值=569.30（精确检验p值=0.00），对称度量Cramer's V=0.419（p=0.00）。由此表明，我国游客赴印度尼西亚旅游安全事件与空间因素的相关性在p<0.01的水平上显著成立，即在不同的旅游要素空间场所，自然灾害、事故灾难、公共卫生事件、社会安全事件和业务安全事件的分布水平存在显著的组间差异。

表4-3-8 中国游客赴印度尼西亚旅游安全事件类型与空间因素的相关检定分析

事件大类		要素空间						总计
		食	住	行	游	购	娱	
自然灾害	计数	0	1	140	14	0	9	164
	期望计数	9.4	3.5	75.8	47.7	0.4	27.2	164
	占事件总量比率	0.00%	0.60%	85.40%	8.50%	0.00%	5.50%	100.00%
	调整后残差	−3.5	−1.5	11.1	−6.4	−0.7	−4.2	
事故灾难	计数	2	5	112	148	1	134	402
	期望计数	23.1	8.6	185.8	116.9	0.9	66.6	402
	占事件总量比率	0.50%	1.20%	27.90%	36.80%	0.20%	33.30%	100.00%
	调整后残差	−6.1	−1.7	−10	4.6	0.1	12.2	
公共卫生事件	计数	46	7	24	65	0	2	144
	期望计数	8.3	3.1	66.6	41.9	0.3	23.9	144
	占事件总量比率	31.90%	4.90%	16.70%	45.10%	0.00%	1.40%	100.00%
	调整后残差	14.8	2.5	−7.8	4.6	−0.6	−5.4	

续表

事件大类		要素空间						总计
		食	住	行	游	购	娱	
社会安全事件	计数	3	3	9	25	1	0	41
	期望计数	2.4	0.9	19	11.9	0.1	6.8	41
	占事件总量比率	7.30%	7.30%	22.00%	61.00%	2.40%	0.00%	100.00%
	调整后残差	0.4	2.3	−3.2	4.6	3.1	−2.9	
业务安全事件	计数	0	3	125	6	0	2	136
	期望计数	7.8	2.9	62.9	39.6	0.3	22.5	136
	占事件总量比率	0.00%	2.20%	91.90%	4.40%	0.00%	1.50%	100.00%
	调整后残差	−3.1	0.1	11.6	−6.9	−0.6	−5.1	
总计	计数	51	19	410	258	2	147	887
	期望计数	51	19	410	258	2	147	887
	占事件总量比率	5.70%	2.10%	46.20%	29.10%	0.20%	16.60%	100.00%
卡方	Pearsonχ^2=622.904（df=20，p=0.00）；Fisher 值 =569.30（p=0.00）							
对称度量	Cramer's V=0.419（p=0.00）							

本研究结合卡方检验的残差结果来分析中国赴印度尼西亚旅游安全事件类型的在要素空间分布上的差异性。根据表 4-3-8 残差检定结果可知:（1）在旅游餐饮场所，公共卫生事件（31.9%，AR=14.8）的发生率显著高于自然灾害（0.0%，AR=−3.5）、事故灾难（0.5%，AR=−6.1）、社会安全事件（7.3%，AR=0.4）、业务安全事件（0.0%，AR=−3.1）。其中，事故灾难的发生率显著低于期望水平。（2）在旅游住宿场所，各类型旅游安全事件的发生率与其期望水平基本相等。（3）在旅游交通场所，自然灾害（85.4%，AR=11.1）和业务安全事件（91.9%，AR=11.6）的发生率显著高于事故灾难（27.9%，AR=−10）、公共卫生事件（16.7%，AR=−7.8）、社会安全事件（22.0%，AR=−3.2）。（4）在游览场所，事故灾难（36.8%，AR=4.6）、公共卫生事件（45.1%，AR=4.6）和社会安全事件（61.0%，AR=4.6）的发生率显著高于自然灾害

（8.5%，AR=−6.4）、业务安全事件（4.4%，AR=−6.9）。（5）在旅游购物场所，社会安全事件（2.4%，AR=3.1）的发生率显著高于自然灾害（0.0%，AR=−0.7）、事故灾难（0.2%，AR=0.1）、公共卫生事件（0.0%，AR=−0.6）、业务安全事件（0.0%，AR=−0.6）。（6）在旅游娱乐场所，事故灾难（33.3%，AR=12.2）的发生率显著高于自然灾害（5.5%，AR=−4.2）、公共卫生事件（1.4%，AR=−5.4）、社会安全事件（0.0%，AR=−2.9）、业务安全事件（1.5%，AR=−5.1）。其中，公共卫生事件的发生率显著低于期望水平。

第四节　中国游客赴马来西亚旅游安全事件及其特征

一、中国游客赴马来西亚旅游发展形势

马来西亚自然资源丰富，旅游业是其支柱性产业。马来西亚在东盟旅游发展中一直占据着重要位置。据东盟秘书处数据显示，2019 年马来西亚共接待入境游客人数达 2610.08 万人次，占整个东盟地区入境游客比重的 18.19%[①]。虽然近年来马来西亚入境旅游人次占东盟入境总人次的比重有所下降，但其凭借着多元的民族文化和风情各异的海岛等旅游资源优势，每年依然吸引着大量的国际游客及中国游客前来观光游览。近年来，中国赴马来西亚的旅游人数整体呈不断上升趋势（见图 4-4-1），2014 年马航客机 MH370 失联事件对马来西亚旅游业带来了较大冲击，但马方政府通过放宽旅游签证政策，增加直飞航线等措施，对不利局面进行了有效改善。2019 年中国赴马来西亚旅游人数超 311 万人次，较 2018 年增幅为 5.78%，当前中国已成为马来西亚第三大入境客源市场及第二大国际旅游收入来源国[①]。

① 中国—东盟中心 .2019 年东盟旅游业简况［R］.2020-07-31.

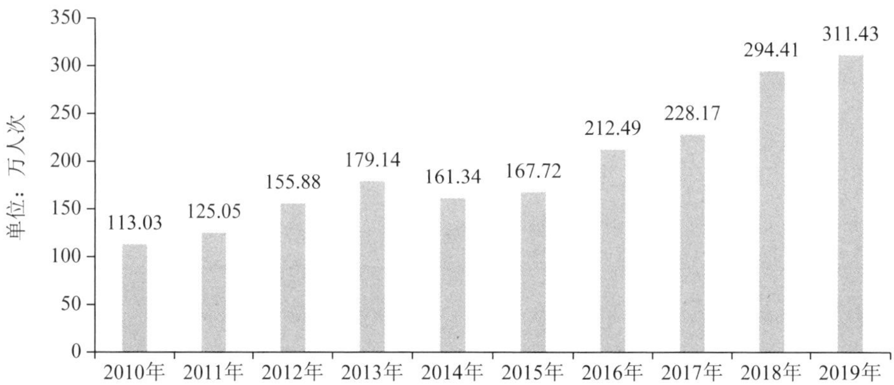

图 4-4-1　2010—2019 年中国赴马来西亚旅游人次数

数据来源：根据东盟秘书处数据库整理

二、中国游客赴马来西亚旅游安全事件分布特征

（一）中国游客赴马来西亚旅游安全事件的类型分布

通过调用 SPSS26.0 中的频率分析模块，对 2010—2019 年 748 起我国游客赴马来西亚旅游安全事件的主要类型进行描述性统计分析。结果显示，事故灾难占据绝对地位，共发生 365 起，占比达 48.80%；其次为业务安全事件和公共卫生事件，发生数量分别为 145 起和 113 起，占比分别为 19.39% 和 15.11%；社会安全事件与自然灾害发生数量相对较少，分别为 85 起和 40 起，占比为 11.36% 和 5.35%。

具体来看（见表 4-4-1），事故灾难的表现类型最为复杂，共计 8 种事件亚类。其中一般意外性事故和意外摔倒事故占整个事件类型总量的 12.83% 和 12.70%，生物袭击、交通事故、涉水事故、高风险项目事故及交通场所意外事故等也是事故灾难中高发事件类型，占整个事件类型总量的 6.28%、5.21%、4.55%、3.34%、3.07%。公共卫生事件主要表现为个人疾病、食物中毒、猝死、病毒疫情 4 种事件亚类，其中个人疾病和食物中毒事故占比分别达 10.56% 和 3.74%。业务安全事件主要表现为 5 种事件类型，其中航班延误或取消、操作事故、物品遗失或损坏、证件及票务问题是主要事件类型，占比分别为 8.82%、4.41%、2.94%、2.81%。自然灾害主要表现为气象灾害、海洋灾害、地质灾害三种事件类型，其中气象灾害和海洋灾害占比分别为 3.21% 和 1.87%。社会安全事件虽主要以抢劫和盗窃为主，二者事件数量分别为 63 起和 22 起，占比分别为 8.42% 和 2.94%。

表 4–4–1　中国游客赴马来西亚旅游安全事件主要类型分布

事件大类	事件亚类	数量（起）	比率	事件大类	事件亚类	数量（起）	比率
自然灾害	地质灾害	2	0.27%	公共卫生事件	病毒疫情	1	0.13%
	海洋灾害	14	1.87%		猝死	5	0.67%
	气象灾害	24	3.21%		个人疾病	79	10.56%
事故灾难	高风险项目事故	25	3.34%		食物中毒	28	3.74%
	交通场所意外事故	23	3.07%	社会安全事件	盗窃	22	2.94%
	交通事故	39	5.21%		抢劫	63	8.42%
	设施设备事故	6	0.80%	业务安全事件	操作事故	33	4.41%
	涉水事故	34	4.55%		航班延误或取消	66	8.82%
	生物袭击	47	6.28%		人员走失	3	0.40%
	一般意外事故	96	12.83%		物品遗失或损坏	22	2.94%
	意外摔倒	95	12.70%		证件及票务问题	21	2.81%

本研究尝试对以上 22 种事件亚类的发生频率进行聚类分析，调用 SPSS26.0 中的快速聚类法（K-Means）模块，将聚类分为高频、中频、低频 3 个事件等级。经过二次迭代后，由聚类分析的 ANOVA 检验结果发现（见表 4–4–2），该聚类的 F 值为 50.474，Sig. 值为 0.00，表明其在 $P<0.01$ 的置信水平下显著成立，具有统计意义。

表 4–4–2　中国游客赴马来西亚旅游安全事件主要类型的 ANOVA 分析

	聚类		误差		F	显著性
	均方	自由度	均方	自由度		
频数	7382.5	2	146.263	19	50.474	0.00

聚类结果显示，高频事件有 2 类、中频事件有 4 类、低频事件有 16 类。一般意外事故、意外摔倒属于高频事件；个人疾病、航班延误或取消、抢劫、生物袭击等属于中频事件；其余类别事故属于低频事件，其中交通事故、涉水事故、操作事故、食物中毒等发生频率相对较高，低频事件涵盖类型多样。

（二）中国游客赴马来西亚旅游安全事件的伤亡分布

1. 致死型旅游安全事件的类型分布

对 2010—2019 年我国游客赴马来西亚旅游安全事件进行统计发现，748 起旅游安全事件中共有 32 起致死型旅游安全事件，占事件总量的 4.28%。32 起致死型旅游安全事件分布在事故灾难和公共卫生事件大类中，二者占比都为 50%。具体而言（见表 4-4-3），事故灾难中导致游客死亡的旅游安全事件包括涉水事故、交通事故、高风险项目事故、设施设备事故等事件亚类，其中，涉水事故、交通事故是导致游客死亡的主要事件亚类；公共卫生事件导致游客死亡的旅游安全事件包括个人疾病、猝死和食物中毒，其中个人疾病、猝死是导致游客死亡的主要事件类型，事件占比分别为 31.25% 和 15.63%。可见，赴马来西亚旅游的中国游客人身安全主要受涉水风险、个人疾病风险以及交通风险等影响。

表 4-4-3 中国游客赴马来西亚致死型旅游安全事件主要类型分布

事件大类	事件亚类	数量（起）	比率	事件大类	事件亚类	数量（起）	比率
事故灾难	涉水事故	10	31.25%	事故灾难	意外摔倒	1	3.13%
	交通事故	3	9.38%	公共卫生事件	个人疾病	10	31.25%
	高风险项目事故	1	3.13%		猝死	5	15.63%
	设施设备	1	3.13%		食物中毒	1	3.13%

本研究尝试对中国赴马来西亚各类致死型旅游安全事件分布情况进行聚类分析，调用 SPSS 快速聚类法（K-Means）模块，将聚类结果分为高频、中频、低频 3 个事件等级。经过 2 次迭代、聚类分析的 ANOVA 检验结果表明（见表 4-4-4 ），聚类的 F 值为 83.438，Sig. 为 0.00，具有统计意义。聚类结

果发现，在中国游客赴马来西亚致死型安全事件中，个人疾病和涉水事故为高频事件，猝死为中频事件，交通事故、食物中毒、高风险项目事故等为低频事件。

表 4-4-4　中国游客赴马来西亚致死型安全事件主要类型分布的 ANOVA 分析

	聚类		误差		F	显著性
	均方	自由度	均方	自由度		
频数	53.4	2	0.64	5	83.438	0.00

2. 致伤型旅游安全事件的类型分布

对 2010—2019 年我国游客赴马来西亚旅游安全事件进行统计发现，748 起旅游安全事件中共有 464 起致伤型旅游安全事件，占事件总量的 62.03%，共造成 694 人受伤。具体而言（见表 4-4-5）：事故灾难类事件最多，占比为 75.43%，其中，意外摔倒、一般意外事故、生物袭击、交通事故、交通场所意外事故等为主要事件亚类；其次为公共卫生事件，占比为 20.09%，其中个人疾病和食物中毒为高频事件亚类；致伤型社会安全事件及自然灾害事件分布较少，事件占比分别为 0.65% 和 3.02%。可见，中国游客赴马来西亚旅游安全事件中事故灾难和公共卫生事件的致伤率最高。

表 4-4-5　中国游客赴马来西亚致伤型安全事件主要类型分布

事件大类	事件亚类	数量（起）	比率	事件大类	事件亚类	数量（起）	比率
事故灾难	一般意外事故	96	20.69%	事故灾难	设施设备	5	1.08%
	意外摔倒	94	20.26%	公共卫生事件	个人疾病	69	14.87%
	生物袭击	47	10.13%		食物中毒	27	5.82%
	交通事故	37	7.97%		病毒疫情	1	0.22%
	涉水事故	24	5.17%	社会安全事件	抢劫	3	0.65%
	高风险项目	24	5.17%	自然灾害	海洋灾害	14	3.02%
	交通场所意外事故	23	4.96%				

本研究尝试对中国赴马来西亚各类致伤型旅游安全事件的分布情况进行聚类分析，聚类分析过程调用了 SPSS 的快速聚类法（K-Means）模块，将聚类分为高频、中频、低频 3 个事件等级。经过 2 次迭代、聚类分析的 ANOVA 检验结果表明（见表 4-4-6），聚类的 F 值为 41.227，Sig. 为 0.00，具有统计意义。聚类结果发现，在中国赴马来西亚各类致伤型旅游安全事件中，一般意外事故和意外摔倒是高频事件，个人疾病、生物袭击、交通事故属于中频事件，其余各类旅游安全事件属于低频事件，主要包括食物中毒、高风险项目事故、涉水事故、交通场所意外事故等事件类型。

表 4-4-6　中国游客赴马来西亚致伤型安全事件主要类型分布的 ANOVA 分析

	聚类		误差		F	显著性
	均方	自由度	均方	自由度		
频数	5560.947	2	134.888	10	41.227	0.00

（三）中国游客赴马来西亚重大安全事件和重点风险防范领域

重大航空灾难以及涉水事故是中国游客赴马来西亚旅游需重点防范的安全风险。2014 年 10 月 10 日马航一架 MH370 客机失踪，机上载有 227 名乘客（其中中国大陆 153 人，中国台湾 1 人）①，事故发生后中国赴马来西亚旅游人数由 2013 年的 179 万人次骤减至 2014 年的 161 万人次；2017 年 1 月 28 日，一艘旅游船在哥打基纳巴卢市前往沙巴著名旅游景点环滩岛途中断裂沉没，船上有 28 名中国游客，事故共导致 4 名中国游客遇难、4 人失踪②。重大航空和水上交通安全事故是一直是中国赴马来西亚旅游的重大安全风险之一，其致死和致伤人数多，严重影响了马来西亚的国家旅游安全形象和中国游客对马来西亚的旅游信心。对于具有较大危害的旅游安全风险，马来西亚政府还需加大资金投入，加强风险管控，降低重点风险领域事故发生率，同时也需降低负面安全事件对马来西亚安全环境的舆论影响，营造安全的旅游氛围。

① 马航 MH370.［EB/OL］. 百度百科：https://baike.baidu.com/item/MH370/13212615?fr=aladdin.

② 刘萧 . 沙巴州沉船再引安全反思［J］. 中国船检，2017（3）：4.

三、中国游客赴马来西亚旅游安全事件的特征机制

（一）中国游客赴马来西亚旅游安全事件发生类型与时间因素的关联关系

1. 中国游客赴马来西亚旅游安全事件时间因素的分布特征

通过对748起2010—2019年中国游客赴马来西亚旅游安全事件进行统计发现，从宏观季度分布来看，第一季度的旅游安全事件发生频率最高，占比达30.61%。主要原因在于：第一季度涵盖中国寒假、春节等多个假期，游客选择前往马来西亚旅游的人数较多，导致安全风险增加；第三季度的旅游安全事件分布比例为27.01%，位居第二；第二季度的旅游安全事件分布比例为24.73%，位居第三；第四季度的旅游安全事件分布比例最小，为17.65%，位居第四。具体如图4-4-2所示。

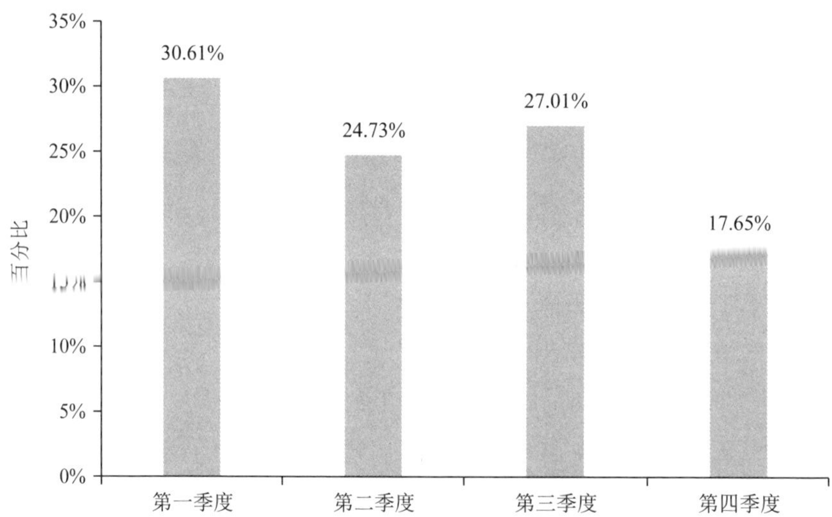

图4-4-2　中国游客赴马来西亚旅游安全事件的季度分布

从月份分布来看（见图4-4-3），2010—2019年中国游客赴马来西亚旅游安全事件在月份分布上具有较大的差异性，其中：2月的事件发生频率明显高于其他月份，事件分布比例为12.70%，是事件高发月份；1月、3—5月以及7—9月的旅游安全事件分布比例也较高，事件占比主要集中在8%~10%；

10—12 月事件分布比例相对较低，在 4%~7%。从宏观时间分布来看，事件分布与中国赴马来西亚旅游淡旺季以及当地气候有一定的重合性，10—12 月是马来西亚的雨季，降水较多，不适合开展旅游活动，其余时间气候较为舒适，加上个别月份叠加中国春假、暑假、五一等假期，因此呈现出旅游安全事件月份分布的差异性与以及与旅游淡旺季的耦合性。

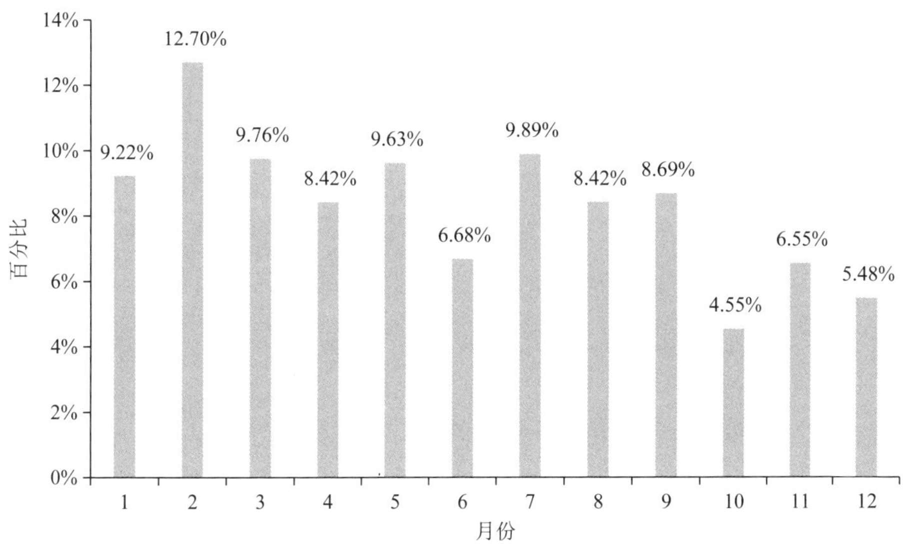

图 4-4-3　中国游客赴马来西亚旅游安全事件的月份分布

在微观时间上，通过对 748 起 2010—2019 年中国游客赴马来西亚旅游安全事件进行统计发现，从时间段来看，35.70% 的赴马来西亚旅游安全事件发生在上午（6：00—12：00）时段，30.08% 的旅游安全事件发生在下午（12：00—18：00）时段，20.59% 的旅游安全事件发生在晚上（18：00—24：00）时段；相较之下，凌晨（0：00—6：00）时段发生的安全事故较少，该时段旅游安全事件占比为 13.64%（见图 4-4-4）。从一天内的具体时刻来看，中国游客赴马来西亚旅游安全事件在一天内总体上呈现先增后减趋势，如图 4-4-5 所示。其中 10 点是事件高发时间点，事件分布比例达 11.90%，是全天旅游安全事件数量高值点；3 点是事件数量低值点，事件占比仅为 1.47%；从事件高发事件点的持续时间来看，8 点一直到 19 点是事件高发期，其余时间点为中国赴马来西亚旅游安全事件的沉寂期。

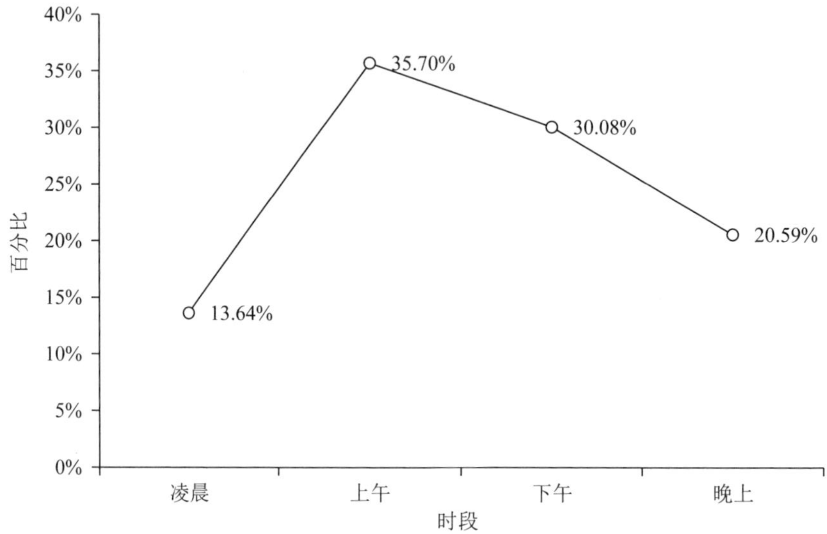

图 4-4-4　中国游客赴马来西亚旅游安全事件的时段分布

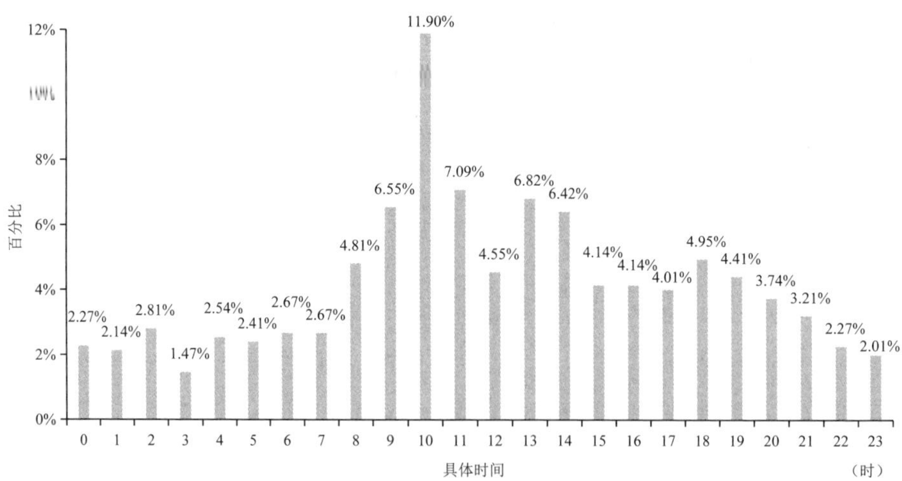

图 4-4-5　中国游客赴马来西亚旅游安全事件的时间点分布

2. 中国游客赴马来西亚旅游安全事件发生类型与时间因素的关联关系

本研究采用列联表卡方检验来进一步分析我国游客赴马来西亚旅游安全事件发生类型与时段因素的关联关系。统计分析显示，列联表 T<5 的格子数不超过 20%，因此研究使用 Pearson 卡方进行相关性检验。如表 4–4–7 所示，Pearson 卡方检验值 =34.015（p=0.001），对称度量 Cramer's V=0.123（p=0.001）。由此表明，我国游客赴马来西亚旅游安全事件与时段因素的相关性在 p<0.01 的水平上显著成立，即不同时段内旅游安全事件类型的分布水平具有显著的组间差异。

表 4–4–7　中国游客赴马来西亚旅游安全事件类型与时段因素的相关检定分析

事件大类		时段				总计
		凌晨	上午	下午	晚上	
自然灾害	计数	6	12	16	6	40
	期望计数	5.5	14.3	12	8.2	40
	占事件总量比率	15.00%	30.00%	40.00%	15.00%	100.00%
	调整后残差	0.3	−0.8	1.4	−0.9	
事故灾难	计数	42	145	106	72	365
	期望计数	49.8	130.3	109.8	75.1	365
	占事件总量比率	11.50%	39.70%	29.00%	19.70%	100.00%
	调整后残差	−1.7	2.2	−0.6	−0.6	
公共卫生事件	计数	18	43	23	29	113
	期望计数	15.4	40.3	34	23.3	113
	占事件总量比率	15.90%	38.10%	20.40%	25.70%	100.00%
	调整后残差	0.8	0.6	−2.4	1.4	
社会安全事件	计数	9	22	43	11	85
	期望计数	11.6	30.3	25.6	17.5	85
	占事件总量比率	10.60%	25.90%	50.60%	12.90%	100.00%
	调整后残差	−0.9	−2	4.4	−1.9	

续表

事件大类		时段				总计
		凌晨	上午	下午	晚上	
业务安全事件	计数	27	45	37	36	145
	期望计数	19.8	51.8	43.6	29.9	145
	占事件总量比率	18.60%	31.00%	25.50%	24.80%	100.00%
	调整后残差	1.9	−1.3	−1.3	1.4	
总计	计数	102	267	225	154	748
	期望计数	102	267	225	154	748
	占事件总量比率	13.60%	35.70%	30.10%	20.60%	100.00%
卡方	Pearsonχ2=34.015（df=12，p=0.001）；Fisher 值 =32.324（p=0.001）					
对称度量	Cramer's V=0.123（p=0.001）					

本研究结合卡方检验的残差结果来分析中国赴马来西亚旅游安全事件类型在时段分布上的差异性。根据表 4-4-7 残差检定结果可知：（1）在凌晨时段，各类旅游安全事件的发生率未显著高于或低于期望水平。（2）在上午时段，事故灾难（39.7%，AR=2.2）的发生率显著高于自然灾害（30.0%，AR=−0.8）、公共卫生事件（38.1%，AR=0.6）、社会安全事件（25.0%，AR=[illegible]）、业务安全事件（31.0%，AR=−1.3）。其中，社会安全事件的发生率显著低于期望水平。（3）在下午时段，社会安全事件（50.6%，AR=4.4）的发生率显著高于自然灾害（40.0%，AR=1.4）、事故灾难（29.0%，AR=−0.6）、公共卫生事件（20.4%，AR=−2.4）、业务安全事件（25.5%，AR=−1.3）。其中，公共卫生事件的发生率显著低于期望水平。（4）在晚上时段，各类旅游安全事件的发生率未显著高于或低于期望水平。

（二）中国游客赴马来西亚旅游安全事件发生类型与空间因素的关联关系

1. 中国游客赴马来西亚旅游安全事件空间因素的分布特征

在旅游要素空间的结构分布上，通过对 2010—2019 年 748 起中国游客赴马来西亚旅游安全事件进行统计分析发现（见图 4-4-6）：发生在餐饮场所的旅游安全事件占比为7.22%；发生在住宿场所的旅游安全事件占比为5.75%；发生在交通场所的旅游安全事件占比为40.64%，为事件发生频率最高的旅游要素空间；发生在游览场所的旅游安全事件占比为35.29%；发生在购物场所的旅游安全事件占比为0.40%；发生在娱乐场所的旅游安全事件占比为10.70%。总体上，中国赴马来西亚旅游安全事件主要发生在旅游交通和游览场所要素空间，合计占事件总量的75.94%，是事件高发场所。

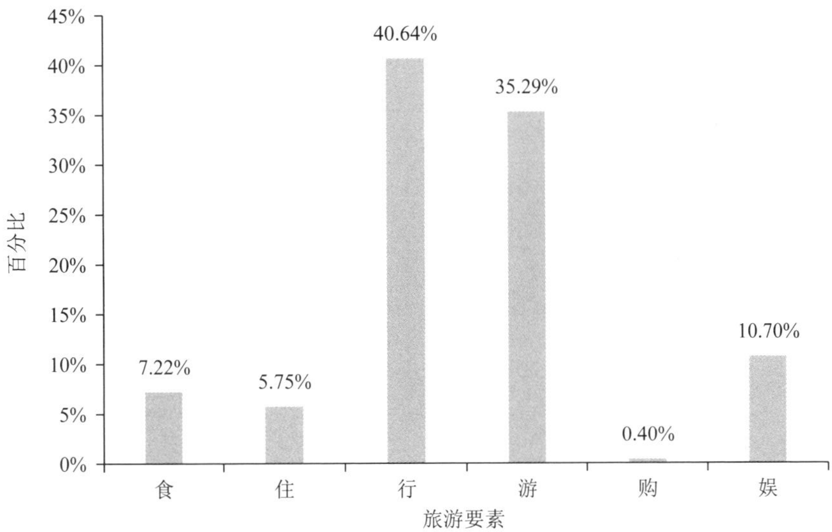

图 4–4–6　中国游客赴马来西亚旅游安全事件的要素空间分布

2. 中国游客赴马来西亚旅游安全事件发生类型与空间因素的关联关系

本研究采用列联表卡方检验来进一步分析赴马来西亚旅游安全事件发生类型与各要素空间之间的关联关系，由于数据表格中期望计数 <5 的格子数超过 20%，因此本研究采用 Fisher 精确检验进行统计分析。如表 4–4–8 所示，Fisher 值 =393.351（精确检验 p 值 =0.00），对称度量 Cramer’s V=0.387（p=0.00）。由此表明，我国游客赴马来西亚旅游安全事件与空间因素的相关性在 p<0.01 的水平上显著成立，即在不同的旅游要素空间场所，自然灾害、事故灾难、公共卫生事件、社会安全事件和业务安全事件的分布水平存在显著的组间差异。

表 4-4-8　中国游客赴马来西亚旅游安全事件类型与空间因素的相关检定分析表

事件大类		要素空间						总计
		食	住	行	游	购	娱	
自然灾害	计数	0	0	29	2	0	9	40
	期望计数	2.9	2.3	16.3	14.1	0.2	4.3	40
	占事件总量比率	0.00%	0.00%	72.50%	5.00%	0.00%	22.50%	100.00%
	调整后残差	−1.8	−1.6	4.2	−4.1	−0.4	2.5	
事故灾难	计数	7	35	113	141	1	68	365
	期望计数	26.4	21	148.3	128.8	1.5	39	365
	占事件总量比率	1.90%	9.60%	31.00%	38.60%	0.30%	18.60%	100.00%
	调整后残差	−5.5	4.4	−5.3	1.9	−0.5	6.9	
公共卫生事件	计数	42	2	19	48	0	2	113
	期望计数	8.2	6.5	45.9	39.9	0.5	12.1	113
	占事件总量比率	37.20%	1.80%	16.80%	42.50%	0.00%	1.80%	100.00%
	调整后残差	13.4	−2	−5.6	1.7	−0.7	−3.3	
社会安全事件	计数	5	3	16	61	0	0	85
	期望计数	6.1	4.9	34.5	30	0.3	9.1	85
	占事件总量比率	5.90%	3.50%	18.80%	71.80%	0.00%	0.00%	100.00%
	调整后残差	[illegible]	[illegible]	[illegible]	[illegible]	[illegible]	[illegible]	
业务安全事件	计数	0	3	127	12	2	1	145
	期望计数	10.5	8.3	58.9	51.2	0.6	15.5	145
	占事件总量比率	0.00%	2.10%	87.60%	8.30%	1.40%	0.70%	100.00%
	调整后残差	−3.7	−2.1	12.8	−7.6	2.1	−4.3	
总计	计数	54	43	304	264	3	80	748
	期望计数	54	43	304	264	3	80	748
	占事件总量比率	7.20%	5.70%	40.60%	35.30%	0.40%	10.70%	100.00%
卡方	Pearsonχ^2=447.434（df=20，p=0.00）；Fisher 值 =393.351（p=0.00）							
对称度量	Cramer's V=0.387（p=0.00）							

本研究结合卡方检验的残差结果来分析中国赴马来西亚旅游安全事件类型的在要素空间分布上的差异性。根据表 4-4-8 残差检定结果可知:（1）在

旅游餐饮场所，公共卫生事件（37.2%，AR=13.4）的发生率显著高于自然灾害（0.0%，AR=−1.8）、事故灾难（1.9%，AR=−5.5）、社会安全事件（5.9%，AR=−0.5）、业务安全事件（0.0%，AR=−3.7）。其中，事故灾难的发生率显著低于期望水平。（2）在旅游住宿场所，事故灾难（9.6%，AR=4.4）发生率显著高于自然灾害（0.0%，AR=−1.6）、公共卫生事件（1.8%，AR=−2）、社会安全事件（3.5%，AR=−0.9）、业务安全事件（2.1%，AR=−2.1）。其中，公共卫生事件的发生率显著低于期望水平。（3）在旅游交通场所，业务安全事件（87.6%，AR=12.8）的发生率显著高于自然灾害（72.5%，AR=4.2）、事故灾难（31.0%，AR=−5.3）、公共卫生事件（16.8%，AR=−5.6）、社会安全事件（18.8%，AR=−4.4）。其中，公共卫生事件的发生率显著低于期望水平。（4）在游览场所，社会安全事件（71.8%，AR=7.5）的发生率显著高于自然灾害（5.0%，AR=−4.1）、事故灾难（38.6%，AR=1.9）、公共卫生事件（42.5%，AR=1.7）、业务安全事件（8.3%，AR=−7.6）。其中，业务安全事件的发生率显著低于期望水平。（5）在旅游购物场所，业务安全事件（1.4%，AR=2.1）的发生率显著高于自然灾害（0.0%，AR=−0.4）、事故灾难（0.3%，AR=−0.5）、公共卫生事件（0.0%，AR=−0.7）、社会安全事件（0.0%，AR=−0.6）。（6）在旅游娱乐场所，事故灾难（18.60%，AR=6.9）发生率显著高于自然灾害（22.50%，AR=2.5）、公共卫生事件（1.80%，AR=−3.3）、社会安全事件（0.00%，AR=−3.4）、业务安全事件（0.70%，AR=−4.3）其中业务安全事件的发生率显著低于期望水平。

第五节　中国游客赴柬埔寨旅游安全事件及其特征

一、中国游客赴柬埔寨旅游发展形势

柬埔寨位于中南半岛南端，拥有世界七大奇迹之一的吴哥窟以及东南亚最大淡水湖洞里萨湖，美丽的自然景观和历史悠久的高棉民族文化。作为东

盟地区最不发达的国家之一，柬埔寨政府高度重视发展旅游业，视之为“绿色金子”，近年投入逐渐加大，加大对外宣传和吸引国际游客，赴柬入境游客人数不断提高。据东盟秘书处数据显示，2019 年柬埔寨共接待入境游客 661.06 万人次，占东盟地区入境游客比重的 4.61%。中国作为柬埔寨第一大客源国，柬埔寨政府也高度重视对中国游客的吸引，曾制定《2016—2020 年吸引中国游客战略》，表示力争到 2020 年吸引 200 万人次的中国游客[①]。柬埔寨于 2018 年提前完成目标，同时提出 2025 年、2035 年入境旅游目标分别是 1100 万人次、2500 万人次国际游客。近年来中国赴柬埔寨旅游人次呈直线上涨趋势（见图 4-5-1），2019 年中国赴柬游客人数达到 236.18 万人次，较 2018 年涨幅为 16.67%。柬埔寨近年来在东盟地区游客流量所占比重不断提升，大有后起之秀态势。

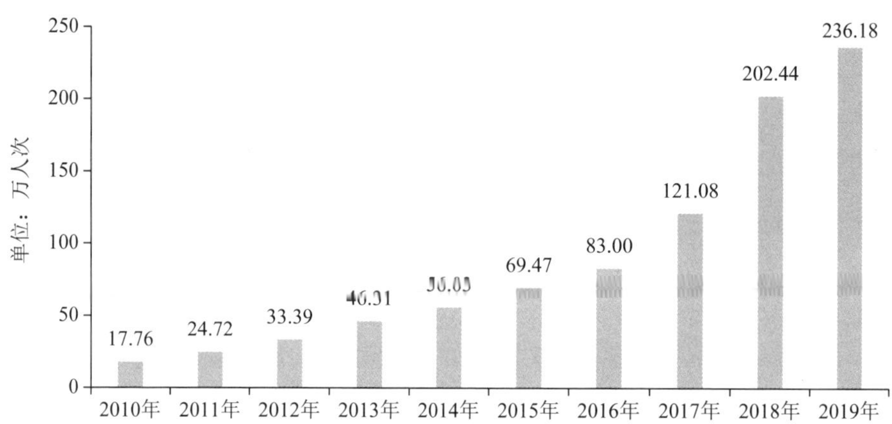

图 4-5-1　2010—2019 年中国赴柬埔寨旅游人次数

数据来源：根据东盟秘书处数据库整理

二、中国游客赴柬埔寨旅游安全事件分布特征

（一）中国游客赴柬埔寨旅游安全事件的类型分布

通过调用 SPSS26.0 中的频率分析模块，对 2010—2019 年 389 起我国游

① 顾佳赟 . 新时代打造中柬命运共同体的机遇、挑战与建议［J］. 当代世界，2019（4）：5.

客赴柬埔寨旅游安全事件的主要类型进行描述性统计分析。结果显示：事故灾难占据绝对地位，占比达 44.47%；其次为公共卫生事件和业务安全事件，占比分别为 28.28% 和 19.28%；社会安全事件与自然灾害发生数量相对较少，占比分别为 5.40% 和 2.57%。

具体来看（见表 4-5-1），事故灾难的表现类型最为复杂，共计 8 种事件亚类，其中意外摔倒事故和一般意外事故占整个事件类型总量的 12.08% 和 9.25%，生物袭击、交通事故、涉水事故及交通场所意外事故也是事故灾难中高发事件类型。公共卫生事件主要表现为个人疾病、食物中毒、猝死 3 种事件亚类，其中个人疾病和食物中毒事故发生频率较高，占比达 19.02% 和 8.48%。业务安全事件主要表现为 4 种事件类型，其中航班延误或取消是主要事件类型，占比达 15.42%。社会安全事件主要表现为 3 种事件类型，抢劫事件类型占比较高，为 4.88%。自然灾害主要表现为气象灾害以及海洋灾害 2 种事件类型。

表 4-5-1　中国游客赴柬埔寨旅游安全事件主要类型分布

事件大类	事件亚类	数量（起）	比率	事件大类	事件亚类	数量（起）	比率
自然灾害	气象灾害	9	2.31%	公共卫生事件	个人疾病	74	19.02%
	海洋灾害	1	0.26%		食物中毒	33	8.48%
事故灾难	意外摔倒	47	12.08%		猝死	3	0.77%
	一般意外事故	36	9.25%	社会安全事件	抢劫	19	4.88%
	生物袭击	30	7.71%		暴力冲突	1	0.26%
	交通事故	22	5.66%		盗窃	1	0.26%
	涉水事故	19	4.88%	业务安全事件	航班延误或取消	60	15.42%
	交通场所意外事故	11	2.83%		操作事故	9	2.31%
	高风险项目事故	7	1.80%		物品遗失或损坏	3	0.77%
	设施设备	1	0.26%		证件及票务问题	3	0.77%

本研究尝试对以上 20 种事件亚类的发生频率进行聚类分析，调用 SPSS26.0 中的快速聚类法（K-Means）模块，将聚类结果分为高频、中频、低频 3 个事件等级。经过二次迭代后，由聚类分析的 ANOVA 检验结果发现

（见表 4-5-2），该聚类的 F 值为 65.603，Sig. 值为 0.00，表明其在 $P<0.01$ 的置信水平下显著成立，具有统计意义。

表 4-5-2　中国游客赴柬埔寨旅游安全事件主要类型的 ANOVA 分析

	聚类		误差		F	显著性
	均方	自由度	均方	自由度		
频数	3794.796	2	57.845	17	65.603	0.00

聚类结果显示，高频事件有 2 类、中频事件有 4 类、低频事件有 14 类。个人疾病和航班延误或取消属于高频事件；意外摔倒、一般意外事故、食物中毒、生物袭击属于中频事件；其余类别事故属于低频事件，主要包括抢劫、涉水事故、交通场所意外事故、操作事故等事件类型。

柬埔寨是东盟经济较为落后的国家，根据东盟秘书处数据显示，2019 年柬埔寨人均 GDP 仅达到 1663.8 美元，在东盟十国中排名第 9。经济落后导致柬埔寨旅游基础设施不完善，公共卫生条件和社会治安相对较差，各类旅游风险事故均有发生。虽然赴柬旅游安全事件案例相对较少，但并不代表柬埔寨安全风险低，由于近年来我国赴柬埔寨旅游流量增速快速，相应的旅游安全事件也开始逐渐增多，因此赴柬旅游安全问题应引起重视。

（二）中国游客赴柬埔寨旅游安全事件的伤亡分布

1. 致死型旅游安全事件的类型分布

对 2010—2019 年我国游客赴柬埔寨旅游安全事件进行统计发现，389 起旅游安全事件中共有 23 起致死型旅游安全事件，占事件总量的 5.91%。具体来看，其中事故灾难分布数量最多，占比为 52.17%，都为涉水事故；公共卫生事件占比为 47.83%，主要表现为个人疾病事故和猝死事故。由此也表明，赴柬埔寨旅游的中国游客生命安全主要受个人疾病风险以及涉水风险影响。

2. 致伤型旅游安全事件的类型分布

对 2010—2019 年我国游客赴柬埔寨旅游安全事件进行统计发现，389 起旅游安全事件中共有 267 起致伤型旅游安全事件，占事件总量的 68.64%，共造成 444 人受伤。具体而言（见表 4-5-3），事故灾难类旅游安全事件最多，达161起，占比为60.30%。其中，意外摔倒、一般意外事故、生物袭击、交通事故、交通场所意外事故占比分别为17.60%、13.48%、11.24%、8.24%、4.12%；其次是公共卫生事件，占比为37.08%，其中个人疾病和食物中毒占比分别为24.72%、12.36%；致伤型社会安全事件及自然灾害事件分布较少，占比分别为1.87%和0.74%。可见，中国游客赴柬埔寨旅游安全事件中事故灾难和公共卫生事件的致伤率最高。

表4-5-3　中国游客赴柬埔寨致伤型安全事件主要类型分布

事件大类	事件亚类	数量（起）	比率	事件大类	事件亚类	数量（起）	比率
事故灾难	意外摔倒	47	17.60%	事故灾难	设施设备	1	0.37%
	一般意外事故	36	13.48%	公共卫生事件	个人疾病	66	24.72%
	生物袭击	30	11.24%		食物中毒	33	12.36%
	交通事故	22	8.24%	社会安全事件	抢劫	4	1.50%
	交通场所意外事故	11	4.12%		暴力冲突	1	0.37%
	涉水事故	7	2.62%	自然灾害	海洋灾害	1	0.37%
	高风险项目事故	7	2.62%		气象灾害	1	0.37%

本研究尝试对中国赴柬埔寨各类致伤型旅游安全事件的分布情况进行聚类分析，聚类分析过程调用了SPSS的快速聚类法（K-Means）模块，将聚类结果分为高频、中频、低频3个事件等级。经过2次迭代、聚类分析的ANOVA检验结果表明（见表4-5-4），聚类的F值为63.628，Sig.为0.00，具有统计意义。聚类结果发现，在中国赴柬埔寨各类致伤型旅游安全事件中，个人疾病是高频事件，意外摔倒、一般意外事故、食物中毒、生物袭击、交通事故属于中频事件，其余各类旅游安全事件属于低频事件。

表4-5-4　中国游客赴柬埔寨致伤型安全事件主要类型分布的ANOVA分析

	聚类		误差		F	显著性
	均方	自由度	均方	自由度		
频数	2522.427	2	39.643	11	63.628	0.00

三、中国游客赴柬埔寨旅游安全事件的特征机制

（一）中国游客赴柬埔寨旅游安全事件发生类型与时间因素的关联关系

1. 中国游客赴柬埔寨旅游安全事件时间因素的分布特征

通过对 389 起 2010—2019 年中国游客赴柬埔寨旅游安全事件进行统计发现，从宏观季度分布来看（见图 4-5-2）：第一季度的旅游安全事件发生频率最高，占比达 36.50%；第四季度的旅游安全事件分布比例为 25.45%，位居第二；第三季度的旅游安全事件分布比例为 22.62%，位居第三；第二季度的旅游安全事件分布比例最小，为 15.42%，位居第四。从月份分布来看（见图 4-5-3），2010—2019 年中国游客赴柬埔寨旅游安全事件在月份分布上具有较大的差异性，其中 1 月和 2 月是事件高发月份，占比都为 15.94%，12 月的事件分布比例也较高，为 11.83%。从月份分布表现的特征可以看出，中国赴柬埔寨旅游安全事件主要集中在冬季，主要原因在于该季节柬埔寨少雨和相对凉爽，具有独特的气候优势，因此该季节游客较多，同时旅游风险也较大。此外，3—6 月为中国游客赴柬埔寨旅游安全事件的低发月份，主要原因在于该季节柬埔寨炎热多尘，气候相对不适，该季节出游人数较少，旅游安全风险相对较低。

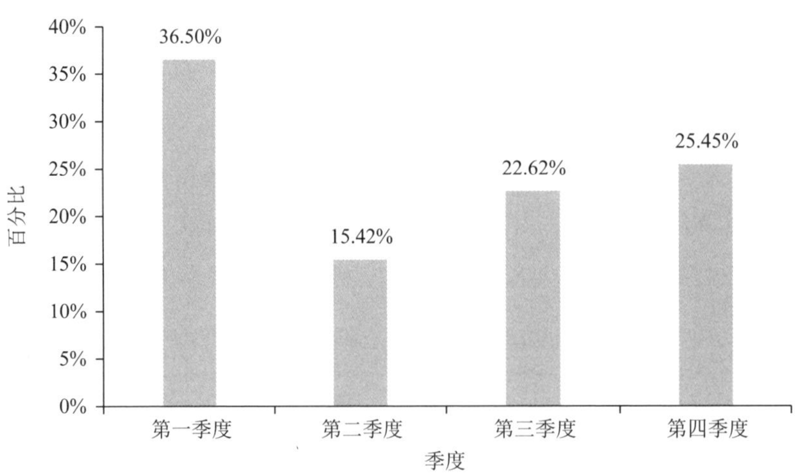

图 4-5-2　中国游客赴柬埔寨旅游安全事件的季度分布

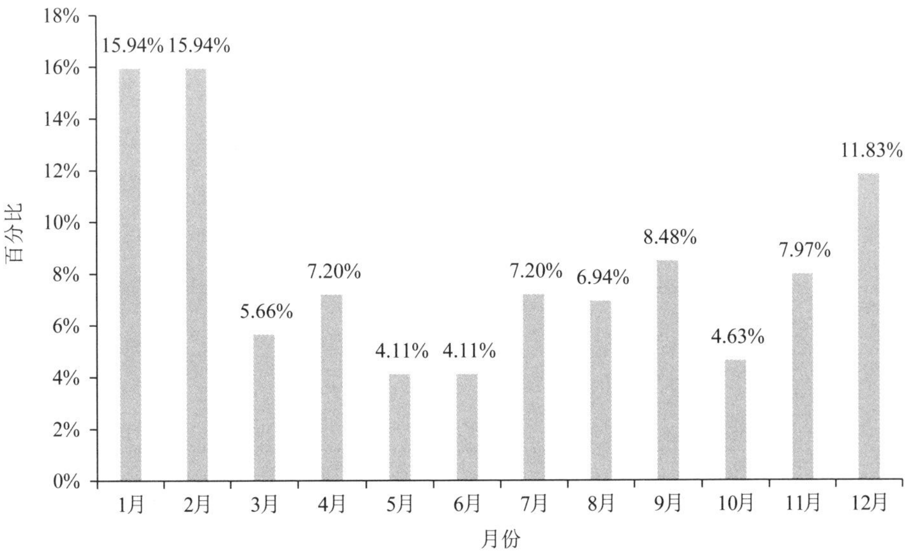

图 4–5–3 中国游客赴柬埔寨旅游安全事件的月份分布

在微观时间上，通过对 389 起 2010—2019 年中国游客赴柬埔寨旅游安全事件进行统计发现，29.56% 的赴柬埔寨旅游安全事件发生在上午（6：00—12：00）时段，35.73% 的旅游安全事件发生在下午（12：00—18：00）时段，25.46% 的旅游安全事件发生在晚上（18：00—24：00）时段；相较之下，凌晨（0：00—6：00）时段发生的安全事故较少，该时段旅游安全事件占比仅为 9.25%（见图 4–5–4）。此外，晚上时段也是中国游客赴柬埔寨旅游安全事件的一个高发期。从一天内的具体时刻来看，中国游客赴柬埔寨旅游安全事件在 24 小时内的变化呈现先增后减趋势，如图 4–5–5 所示，其中 10 点以及 14 点是事件高发时间点，事件分布比例分别为 8.48% 和 7.46%，是全天旅游安全事件高峰期；4 点事件数量最少，事件占比仅为 0.77%。

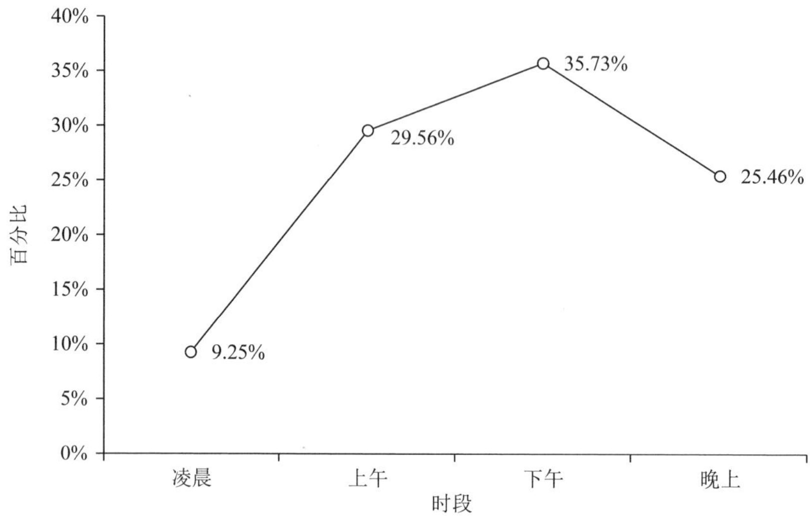

图 4-5-4　中国游客赴柬埔寨旅游安全事件的时段分布

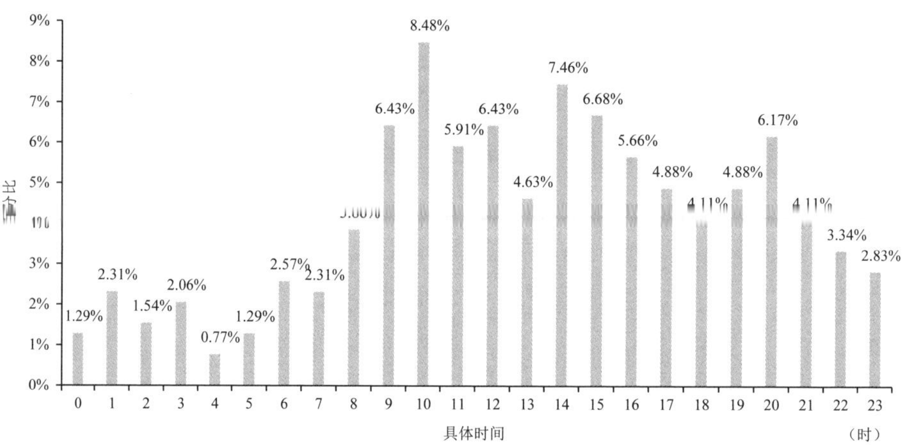

图 4-5-5　中国游客赴柬埔寨旅游安全事件的时间点分布

2. 中国游客赴柬埔寨旅游安全事件发生类型与时间因素的关联关系

本研究采用列联表卡方检验来进一步分析赴柬埔寨旅游安全事件发生类型与时段因素的关联关系，由于数据表格中期望计数 <5 的格子数超过 20%，因此本研究采用 Fisher 精确检验进行统计分析。如表 4-5-5 所示，Fisher

值 =20.966（精确检验 p 值 =0.041），对称度量 Cramer's V=0.134（p=0.055）。由此表明，我国游客赴柬埔寨旅游安全事件与空间因素的相关性在 p<0.1 的水平上显著成立，但差异性相对来说不明显。

表 4–5–5　中国游客赴柬埔寨旅游安全事件类型与时段因素的相关检定分析

事件大类		时段				总计
		凌晨	上午	下午	晚上	
自然灾害	计数	1	1	4	4	10
	期望计数	0.9	3	3.6	2.5	10
	占事件总量比率	10.00%	10.00%	40.00%	40.00%	100.00%
	调整后残差	0.1	−1.4	0.3	1.1	
事故灾难	计数	12	46	76	39	173
	期望计数	16	51.1	61.8	44	173
	占事件总量比率	6.90%	26.60%	43.90%	22.50%	100.00%
	调整后残差	−1.4	−1.2	3	−1.2	
公共卫生事件	计数	11	37	29	33	110
	期望计数	10.2	32.5	39.3	28	110
	占事件总量比率	10.00%	33.60%	26.40%	30.00%	100.00%
	调整后残差	0.3	1.1	−2.4	1.3	
社会安全事件	计数	1	9	3	8	21
	期望计数	1.9	6.2	7.5	5.3	21
	占事件总量比率	4.80%	42.90%	14.30%	38.10%	100.00%
	调整后残差	−0.7	1.4	−2.1	1.4	
业务安全事件	计数	11	22	27	15	75
	期望计数	6.9	22.2	26.8	19.1	75
	占事件总量比率	14.70%	29.30%	36.00%	20.00%	100.00%
	调整后残差	1.8	0	0.1	−1.2	

续表

事件大类		时段				总计
		凌晨	上午	下午	晚上	
总计	计数	36	115	139	99	389
	期望计数	36	115	139	99	389
	占事件总量比率	9.30%	29.60%	35.70%	25.40%	100.00%
卡方	Pearsonχ^2=20.802（df=12，p=0.055）；Fisher 值 =20.966（p=0.041）					
对称度量	Cramer's V=0.134（p=0.055）					

本研究结合卡方检验的残差结果来分析中国赴柬埔寨旅游安全事件类型的在时段分布上的差异性。根据表 4-5-5 残差检定结果可知：（1）在凌晨时段，各类旅游安全事件的发生率未显著高于或低于期望水平。（2）在上午时段，各类旅游安全事件的发生率未显著高于或低于期望水平。（3）在下午时段，事故灾难（43.9%，AR=3）的发生率显著高于自然灾害（40.0%，AR=0.3）、公共卫生事件（26.4%，AR=−2.4）、社会安全事件（14.3%，AR=−2.1）、业务安全事件（36.0%，AR=0.1）。其中，公共卫生事件的发生率显著低于期望水平。（4）在晚上时段，各类旅游安全事件的发生率未显著高于或低于期望水平。

（二）中国游客赴柬埔寨旅游安全事件发生类型与空间因素的关联关系

1. 中国游客赴柬埔寨旅游安全事件空间因素的分布特征

在旅游要素空间的结构分布上，通过对 2010—2019 年 389 起中国游客赴柬埔寨旅游安全事件进行统计分析发现（见图 4-5-6），发生在餐饮场所的旅游安全事件占比为 10.54%；发生在住宿场所的旅游安全事件占比为 3.60%；发生在交通场所的旅游安全事件占比为 38.56%；发生在游览场所的旅游安全事件占比为 39.85%，为事件发生频率最高的旅游要素空间；发生在娱乐场所的旅游安全事件占比为 7.46%。总体上，中国赴柬埔寨旅游安全事件主要发生在旅游交通和游览场所要素空间，合计占事件总量的 78.41%，是事件高发场所。

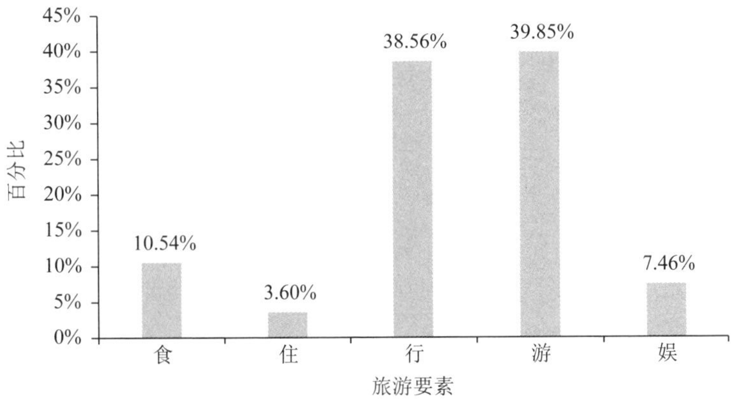

图 4-5-6　中国游客赴柬埔寨旅游安全事件的要素空间分布

2. 中国游客赴柬埔寨旅游安全事件发生类型与空间因素的关联关系

本研究采用列联表卡方检验来进一步分析赴柬埔寨旅游安全事件发生类型与各要素空间的关联关系，由于数据表格中期望计数 <5 的格子数超过 20%，因此本研究采用 Fisher 精确检验进行统计分析。如表 4-5-6 所示，Fisher 值 =232.385（精确检验 p 值 =0.00），对称度量 Cramer's V=0.398（p=0.00）。由此表明，我国游客赴柬埔寨旅游安全事件与空间因素的相关性在 p<0.01 的水平上显著成立，即在不同的旅游要素空间场所，自然灾害、事故灾难、公共卫生事件、社会安全事件和业务安全事件的分布水平存在显著的组间差异。

表 4-5-6　中国游客赴柬埔寨旅游安全事件类型与空间因素的相关检定分析

事件大类		要素空间					总计
		食	住	行	游	娱	
自然灾害	计数	0	0	9	1	0	10
	期望计数	1.1	0.4	3.9	4	0.7	10
	占事件总量比率	0.00%	0.00%	90.00%	10.00%	0.00%	100.00%
	调整后残差	−1.1	−0.6	3.4	−2	−0.9	

续表

事件大类		要素空间					总计
		食	住	行	游	娱	
事故灾难	计数	5	8	53	78	29	173
	期望计数	18.2	6.2	66.7	68.9	12.9	173
	占事件总量比率	2.90%	4.60%	30.60%	45.10%	16.80%	100.00%
	调整后残差	−4.4	1	−2.9	1.9	6.3	
公共卫生事件	计数	36	1	16	57	0	110
	期望计数	11.6	4	42.4	43.8	8.2	110
	占事件总量比率	32.70%	0.90%	14.50%	51.80%	0.00%	100.00%
	调整后残差	8.9	−1.8	−6.1	3	−3.5	
社会安全事件	计数	0	3	2	16	0	21
	期望计数	2.2	0.8	8.1	8.4	1.6	21
	占事件总量比率	0.00%	14.30%	9.50%	76.20%	0.00%	100.00%
	调整后残差	−1.6	2.7	−2.8	3.5	−1.3	
业务安全事件	计数	0	2	70	3	0	75
	期望计数	7.9	2.7	28.9	29.9	5.6	75
	占事件总量比率	0.00%	2.70%	93.30%	4.00%	0.00%	100.00%
	调整后残差	−3.3	−0.5	10.8	−7.1	−2.7	
总计	计数	41	14	150	155	29	389
	期望计数	41	14	150	155	29	389
	占事件总量比率	10.50%	3.60%	38.60%	39.80%	7.50%	100.00%
卡方	Pearsonχ2=245.891（df=16，p=0.00）；Fisher 值 =232.385（p=0.00）						
对称度量	Cramer's V=0.398（p=0.00）						

本研究结合卡方检验的残差结果来分析中国赴柬埔寨旅游安全事件类型在要素空间分布上的差异性。根据表 4-5-6 残差检定结果可知：（1）在旅游餐饮场所，公共卫生事件（32.7%，AR=8.9）的发生率显著高于自然灾害

（0.0%，AR=-1.1）、事故灾难（2.9%，AR=-4.4）、社会安全事件（0.0%，AR=-1.6）、业务安全事件（0.0%，AR=-3.3）。其中，事故灾难的发生率显著低于期望水平。（2）在旅游住宿场所，社会安全事件（14.3%，AR=2.7）的发生率显著高于自然灾害（0.0%，AR=-0.6）、事故灾难（4.6%，AR=1）、公共卫生事件（0.9%，AR=-1.8）、业务安全事件（2.7%，AR=-0.5）。（3）在旅游交通场所，自然灾害（90.0%，AR=3.4）和业务安全事件（93.3%，AR=10.8）的发生率显著事故灾难（30.6%，AR=-2.9）、公共卫生事件（14.5%，AR=-6.1）、社会安全事件（9.5%，AR=-2.8）。其中，公共卫生事件（14.5%，AR=-6.1）的发生率显著低于期望水平。（4）在游览场所，公共卫生事件（51.8%，AR=3）和社会安全事件（76.2%，AR=3.5）发生率显著高于自然灾害（10.0%，AR=-2）、事故灾难（45.1%，AR=1.9）、业务安全事件（4.0%，AR=-7.1）。其中，业务安全事件的发生率显著低于期望水平。（5）在旅游娱乐场所，事故灾难（16.8%，AR=6.3）的发生率显著高于自然灾害（0.0%，AR=-0.9）、公共卫生事件（0.0%，AR=-3.5）、社会安全事件（0.0%，AR=-1.3）、业务安全事件（0.0%，AR=-2.7）。其中，公共卫生事件的发生率显著低于期望水平。

第六节　中国游客赴新加坡旅游安全事件及其特征

一、中国游客赴新加坡旅游发展形势

新加坡位于马来半岛南端，毗邻马六甲海峡，是亚洲最重要的金融、服务和航运中心之一，新加坡全年气候温暖，城市干净整洁，素有“花园城市”之美称，每年吸引着大量国际游客，同时旅游业也是新加坡重要创汇行业和经济支柱产业。近年来，中国赴新加坡旅游人数不断上升（见图 4-6-1），虽然中间受马航 MH370 事件的影响，赴新加坡航线的中国游客有所减少，但中国赴新加坡旅游人数总体趋势在上涨，且不断创新高。2019 年新加坡接待国

际游客约 1910 万人次，比 2018 年的 1850 万增长约 3.3%；其中，中国大陆游客约 362.7 万人次，比 2018 年的 341.8 万增长 6.1%，约占新国际游客总量的 19%，保持自 2017 年以来的新加坡最大客源国地位[①]。

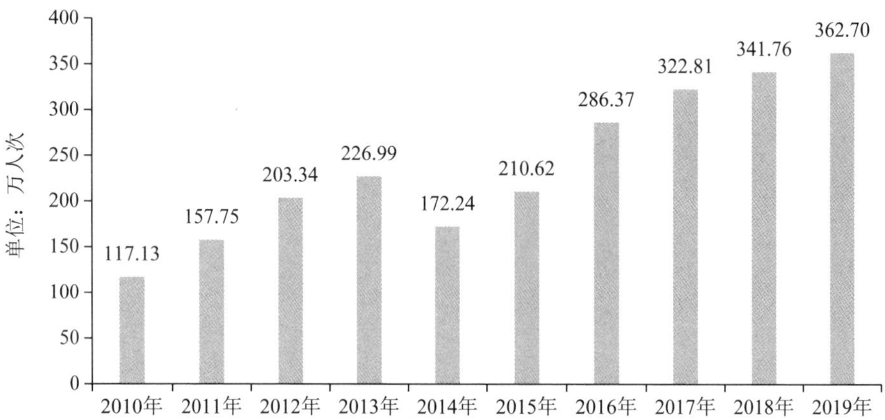

图 4-6-1　2010—2019 年中国赴新加坡旅游人次数

数据来源：根据东盟秘书处数据库整理

二、中国游客赴新加坡旅游安全事件分布特征

（一）中国游客赴新加坡旅游安全事件的类型分布

通过调用 SPSS26.0 中的频率分析模块，对 2010—2019 年 229 起我国游客赴新加坡旅游安全事件的主要类型进行描述性统计分析。结果显示：业务安全事件占据绝对地位，共发生 106 起，占比高达 46.29%；其次为事故灾难和公共卫生事件，发生数量分别为 78 起和 30 起，占比分别为 34.06% 和 13.10%；自然灾害与社会安全事件发生数量相对较少，分别为 12 起和 3 起，占比分别为 5.24% 和 1.31%。

具体来看（见表 4-6-1），事故灾难的表现类型最为复杂，共计 10 种事件亚类，其中一般意外事故和意外摔倒事故占整个事件类型总量的 8.73% 和 14.85%，交通事故和交通场所意外事故也是事故灾难中高发事件类型，占整

① 中国—东盟中心 .2019 年东盟旅游业简况［R］.2019-07-31.

个事件类型总量的 5.24% 和 1.75%。公共卫生事件主要表现为个人疾病、食物中毒、猝死、病毒疫情 4 种事件亚类，其中个人疾病和食物中毒事故占比分别为 10.04% 和 2.18%。业务安全事件主要表现为 5 种事件类型，其中航班延误或取消、操作事故、证件及票务问题、物品遗失或损坏是主要事件类型。自然灾害主要表现为气象灾害、海洋灾害、地质灾害三种事件类型，其中气象灾害占比为 4.37%。社会安全事件主要表现为盗窃事故。

表 4-6-1　中国游客赴新加旅游安全事件主要类型分布

<table>
<tr><th>事件大类</th><th>事件亚类</th><th>数量（起）</th><th>比率</th><th>事件大类</th><th>事件亚类</th><th>数量（起）</th><th>比率</th></tr>
<tr><td rowspan="3">自然灾害</td><td>气象灾害</td><td>10</td><td>4.37%</td><td rowspan="4">公共卫生事件</td><td>个人疾病</td><td>23</td><td>10.04%</td></tr>
<tr><td>地质灾害</td><td>1</td><td>0.44%</td><td>食物中毒</td><td>5</td><td>2.18%</td></tr>
<tr><td>海洋灾害</td><td>1</td><td>0.44%</td><td>病毒疫情</td><td>1</td><td>0.44%</td></tr>
<tr><td rowspan="9">事故灾难</td><td>高风险项目事故</td><td>2</td><td>0.87%</td><td>猝死</td><td>1</td><td>0.44%</td></tr>
<tr><td>火灾爆炸</td><td>1</td><td>0.44%</td><td rowspan="5">业务安全事件</td><td>航班延误或取消</td><td>47</td><td>20.52%</td></tr>
<tr><td>意外摔倒</td><td>34</td><td>14.85%</td><td>操作事故</td><td>31</td><td>13.54%</td></tr>
<tr><td>一般意外事故</td><td>20</td><td>8.73%</td><td>证件及票务问题</td><td>14</td><td>6.11%</td></tr>
<tr><td>交通事故</td><td>12</td><td>5.24%</td><td>物品遗失或损坏</td><td>12</td><td>5.24%</td></tr>
<tr><td>交通场所意外事故</td><td>4</td><td>1.75%</td><td>人员走失</td><td>2</td><td>0.87%</td></tr>
<tr><td>设施设备事故</td><td>2</td><td>0.87%</td><td rowspan="3">社会安全事件</td><td rowspan="3">盗窃</td><td rowspan="3">3</td><td rowspan="3">1.31%</td></tr>
<tr><td>涉水事故</td><td>2</td><td>0.87%</td></tr>
<tr><td>生物袭击</td><td>1</td><td>0.44%</td></tr>
</table>

本研究尝试对以上 22 种事件亚类的发生频率进行聚类分析，调用 SPSS26.0 中的快速聚类法（K-Means）模块，将聚类分为高频、中频、低频 3 个事件等级。经过二次迭代后，由聚类分析的 ANOVA 检验结果发现（见表 4-6-2），该聚类的 F 值为 62.737，Sig. 值为 0.00 ，表明其在 $P<0.01$ 的置信水平下显著成立，具有统计意义。聚类结果显示，高频事件有 1 类，中频事件有 4 类、低频事件有 17 类。航班延误或取消属于高频事件；意外摔倒、操作事故、个人疾病、一般意外事故属于中频事件；其余类别事故属于低频事

件，其中证件及票务问题、交通事故、物品遗失或损坏等发生频率相对较高。

表 4-6-2　中国游客赴新加坡旅游安全事件主要类型的 ANOVA 分析

	聚类		误差		F	显著性
	均方	自由度	均方	自由度		
频数	1531.718	2	24.415	19	62.737	0.00

（二）中国游客赴新加坡旅游安全事件的伤亡分布

1. 致死型旅游安全事件的类型分布

对 2010—2019 年我国游客赴新加坡旅游安全事件进行统计发现，229 起旅游安全事件中共有 2 起致死型旅游安全事件，仅占事件总量的 0.87%。两起致死型旅游安全事件分别为公共卫生事件中的猝死事故以及事故灾难中因高风险项目导致的死亡事故。

2. 致伤型旅游安全事件的类型分布

对 2010—2019 年我国游客赴新加坡旅游安全事件进行统计发现，229 起旅游安全事件中共有 105 起致伤型旅游安全事件，占事件总量的 45.85%，事故共造成 158 人受伤。具体而言（见表 4-6-3）：事故灾难类旅游安全事件最多，达 76 起，主要为意外摔倒、一般意外事故、交通事故；其次为公共卫生事件，占比为 26.67%，其中个人疾病和食物中毒事件占比分别为 20.95% 和 4.76%；致伤型自然灾害事件分布较少，仅为 1 起。

表 4-6-3　中国游客赴新加坡致伤型安全事件主要类型分布

事件大类	事件亚类	数量（起）	比率	事件大类	事件亚类	数量（起）	比率
事故灾难	意外摔倒	34	32.38%	事故灾难	生物袭击	1	0.95%
	一般意外事故	20	19.05%		高风险项目事故	1	0.95%
	交通事故	12	11.43%	公共卫生事件	个人疾病	22	20.95%
	交通场所意外事故	4	3.81%		食物中毒	5	4.76%
	设施设备	2	1.90%		病毒疫情	1	0.95%
	涉水事故	2	1.90%	自然灾害	海洋灾害	1	0.95%

本研究尝试对中国赴新加坡各类致伤型旅游安全事件的分布情况进行聚类分析，聚类分析过程调用了 SPSS 的快速聚类法（K-Means）模块，将聚类结果分为高频、中频、低频 3 个事件等级。经过 2 次迭代、聚类分析的 ANOVA 检验结果表明（见表 4-6-4），聚类的 F 值为 76.901，Sig. 为 0.00，具有统计意义。显示，意外摔倒是高频事件，个人疾病、一般意外事故、交通事故属于中频事件，其余各类旅游安全事件属于低频事件。

表 4-6-4　中国游客赴新加坡致伤型安全事件主要类型分布的 ANOVA 分析

	聚类		误差		F	显著性
	均方	自由度	均方	自由度		
频数	622.688	2	8.097	9	76.901	0.00

三、中国游客赴新加坡旅游安全事件的特征机制

（一）中国游客赴新加坡旅游安全事件发生类型与时间因素的关联关系

1. 中国游客赴新加坡旅游安全事件时间因素的分布特征

通过对 229 起 2010—2019 年中国游客赴新加坡旅游安全事件进行统计发现，从宏观季度分布来看：第三季度的旅游安全事件发生频率最高；第四季度的旅游安全事件分布比例为 24.02%，位居第二；第二季度和第一季度的旅游安全事件数量较为接近，分布比例分别为 22.27% 和 20.96%，位居第三和第四。从月份分布来看（见图 4-6-2），2010—2019 年中国游客赴新加坡旅游安全事件在月份分布上具有较大的差异性，其中 7 月、8 月是事件集中月份，事件分布比率都为 13.10%。此外，2—5 月、10 月及 12 月也是事件高发月份，事件分布比例介于 8%~10%；其余月份事件分布较少。

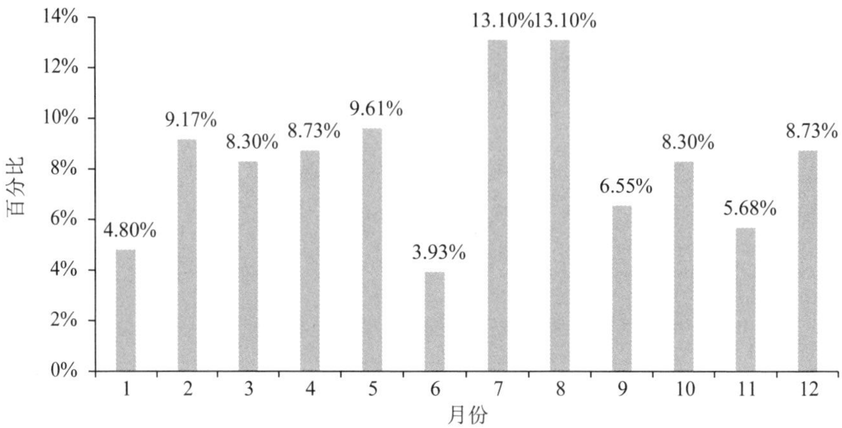

图 4-6-2　中国游客赴新加坡旅游安全事件的月份分布

在微观时间上，从一天内的时间段来看，31.00% 的安全事件发生在上午（6：00—12：00）时段，32.75% 的安全事件发生在下午（12：00—18：00）时段，22.27% 的安全事件发生在晚上（18：00—24：00）时段；相较之下，凌晨（0：00—6：00）时段发生的安全事故较少，该时段安全事件占比为 13.97%（如图 4-6-3）。从一天内的具体时刻来看（见图 4-6-4），中国游客赴新加坡旅游安全事件在 24 小时内的变化呈现错落起伏的态势，其中 10 点及 15 点是事件高发时间点，占比分别为 8.73% 和 7.86%，2 点以及 9 点是事

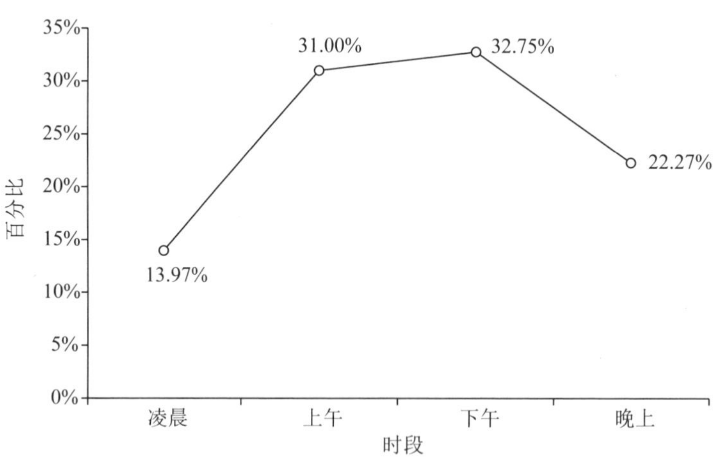

图 4-6-3　中国游客赴新加坡旅游安全事件的时段分布

件分布比例最小的时间点，事件占比分别为 1.75% 和 1.31%。

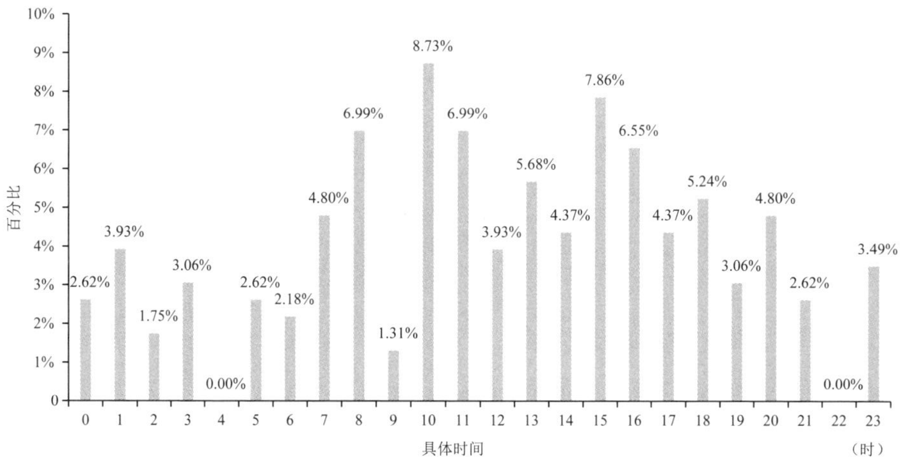

图 4-6-4　中国游客赴新加坡旅游安全事件的时间点分布

2. 中国游客赴新加坡旅游安全事件发生类型与时间因素的关联关系

本研究采用列联表卡方检验来进一步分析赴新加坡旅游安全事件发生类型与时段因素的关联关系，由于数据表格中期望计数 <5 的格子数超过 20%，因此本研究采用 Fisher 精确检验进行统计分析。如表 4-6-5 所示，Fisher 值 =20.814（精确检验 p 值 =0.026），对称度量 Cramer's V=0.178（p=0.033）。由此表明，我国游客赴新加旅游安全事件与空间因素的相关性在 p<0.05 的水平上显著成立，即不同时段内旅游安全事件类型的分布水平具有显著的组间差异。

表 4-6-5　中国游客赴新加坡旅游安全事件类型与时段因素的相关检定分析

事件大类		时段				总计
		凌晨	上午	下午	晚上	
自然灾害	计数	0	5	5	2	12
	期望计数	1.7	3.7	3.9	2.7	12
	占事件总量比率	0.00%	41.70%	41.70%	16.70%	100.00%
	调整后残差	−1.4	0.8	0.7	−0.5	

续表

事件大类		时段				总计
		凌晨	上午	下午	晚上	
事故灾难	计数	5	24	23	26	78
	期望计数	10.9	24.2	25.5	17.4	78
	占事件总量比率	6.40%	30.80%	29.50%	33.30%	100.00%
	调整后残差	−2.4	−0.1	−0.8	2.9	
公共卫生事件	计数	5	12	6	7	30
	期望计数	4.2	9.3	9.8	6.7	30
	占事件总量比率	16.70%	40.00%	20.00%	23.30%	100.00%
	调整后残差	0.5	1.1	−1.6	0.2	
社会安全事件	计数	0	1	2	0	3
	期望计数	0.4	0.9	1	0.7	3
	占事件总量比率	0.00%	33.30%	66.70%	0.00%	100.00%
	调整后残差	−0.7	0.1	1.3	−0.9	
业务安全事件	计数	22	29	39	16	106
	期望计数	14.8	32.9	34.7	23.6	106
	占事件总量比率	20.80%	27.40%	36.80%	15.10%	100.00%
	调整后残差	2.7	−1.1	1.2	−2.4	
总计	计数	32	71	75	51	229
	期望计数	32	71	75	51	229
	占事件总量比率	14.00%	31.00%	32.80%	22.30%	100.00%
卡方	Pearsonχ^2=21.824（df=12，p=0.033）；Fisher 值 =20.814（p=0.026）					
对称度量	Cramer's V=0.178（p=0.033）					

本研究结合卡方检验的残差结果来分析中国赴新加坡旅游安全事件类型的在时段分布上的差异性。根据表 4-6-5 残差检定结果可知:（1）在凌晨时段，业务安全事件（20.8%，AR=2.7）的发生率显著高于自然灾害（0.0%，AR=−1.4）、事故灾难（6.4%，AR=−2.4）、公共卫生事件（16.7%，

AR=0.5）、社会安全事件（0.0%，AR=−0.7）。其中，事故灾难的发生率显著低于期望水平。（2）在上午时段，各类旅游安全事件的发生率未显著高于或低于期望水平。（3）在下午时段，各类旅游安全事件的发生率未显著高于或低于期望水平。（4）在晚上时段，事故灾难（33.3%，AR=2.9）的发生率显著高于自然灾害（16.7%，AR=−0.5）、公共卫生事件（23.3%，AR=0.2）、社会安全事件（0.0%，AR=−0.9）、业务安全事件（15.1%，AR=−2.4）。其中，业务安全事件的发生率显著低于期望水平。

（二）中国游客赴新加坡旅游安全事件发生类型与空间因素的关联关系

1. 中国游客赴新加坡旅游安全事件空间因素的分布特征

在旅游要素空间的结构分布上，通过对 2010—2019 年 229 起中国游客赴新加坡旅游安全事件进行统计分析发现（见图 4-6-5），发生在餐饮场所的旅游安全事件占比为 7.42%；发生在住宿场所的旅游安全事件占比为 4.37%；发生在交通场所的旅游安全事件占比为 62.01%，为事件发生频率最高的旅游要素空间；发生在游览场所的旅游安全事件占比为 23.14%；发生在购物场所的旅游安全事件占比为 0.44%，发生在娱乐场所的旅游安全事件占比为 2.62%。总体上，中国赴新加坡旅游安全事件主要发生在交通和游览场所要素空间，合计占事件总量的 85.16%，是事件高发场所。

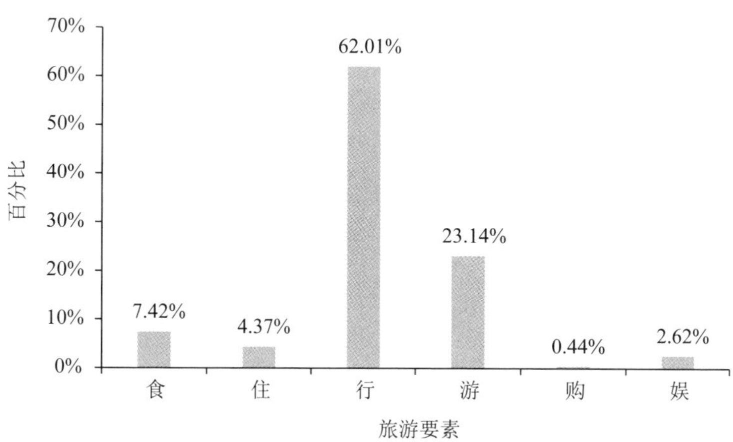

图 4-6-5　中国游客赴新加坡旅游安全事件的要素空间分布

2. 中国游客赴新加坡旅游安全事件发生类型与空间因素的关联关系

本研究采用列联表卡方检验来进一步分析赴新加坡旅游安全事件发生类型与各要素空间的关联关系，由于数据表格中期望计数<5 的格子数超过 20%，因此本研究采用 Fisher 精确检验进行统计分析。如表 4-6-6 所示，Fisher 值 =113.134（精确检验 p 值 =0.00），对称度量 Cramer's V=0.35（p=0.00）。由此表明，我国游客赴新加旅游安全事件与空间因素的相关性在 p<0.01 的水平上显著成立，即在不同的旅游要素空间场所，自然灾害、事故灾难、公共卫生事件、社会安全事件和业务安全事件的分布水平存在显著的组间差异。

表 4-6-6　中国游客赴新加坡旅游安全事件类型与空间因素的相关检定分析

事件大类		要素空间						总计
		食	住	行	游	购	娱	
自然灾害	计数	0	0	11	0	0	1	12
	期望计数	0.9	0.5	7.4	2.8	0.1	0.3	12
	占事件总量比率	0.00%	0.00%	91.70%	0.00%	0.00%	8.30%	100.00%
	调整后残差	−1	−0.8	2.2	−2	−0.2	1.3	
事故灾难	计数	6	8	27	31	1	5	78
	期望计数	5.8	3.4	40.4	18.1	0.3	2	78
	占事件总量比率	7.70%	10.30%	34.60%	39.70%	1.30%	6.40%	100.00%
	调整后残差	0.1	3.1	−6.1	4.3	1.4	2.6	
公共卫生事件	计数	8	0	7	15	0	0	30
	期望计数	2.2	1.3	18.6	6.9	0.1	0.8	30
	占事件总量比率	26.70%	0.00%	23.30%	50.00%	0.00%	0.00%	100.00%
	调整后残差	4.3	−1.3	−4.7	3.7	−0.4	−1	
社会安全事件	计数	0	0	1	2	0	0	3
	期望计数	0.2	0.1	1.9	0.7	0	0.1	3
	占事件总量比率	0.00%	0.00%	33.30%	66.70%	0.00%	0.00%	100.00%
	调整后残差	−0.5	−0.4	−1	1.8	−0.1	−0.3	

续表

事件大类		要素空间						总计
		食	住	行	游	购	娱	
业务安全事件	计数	3	2	96	5	0	0	106
	期望计数	7.9	4.6	65.7	24.5	0.5	2.8	106
	占事件总量比率	2.80%	1.90%	90.60%	4.70%	0.00%	0.00%	100.00%
	调整后残差	−2.5	−1.7	8.3	−6.1	−0.9	−2.3	
总计	计数	17	10	142	53	1	6	229
	期望计数	17	10	142	53	1	6	229
	占事件总量比率	7.40%	4.40%	62.00%	23.10%	0.40%	2.60%	100.00%
卡方	Pearsonχ^2=112.238（df=20，p=0.00）；Fisher 值 =113.134（p=0.00）							
对称度量	Cramer's V=0.35（p=0.00）							

本研究结合卡方检验的残差结果来分析中国赴新加坡旅游安全事件类型的在要素空间分布上的差异性。根据表 4-6-6 残差检定结果可知：（1）在旅游餐饮场所，公共卫生事件（26.7%，AR=4.3）的发生率显著高于自然灾害（0.0%，AR=−1）、事故灾难（7.7%，AR=0.1）、社会安全事件（0.0%，AR=−0.5）、业务安全事件（2.8%，AR=−2.5）。其中，业务安全事件的发生率显著低于期望水平。（2）在旅游住宿场所，事故灾难（10.3%，AR=3.1）的发生率显著高于自然灾害（0.0%，AR=−0.8）、公共卫生事件（0.0%，AR=−1.3）、社会安全事件（0.0%，AR=−0.4）、业务安全事件（1.9%，AR=−1.7）。（3）在旅游交通场所，业务安全事件（90.6%，AR=8.3）和自然灾害（91.7%，AR=2.2）的发生率显著高于事故灾难（34.6%，AR=−6.1）、公共卫生事件（23.3%，AR=−4.7）、社会安全事件（33.3%，AR=−1），但从绝对数量来看，事故灾难的发生率也偏高。（4）在游览场所，社会安全事件（66.7%，AR=1.8）和公共卫生事件（50.0%，AR=3.7）的发生率显著高于自然灾害（0.0%，AR=−2）、事故灾难（39.7%，AR=4.3）和业务安全事件（4.7%，AR=−6.1）。其中，业务安全事件的发生率显著低于期望水平。（5）在旅游

购物场所，各类旅游安全事件的发生率不存在显著偏高或显著偏低的状况。（6）在旅游娱乐场所，事故灾难（6.4%，AR=2.6）的发生率显著高于自然灾害（8.3%，AR=1.3）、公共卫生事件（0.0%，AR=−1）、社会安全事件（0.0%，AR=−0.3）、业务安全事件（0.0%，AR=−2.3）。其中，业务安全事件的发生率显著低于期望水平。

第七节　中国游客赴菲律宾旅游安全事件及其特征

一、中国游客赴菲律宾旅游发展形势

菲律宾位于亚洲东南部，地处赤道与北回归线之间，素有“千岛之国”的美称。菲律宾共有大小岛屿 7000 余个，具有典型的热带雨林气候，拥有得天独厚的自然资源以及丰富的旅游资源，具有风景绮丽、物产丰富、椰林海滩、海水云天等特点[①]。其中，长滩岛、北海忘忧岛、宿务岛、薄荷岛等是菲律宾的热门旅游度假地。同时，菲律宾作为一个多民族融合的国家，融合了许多东西方文化元素，吸引了大量的国际游客。

中国与菲律宾旅游往来历史悠久，早在 1990 年，中菲两国就签订了《中华人民共和国政府和菲律宾共和国政府关于旅游合作的协定》，双方同意在平等互利的基础上发展旅游合作；2018 年，在国家主席习近平访问菲律宾期间，中菲两国发布《中华人民共和国与菲律宾共和国联合声明》，提出“双方将继续鼓励本国公民赴对方国家旅游，加强旅游基础设施开发合作，鼓励两国航空公司开通更多直航航线，进一步便利双向人员往来”[②]。（见图 4-7-1）

① 刘梦贤，吴建，王慧，王妍. 探究菲律宾旅游业发展策略及措施［J］. 商展经济，2022（9）：3.

② 中华人民共和国与菲律宾共和国. 中华人民共和国与菲律宾共和国联合声明［Z］. 2018-11-21.

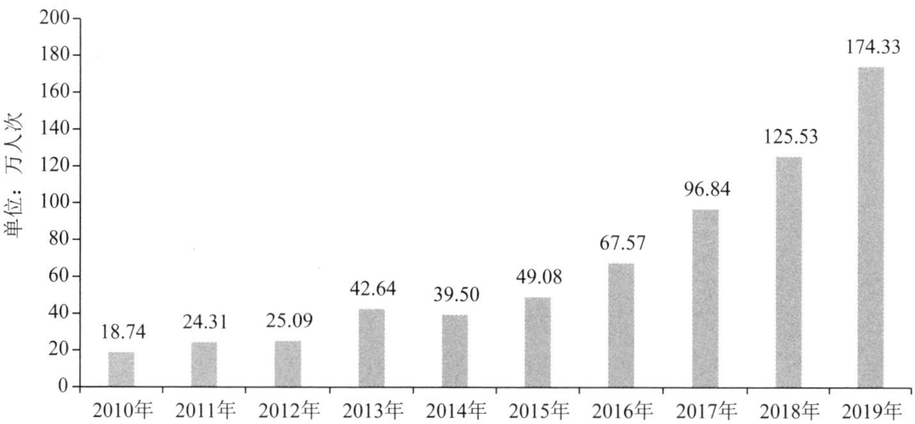

图 4-7-1　2010—2019 年中国赴菲律宾旅游人次数

数据来源：根据东盟秘书处数据整理

2010—2019 年中国赴菲律宾旅游人次数由 18.74 万人次增加至 174.33 万人次，增长近十倍。特别是 2015—2019 年期间，我赴菲律宾旅游人次表现出快速增长态势，每年不断创历史新高。其中，2019 年我国赴菲律宾旅游人次同比增长 38.88%，旅游人次排名位列中国赴东盟十国旅游的第七，旅游人次增长率则位列中国赴东盟十国的第二。可见，菲律宾是近年来中国出境旅游热门目的地，其旅游业发展势头强劲。

二、中国游客赴菲律宾旅游安全事件类型结构与分布

（一）中国游客赴菲律宾旅游安全事件的类型分布

通过调用 SPSS26.0 中的频率分析模块，对 2010—2019 年 183 起我国游客赴菲律宾旅游安全事件的主要类型进行描述性统计分析。结果显示：业务安全事件分布数量最多，占比达 36.61%；其次为自然灾害、事故灾难和公共卫生事件，占比分别为 27.87%、22.40% 和 12.57%；社会安全事件分布较少，占比为 0.55%。

具体来看（见表 4-7-1）：事故灾难的表现类型最为复杂，共计 7 种事件亚类，其中主要包括意外摔倒、高风险项目事故、交通事故、一般性意外事故、交通场所意外事故、涉水事故、生物袭击等事件亚类；公共卫生事件

主要表现为个人疾病、食物中毒、猝死及病毒疫情 4 种事件亚类，其中个人疾病和食物中毒事故发生频率较高，占比都为 5.46%。业务安全事件主要表现为 4 种事件类型，其中：航班延误或取消是主要事件类型，占比高达 28.96%，是发生频率最高的事件亚类；社会安全事件主要表现为抢劫事件；自然灾害主要表现为气象灾害和海洋灾害 2 种事件亚类，其中气象灾害占比高达 27.32%，是发生频率排名第二的事件亚类。可见，我国赴菲律宾旅游安全风险主要表现为频发的业务类安全事件以及自然灾害风险，同时一般性意外安全事故、高风险旅游项目事故、交通事故的安全风险也较大。

表 4–7–1　中国游客赴菲律宾旅游安全事件主要类型分布

事件大类	事件亚类	数量（起）	比率	事件大类	事件亚类	数量（起）	比率
事故灾难	意外摔倒	10	5.46%	公共卫生事件	个人疾病	10	5.46%
	高风险项目事故	6	3.28%		食物中毒	10	5.46%
	交通事故	6	3.28%		猝死	2	1.09%
	一般性意外事故	6	3.28%		病毒疫情	1	0.55%
	交通场所意外事故	5	2.73%	业务安全事件	航班延误或取消	53	28.96%
	涉水事故	5	2.73%		操作事故	8	4.37%
	生物袭击	3	1.64%		物品遗失或损坏	4	2.19%
社会安全事件	盗窃	1	0.55%		证件及票务问题	2	1.09%
自然灾害	海洋灾害	1	0.55%	自然灾害	气象灾害	50	27.32%

本研究尝试对以上 18 种事件亚类的发生频率进行聚类分析，调用 SPSS26.0 中的快速聚类法（K-Means）模块，将聚类结果分为高频、中频、低频 3 个事件等级。经过二次迭代后，由聚类分析的 ANOVA 检验结果发现（见表 4–7–2），该聚类的 F 值为 178.791，Sig. 值为 0.00，表明其在 $P<0.01$ 的置信水平下显著成立，具有统计意义（见表 4–7–2）。聚类结果显示，高频事件有 1 类，中频事件有 4 类、低频事件有 17 类。其中，航班延误或取消属于高频事件，气象灾害属于中频事件；其余类别事故属于低频事件，其中意外摔倒、个人疾病、食物中毒、操作事故等发生频率相对较高。

表 4-7-2　中国游客赴菲律宾旅游安全事件主要类型的 ANOVA 分析

	聚类		误差		F	显著性
	均方	自由度	均方	自由度		
频数	1961.446	2	10.971	16	178.791	0.00

（二）中国游客赴菲律宾旅游安全事件的伤亡分布

1. 致死型旅游安全事件的类型分布

对 2010—2019 年我国游客赴菲律宾旅游安全事件进行统计发现，183 起旅游安全事件中共有 5 起致死型旅游安全事件，仅占事件总量的 2.73%，主要分布在猝死、个人疾病、涉水事故等事件亚类中。

2. 致伤型旅游安全事件的类型分布

对 2010—2019 年我国游客赴菲律宾旅游安全事件进行统计发现，183 起旅游安全事件中共有 58 起致伤型旅游安全事件，占事件总量的 31.69%，事件共造成 100 人受伤。具体而言（见表 4-7-3）：事故灾难类旅游安全事件最多，达 37 起，占比为 63.79%，主要表现为意外摔倒、一般性意外事故、高风险项目事故、交通场所意外事故、交通事故、涉水事故及生物袭击等事件类型；其次为公共卫生事件，事件数量为 20 起，占比为 34.48%，主要表现为食物中毒和个人疾病，占比分别为 17.24% 和 15.52%，是单体事件类型中发生频次最高的安全事件；致伤型自然灾害事件分布较少，仅为 1 起。

表 4-7-3　中国游客赴菲律宾致伤型安全事件主要类型分布

事件大类	事件亚类	数量（起）	比率	事件大类	事件亚类	数量（起）	比率
事故灾难	意外摔倒	9	15.52%	事故灾难	生物袭击	3	5.17%
	一般性意外事故	6	10.34%		设施设备事故	1	1.72%
	高风险项目事故	6	10.34%	公共卫生事件	食物中毒	10	17.24%
	交通场所意外事故	5	8.62%		个人疾病	9	15.52%
	交通事故	4	6.90%		病毒疫情	1	1.72%
	涉水事故	3	5.17%	自然灾害	海洋灾害	1	1.72%

本研究尝试对中国赴菲律宾各类致伤型旅游安全事件的分布情况进行聚类分析，聚类分析过程调用了 SPSS 的快速聚类法（K-Means）模块，将聚类结果分为高频、中频、低频 3 个事件等级。经过 2 次迭代、聚类分析的 ANOVA 检验结果表明（见表 4-7-4），聚类的 F 值为 46.697，Sig. 为 0.00，具有统计意义。结果显示，食物中毒、个人疾病及意外摔倒属于高频事件，高风险项目、一般性意外事故、交通场所意外事故、交通事故、涉水事故、生物袭击属于中频事件，病毒疫情、设施设备事故、海洋灾害属于低频事件。

表 4-7-4　中国游客赴菲律宾致伤型安全事件主要类型分布的 ANOVA 分析

	聚类		误差		F	显著性
	均方	自由度	均方	自由度		
频数	52.750	2	1.130	9	46.697	0.00

三、中国游客赴菲律宾旅游安全事件的触发因素及其关联关系

（一）中国游客赴菲律宾旅游安全事件发生类型与时间因素的关联关系

1. 中国游客赴菲律宾旅游安全事件时间因素的分布特征

对 183 起 2010—2019 年中国游客赴菲律宾旅游安全事件进行统计发现，从宏观季度分布来看：第一季度的旅游安全事件发生频率最高，占比高达 40.44%；第三季度旅游安全事件的分布比例为 28.96%，位居第二；第四季度旅游安全事件占比 22.95%，位居第三，第二季度旅游安全事件数量相对较少，占比为 7.65%。从月份分布来看（见图 4-7-2），2010—2019 年中国游客赴菲律宾旅游安全事件在月份分布上具有较大的差异性，其中 2 月是事件高发月份，旅游安全事件数量占比接近 30%，7—9 月、11—12 月及 1 月的旅游安全事件数量占比介于 7%~12%，处于相对中等水平的发生频率，其余月份旅游安全事件数量占比则较小。我国游客赴菲律宾旅游安全事件的发生频率与菲律宾旅游旺季及自然气候条件密切相关，11 月至次年 2 月是菲律宾的凉季，该段时间内菲律宾气温稍低，气候凉爽，适宜开展旅游活动，是菲律宾旅游旺季，而 7—9 月则处于我国暑期，选择赴菲律宾旅游的游客数量也较

多，游客数量的增多，在一定程度上也带来了安全风险的增加。

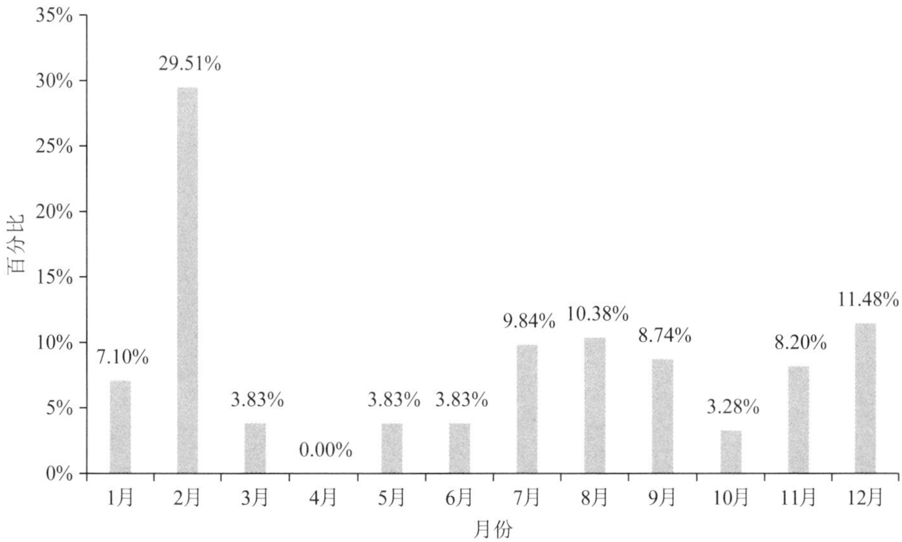

图 4-7-2　中国游客赴菲律宾旅游安全事件的月份分布

在微观时间上，从一天内的时间段来看（见图 4-7-3），31.15% 的赴菲律宾旅游安全事件发生在上午（6：00—12：00）时段，39.89% 的旅游安全事件发生在下午（12：00—18：00）时段，16.39% 的旅游安全事件发生在晚上（18：00—24：00）时段；相较之下，凌晨（0：00—6：00）时段发生的旅游安全事件相对较少，该时段内旅游安全事件占比为 12.57%（见图 4-7-3）。从一天内的具体时刻来看（见图 4-7-4），中国游客赴菲律宾旅游安全事件在 24 小时内呈现明显的“双峰”变化特征，两个峰值分别为 10 点以及 15 点，两个时间点内的旅游安全事件数量占比分别为 9.84% 和 9.29%。从连续型时间点来看，7—10 点及 14—18 点是赴菲律宾旅游安全事件两个高发时期。

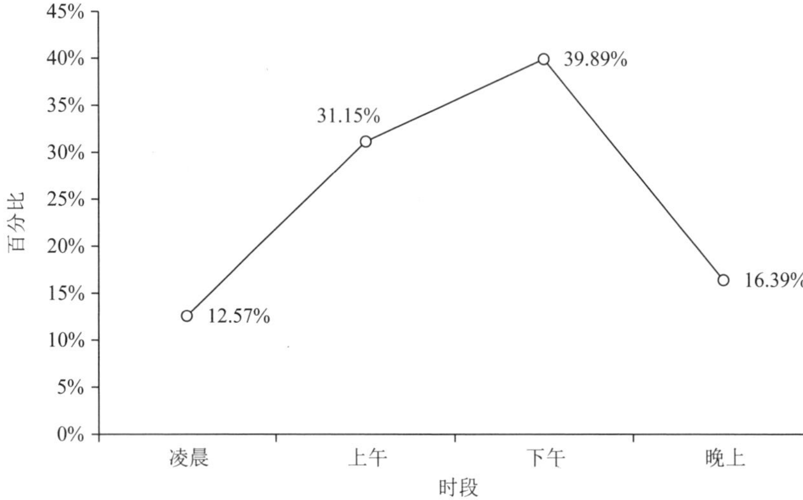

图 4-7-3　中国游客赴菲律宾旅游安全事件的时段分布

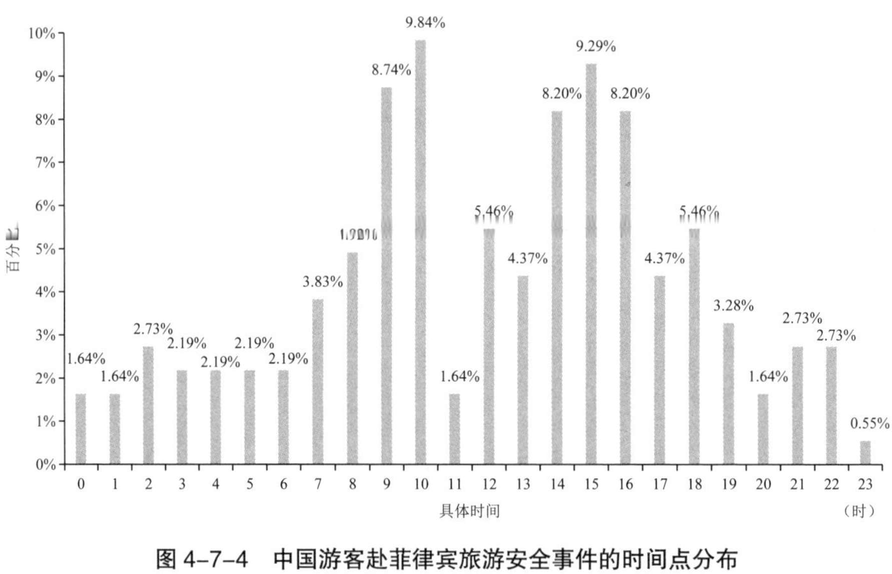

图 4-7-4　中国游客赴菲律宾旅游安全事件的时间点分布

2. 中国游客赴菲律宾旅游安全事件发生类型与空间因素的关联关系

本研究采用列联表卡方检验来进一步分析赴菲律宾旅游安全事件发生类型与时段因素的关联关系，由于数据表格中期望计数 <5 的格子数超过 20%，

因此本研究采用Fisher精确检验进行统计分析。如表4-7-5所示，Fisher值=13.975（精确检验p值=0.277），对称度量Cramer's V=0.155（p=0.361），由于p值大于0.05，在一定程度上表明我国游客赴菲律宾旅游安全事件与空间因素的相关性不大，即不同时段内旅游安全事件类型的分布水平较为平均。

表4-7-5 中国游客赴菲律宾旅游安全事件类型与时段因素的相关检定分析

<table>
<tr><th colspan="2" rowspan="2">事件大类</th><th colspan="4">时间段</th><th rowspan="2">总计</th></tr>
<tr><th>凌晨</th><th>上午</th><th>下午</th><th>晚上</th></tr>
<tr><td rowspan="4">自然灾害</td><td>计数</td><td>7</td><td>21</td><td>14</td><td>9</td><td>51</td></tr>
<tr><td>期望计数</td><td>6.4</td><td>15.9</td><td>20.3</td><td>8.4</td><td>51</td></tr>
<tr><td>占事件总量比率</td><td>13.70%</td><td>41.20%</td><td>27.50%</td><td>17.60%</td><td>100.00%</td></tr>
<tr><td>调整后残差</td><td>0.3</td><td>1.8</td><td>−2.1</td><td>0.3</td><td></td></tr>
<tr><td rowspan="4">事故灾难</td><td>计数</td><td>5</td><td>14</td><td>17</td><td>6</td><td>42</td></tr>
<tr><td>期望计数</td><td>5.3</td><td>13.1</td><td>16.8</td><td>6.9</td><td>42</td></tr>
<tr><td>占事件总量比率</td><td>11.90%</td><td>33.30%</td><td>40.50%</td><td>14.30%</td><td>100.00%</td></tr>
<tr><td>调整后残差</td><td>−0.1</td><td>0.3</td><td>0.1</td><td>−0.4</td><td></td></tr>
<tr><td rowspan="4">公共卫生事件</td><td>计数</td><td>5</td><td>3</td><td>13</td><td>2</td><td>23</td></tr>
<tr><td>期望计数</td><td>2.9</td><td>7.2</td><td>9.2</td><td>3.8</td><td>23</td></tr>
<tr><td>占事件总量比率</td><td>21.70%</td><td>13.00%</td><td>56.50%</td><td>8.70%</td><td>100.00%</td></tr>
<tr><td>调整后残差</td><td>1.4</td><td>−2</td><td>1.7</td><td>−1.1</td><td></td></tr>
<tr><td rowspan="4">社会安全事件</td><td>计数</td><td>0</td><td>0</td><td>1</td><td>0</td><td>1</td></tr>
<tr><td>期望计数</td><td>0.1</td><td>0.3</td><td>0.4</td><td>0.2</td><td>1</td></tr>
<tr><td>占事件总量比率</td><td>0.00%</td><td>0.00%</td><td>100.00%</td><td>0.00%</td><td>100.00%</td></tr>
<tr><td>调整后残差</td><td>−0.4</td><td>−0.7</td><td>1.2</td><td>−0.4</td><td></td></tr>
<tr><td rowspan="4">业务安全事件</td><td>计数</td><td>6</td><td>19</td><td>28</td><td>13</td><td>66</td></tr>
<tr><td>期望计数</td><td>8.3</td><td>20.6</td><td>26.3</td><td>10.8</td><td>66</td></tr>
<tr><td>占事件总量比率</td><td>9.10%</td><td>28.80%</td><td>42.40%</td><td>19.70%</td><td>100.00%</td></tr>
<tr><td>调整后残差</td><td>−1.1</td><td>−0.5</td><td>0.5</td><td>0.9</td><td></td></tr>
</table>

续表

事件大类		时间段				总计
		凌晨	上午	下午	晚上	
总计	计数	23	57	73	30	183
	期望计数	23	57	73	30	183
	占事件总量比率	12.60%	31.10%	39.90%	16.40%	100.00%
卡方	Pearson$\chi 2$=13.116（df=12，p=0.361）；Fisher 值 =13.975（p=0.277）					
对称度量	Cramer's V=0.155（p=0.361）					

总体来看，我国赴菲律宾旅游安全事件类型在时段上差异性不大，仅在个别时段存在差异性，根据表 4-7-5 残差检定结果可知：我国赴菲律宾旅游安全事件类型在凌晨时段和晚上分布较为均衡，各类型旅游安全事件不存在明显的差异性；在上午时段，自然灾害发生比率稍高，在下午时段，事故灾难及公共卫生事件发生比率稍高。

（二）中国游客赴菲律宾旅游安全事件发生类型与空间因素的关联关系

1. 中国游客赴菲律宾旅游安全事件空间因素的分布特征

在旅游要素空间的结构分布上，通过对 2010—2019 年 183 起中国游客赴菲律宾旅游安全事件进行统计分析发现（见图 4-7-5），发生在餐饮场所的旅游安全事件占比为 6.01%；发生在住宿场所的旅游安全事件占比为 2.19%；发生在交通场所的旅游安全事件占比为 72.68%，该场所为赴菲律宾安全事件发生频率最高的旅游要素空间；发生在游览场所的旅游安全事件占比为 12.57%；发生在娱乐场所的旅游安全事件占比为 6.56%。总体上，中国赴菲律宾旅游安全事件主要发生在交通和游览场所，二者合计占事件总量的 85.25%，是事件高发场所。

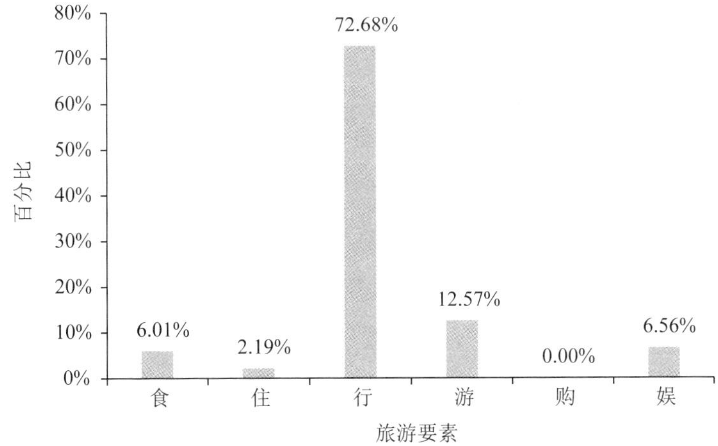

图 4-7-5　中国游客赴菲律宾旅游安全事件的要素空间分布

2. 中国游客赴菲律宾旅游安全事件发生类型与空间因素的关联关系

本研究采用列联表卡方检验来进一步分析赴菲律宾旅游安全事件发生类型与各要素空间的关联关系，由于数据表格中期望计数 <5 的格子数超过 20%，因此本研究采用 Fisher 精确检验进行统计分析。如表 4-7-6 所示，Fisher 值 =145.747（精确检验 p 值 =0.00），对称度量 Cramer's V=0.506（p=0.00）。由此表明，我国游客赴菲律宾旅游安全事件与空间因素的相关性在 p<0.01 的水平上显著成立，即在不同的旅游要素空间场所，自然灾害、事故灾难、公共卫生事件、社会安全事件和业务安全事件的分布水平存在显著的组间差异。

表 4-7-6　中国游客赴菲律宾旅游安全事件类型与空间因素的相关检定分析

事件大类		要素空间					总计
		食	住	行	游	娱	
自然灾害	计数	0	1	50	0	0	51
	期望计数	3.1	1.1	37.1	6.4	3.3	51
	占事件总量比率	0.00%	2.00%	98.00%	0.00%	0.00%	100.00%
	调整后残差	−2.1	−0.1	4.8	−3.2	−2.2	

续表

事件大类		要素空间					总计
		食	住	行	游	娱	
事故灾难	计数	0	2	13	15	12	42
	期望计数	2.5	0.9	30.5	5.3	2.8	42
	占事件总量比率	0.00%	4.80%	31.00%	35.70%	28.60%	100.00%
	调整后残差	−1.9	1.3	−6.9	5.2	6.6	
公共卫生事件	计数	11	1	4	7	0	23
	期望计数	1.4	0.5	16.7	2.9	1.5	23
	占事件总量比率	47.80%	4.30%	17.40%	30.40%	0.00%	100.00%
	调整后残差	9	0.8	−6.4	2.8	−1.4	
社会安全事件	计数	0	0	1	0	0	1
	期望计数	0.1	0	0.7	0.1	0.1	1
	占事件总量比率	0.00%	0.00%	100.00%	0.00%	0.00%	100.00%
	调整后残差	−0.3	−0.1	0.6	−0.4	−0.3	
业务安全事件	计数	0	0	65	1	0	66
	期望计数	4	1.4	48	8.3	4.3	66
	占事件总量比率	0.00%	0.00%	98.50%	1.50%	0.00%	100.00%
	调整后残差	−2.6	−1.5	5.9	−3.4	−2.7	
总计	计数	11	4	133	23	12	183
	期望计数	11	4	133	23	12	183
	占事件总量比率	6.00%	2.20%	72.70%	12.60%	6.60%	100.00%
卡方	Pearsonχ^2=187.145（df=16，p=0.00）；Fisher 值 =145.747（p=0.00）						
对称度量	Cramer's V=0.506（p=0.00）						

本研究结合卡方检验的残差结果来分析中国赴菲律宾旅游安全事件类型的在要素空间分布上的差异性。根据表 4-7-6 残差检定结果可知：（1）在旅游餐饮场所，公共卫生事件（47.80%，AR=9）的发生率显著高于自然灾害

（0.00%，AR=−2.1）、事故灾难（0.00%，AR=−1.9）、社会安全事件（0.00%，AR=−0.3）、业务安全事件（0.00%，AR=−2.6）。（2）在旅游住宿场所，各类型旅游安全事件分布较为均匀，不存在差距的差异性。（3）在旅游交通场所，自然灾害（98.00%，AR=4.8）和业务安全事件（98.50%，AR=5.9）的发生率显著高于事故灾难（31.00%，AR=−6.9）、公共卫生事件（17.40%，AR=−6.4）。（4）在游览场所，事故灾难（35.70%，AR=5.2）和公共卫生事件（30.40%，AR=2.8）的发生率显著高于自然灾害（0.00%，AR=−3.2）、社会安全事件（0.00%，AR=−0.4）及业务安全事件（1.50%，AR=−3.4）。（5）在旅游娱乐场所，事故灾难（28.60%，AR=6.6）的发生率显著高于自然灾害（0.00%，AR=−2.2）、公共卫生事件（0.00%，AR=−1.4）、社会安全事件（0.00%，AR=−0.3）、业务安全事件（0.00%，AR=−2.7）。

第五章　中国游客赴东盟旅游安全事件的治理重点

第一节　中国游客赴东盟旅游安全事件治理重点的总体分析

为进一步探究中国赴东盟旅游重点防范的事件类型，本研究选取了文化和旅游部官网上的旅游出行提示信息以及中国领事服务网的安全提示信息作为数据样本。其信息来源有中国外交部以及中国驻目的地各国大使馆的官方信息，对于研究中国东盟各国旅游安全事件及风险因素具有较强的权威性和可靠性。

一、中国游客赴东盟旅游的主要安全事件与风险因素

本研究首先利用爬虫工具对上述网站相关信息进行采集，共采集到 847 条出境旅游安全事件或风险因素相关的信息，其时间覆盖范围为 2013—2021 年；其次对采集到的信息进行去重与筛选，并遴选出关于东盟地区的 87 条安全事件与风险信息；最后利用 ROST CM 6 软件中的词频分析工具进行内容挖掘。通过对与旅游安全事件或旅游风险无关词语的剔除，最终遴选出与旅游安全事件或旅游风险相关且频率最高的 160 个关键词语，其中排名前 80 的词语如（见表 5-1-1）所示。

表 5-1-1　中国赴东盟旅游安全类型词汇词频统计

序号	词语	频次	序号	词语	频次	序号	词语	频次	序号	词语	频次
1	安全	262	21	财物	20	41	出海	13	61	文化	10
2	风险	44	22	泼水	20	42	疾病	13	62	横穿马路	10
3	交通	43	23	文明	20	43	马路	13	63	环境	10
4	法律	42	24	涉水	19	44	海滩	13	64	溺水	10
5	车辆	39	25	死亡	18	45	手续	12	65	闯红灯	10
6	护照	37	26	行为	17	46	水母	12	66	浮潜	10
7	事故	35	27	交通工具	16	47	赌场	12	67	火山	10
8	天气	34	28	宗教	16	48	落地签	11	68	集会	10
9	证件	33	29	摩托车	16	49	暴力事件	11	69	出入境	10
10	人身	30	30	涉水项目	15	50	交通规则	11	70	局势	10
11	法规	28	31	风俗习惯	14	51	贵重物品	11	71	乘船	9
12	诈骗	26	32	救生衣	14	52	损失	11	72	海啸	9
13	现金	25	33	习惯	14	53	赌博	11	73	下海	9
14	保险	24	34	受害人	14	54	水上	11	74	租驾	9
15	案件	23	35	纠纷	14	55	车速	11	75	道路	9
16	酒店	22	36	受骗	14	56	水上项目	11	76	行李	8
17	游泳	21	37	交通事故	13	57	雨季	10	77	游船	8
18	下水	20	38	地震	13	58	酒后	10	78	禁烟	8
19	尊重	20	39	冲突	13	59	登革热	10	79	购物	8
20	潜水	20	40	伤亡	13	60	财产	10	80	宋干节	8

同时利用 ROST CM 6 中的语义网络以及 Gephi 社会网络分析工具，对 87 条中国游客赴东盟旅游安全事件信息进行语义网络挖掘（见图 5-1-2）。语义网络图的结果可直观地反映各类旅游安全事件与风险间的关系，其中节点代表风险要素，节点之间的连线代表要素间的联系，线条的粗细程度（越粗代表联系越紧密，相反越小）代表联系的紧密程度。由图可见，“安全”是中国

赴东盟旅游风险警示信息中的核心高频词，是外交部门开展旅游风险警示工作的核心目标。

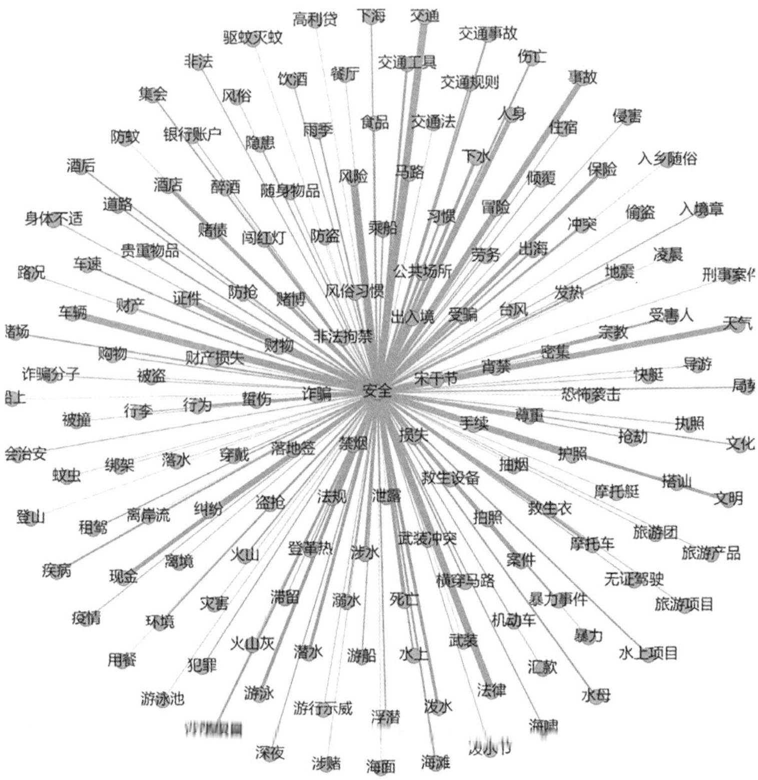

图 5-1-1 “中国赴东盟旅游风险类型”高频词语语义网络图

结合中国赴东盟旅游安全类型高频词汇统计以及语义网络可知，我国赴东盟重大旅游风险主要包括事故灾难风险、社会安全风险、自然灾害风险、旅游业务风险、公共卫生风险等多种类别，其中事故灾难风险主要表现为交通风险，涉及“车辆”“交通工具”“交通事故”“横穿马路”“闯红灯”等风险载体和因素。涉水风险涉及“涉水项目”“下海”“水上”“游泳”“下水”“潜水”等风险载体和因素；社会安全风险主要包括社会治安风险和政治冲突、暴恐袭击等风险类型。其中，社会治安风险涉及“诈骗”“现金”“受骗”“财产”等风险载体和因素。政治冲突及暴恐袭击风险涉及“暴力事件”“局势”“冲突”“集会”等风险载体和因素；自然灾害风险涉及“天气”“火山”“海啸”“雨季”“地震”等风险载体和因素；旅游业务风险涉及“护照”“手续”“落地签”等风险载体和因素；公共卫生风险涉及“疾病”“死亡”“登革热”等风险载体和因素。以上风险为中国赴东盟旅游需重点关注的重大风险类型。

二、中国游客赴东盟旅游安全事件与风险治理重点

根据中国对赴东盟旅游安全事件与风险警示信息的分析可知，交通安全风险、涉水安全风险、欺诈安全风险、政治冲突与恐怖袭击风险等是中国经常发布的风险警示类型，也是东盟地区应该重点强化风险治理的领域。

1. 交通安全事件与风险

交通安全风险是赴东盟旅游的主要风险因素。交通工具是游客在旅游地必然使用的设施类型。受社会发展水平的影响，发展中国家的旅游交通管理水平受限，可能出现设施陈旧、维护不足、管理机制不健全等问题，因此比较容易引发重大交通安全事件，并引起规模性伤亡。例如，2014 年 10 月 10 日，马来西亚航空的 MH370 客机失踪，机上载有 227 名乘客，其中中国大陆 153 人、中国台湾 1 人[①]。2019 年 7 月 21 日，中国游客在柬埔寨暹粒省荔枝山发生车祸，造成 2 人死亡、8 人重伤、3 人轻伤[②]。可见，交通安全领域较易发生群死群伤的重大安全事件，遏制交通安全风险应成为东盟地区旅游安全风险治理的重点工作。

2. 涉水安全事件与风险

东盟国家岛屿众多、滨海旅游资源丰富，潜水、冲浪、水上摩托、水上降落伞等旅游项目是中国游客较为青睐的旅游项目。但是，这些项目是需要特殊的体能、技能和经验的高风险旅游项目，容易因突发意外事故导致游客

① Goong Chen, Cong Gu, Philip J. Morris，等 . 马来西亚航空公司MH370次航班：客机坠海分析［J］. 数学译林，2016（1）：16.

② 张熙廷 . 载 14 名中国游客巴士在柬埔寨翻覆［EB/OL］. 新京报：https://www.bjnews.com.cn/news/2019/07/24/607306.html，2022-11-06.

伤亡。同时，东南亚地区雨季的气候变化较为复杂，海边离岸流较多，海上经常产生高达2米的巨浪，威胁游泳、游艇等涉水旅游项目的安全性。2017年1月28日，一艘旅游船在马来西亚哥打基纳巴卢市前往沙巴著名旅游景点环滩岛途中断裂沉没，事故共导致4名中国游客遇难、4人失踪①。2018年7月5日，两艘载有中国游客的船只在泰国普吉岛附近突遇特大暴风雨发生倾覆事故，造成47名中国游客不幸遇难②。可见，加强涉水旅游风险的治理、减少涉水旅游安全事件应成为东盟旅游安全治理的重要议题。

3. 欺诈类社会安全事件与风险

东盟地区是中国游客较为青睐的海外旅游目的地，主要原因包括中国和东盟地区地理上较为临近，中国游客对东盟国家较为了解，东盟是性价比较高的海外旅游地。随着中国游客赴东盟旅游的人员规模越来越大，一些不正常和违法操作开始介入这个热门旅游市场。其中，在中国大陆长期存在的零负团费操作方式与赴东盟旅游市场进行结合，产生了一系列不良的后果。同时，泰国等东盟旅游的热点地区长期存在利用“劣质珠宝”高价销售给中国游客、实施价格欺诈，给中国游客带来不小的财产损失。同时，入境时索要小费、“黑导”现象屡禁不止、提供色情表演等非法服务，是中国游客在东盟国家经常遭遇的社会安全风险。同时，利用跨境旅游从事跨境犯罪也是需要警惕的重要安全风险。因此，类型多样的社会安全风险是影响东盟旅游发展的重要因素，东盟国家应该强化对欺诈、犯罪等社会安全风险的治理力度。

4. 政治冲突与恐怖袭击事件与风险

泰国、缅甸等东盟部分国家的政治局势并不稳定，政治冲突、军事政变发生频率较高。同时，泰国、印度尼西亚等国家的恐怖袭击经常发生，严重影响本国和东盟旅游业的健康发展。2010—2014年，泰国连续发生军警与平民冲突、民众持续集会抗议、政变、全国性宵禁等冲突事件，对泰国的旅

① 刘萧．沙巴州沉船再引安全反思［J］．中国船检，2017（3）：4.

② 何彦陶．普吉岛沉船事故带来的警示［J］．海运纵览，2018（6）：4.

游安全形象和我国游客赴泰国的旅游意愿带来了显著的负向影响[①]，2013年至2014年中国游客赴泰国旅游的增长率大幅下降。2015年8月17日，泰国著名景点四面佛附近发生恐怖爆炸袭击，共造成22人死亡、120余人受伤[②]。其中，中国游客死亡4人，20余人受伤。进入21世纪以来，印度尼西亚也不断发生各类型恐怖袭击案件，如2002年巴厘岛爆炸、2004年澳大利亚驻雅加达大使馆爆炸、2009年雅加达酒店连环爆炸案等，给印度尼西亚旅游业发展带来了巨大打击[③]。菲律宾的恐袭形势也应该引起关注，2019年1月27日，菲律宾南部一教堂发生连环爆炸，造成27人死亡77人受伤[④]。虽然东盟地区的公共安全形势在不断好转，但是正视这些风险因素的存在并加强治理工作，是东盟地区不可忽视的安全责任，也是东盟推动旅游产业健康发展的重要基础。

第二节　中国游客赴东盟旅游安全事件治理重点的国别分析

东盟国家既面临着共同的安全风险，也具有差异化的风险环境，所呈现出的旅游安全事件及其特征机制具有明显的国别差异。因此，根据中国游客赴东盟各国的旅游安全事件分布特征，明确各国的旅游安全事件治理重点，有利于中国与东盟旅游安全合作的有效开展。

一、中国游客赴泰国旅游安全事件治理重点

泰国不仅是中国赴东盟地区旅游人次数最多的国家，同时也是东盟地区

① 李月调.谢朝武.赴泰中国游客安全事故时空分布研究［J］.中国安全科学学报，2016，26(6)：169-174.

② CFP.泰国教堂举行纪念仪式　哀悼中国遇难者［J］.留学，2015（17）：2.

③ 吕美琛.新时期印度尼西亚反恐困境和策略［J］.东南亚纵横，2015（6）：37-41.

④ 百度百科.1·27菲律宾教堂爆炸事件.https://baike.baidu.com/item/1·27菲律宾教堂爆炸事件/23271360?fr=aladdin.

旅游安全事件数量最多的国家。从中国赴泰国旅游安全事件的结构类型分布来看，赴泰旅游安全事件类型多样且复杂，无论是自然灾害、社会安全事件、公共卫生事件、事故灾难以及业务安全事件都有广泛的分布，且事故伤亡规模也较大。由于中国赴泰旅游人次众多，且旅游安全事件多发，因此在赴泰旅游的过程中，游客要提高自身安全意识，掌握必备的安全知识与技能，做好人身安全及财产安全的保护。结合中国游客赴泰国旅游的出险案例以及近年来在泰国所发生的重大旅游安全性事件来看，涉水安全事故、交通安全事故、社会治安事件、恐怖主义事件、社会动荡事件、公共卫生事件、自然灾害等安全事件是中国游客赴泰旅游过程中需要密切关注的安全事件。

在事故灾难中，涉水安全风险是中国游客赴泰旅游面临的主要安全风险。由于泰国海岛众多，南部普吉岛、苏梅岛、甲米、丽贝岛等风景秀丽的海岛备受中国游客喜爱，浮潜、游泳、香蕉船、摩托艇等涉水项目众多，但涉水安全事故以及重大涉水安全事故多发，如 2018 年 7 月 5 日，泰国普吉岛附近突发特大暴风雨，造成两艘载有中国游客的船只发生倾覆事故，事故导致 47 名中国游客不幸遇难[①]。导致事故的原因较为多元化，如部分涉水项目没有按照规定进行安全操作、安全培训，部分船只没有配置救生设施，对于恶劣气象天气以及海面灾害预警缺乏应急响应能力。在参与涉水类旅游项目时，大部分游客缺乏评估自身身体状态的能力，对于恶劣气象天气以及海洋灾害预警缺乏应有的认知。同时，部分游客选择了缺乏资质的旅游公司和船务公司，会加重遭遇旅游安全风险的可能性。

交通安全事件也是中国游客赴泰旅游需要重点治理的事件类型。泰国是交通事故高发国，醉酒驾驶、超速驾驶、摩托车违章以及当地民众交通安全意识薄弱等是造成泰国交通事故多发的重要原因[②③]。由于泰国为右舵左行，驾

① 陈岩英，谢朝武，张凌云，等.旅游危机中线上媒体声量信号对潜在旅游者安全沟通行为的影响机制［J］.南开管理评论，2020，23（1）：40-52.

② 袁敏，张树花，孙福元.中国游客赴泰国北部山区旅游壁垒研究——基于清迈、清莱的重点调查［J］.怀化学院学报，2019，38（12）：80-84.

③ 刘平，杨杰."互联网+" 背景下文创产品的设计趋势及方法［J］.大众文艺，2018（19）：121-122.

驶习惯与中国相反，交通规则与中国存在较大差别，因此，因游客不熟悉交通规则而引发交通安全事件的案例也较为频发。在地形上，泰国热门景区山多坡陡，路况复杂，自驾车辆安全风险较高。同时，部分游客虽然未持泰国本地驾照或国际驾照者，却在泰国有租驾摩托车及自驾等行为，这在泰国属于违法行为，进一步增加了游客安全风险。

在社会安全事件中，抢劫、盗窃、恐怖主义、社会动荡等社会治安事件是中国游客赴泰旅游需要重点治理的事件类型。在泰国的曼谷、帕塔亚、普吉、苏梅等地时有飞车党抢劫、盗刷银行卡、酒店行李财物被盗的情况发生。部分游客在旅游过程中，安全防护意识较低，或者随身携带大量现金、贵重物品等，遭遇盗窃抢劫风险较大，同时夜间出游以及个人单独出游也容易遭遇盗窃、抢劫等社会安全事件。恐怖主义风险上，近年来泰国恐怖主义事件频发，如 2015 年泰国四面佛恐怖袭击案件造成 20 人遇难，其中 7 名为中国游客①；2016年泰国多个旅游胜地连遭爆炸，造成多人死亡②。频繁的恐怖主义事件是赴泰旅游需要重点关注的事件类型。此外，社会动荡也是中国游客赴泰国旅游需要重点关注的安全风险。2010 年，泰国爆发红衫军运动，军民冲突导致近 40 人死亡、270 余人受伤③；2013 年 11 月至次年 2 月，泰国民众持续集会抗议特赦法案，2014 年 5 月泰国发生政变、全国实施宵禁④。频繁的社会动荡反映了泰国社会的不稳定状况，进一步增强了群体性事件、恐怖主义事件发生的可能性。

在公共卫生事件中，食物中毒以及疟疾、登革热等病毒疫情是中国游客赴泰国旅游需要重点关注的安全风险。由于泰国天气炎热，饮食以及烹饪等习惯与中国存在较大的不同，因此游客在泰国旅游经常发生食物中毒事故。部分游客在就餐过程中对餐馆卫生条件的不重视，食用未经加工以及尚未煮

① 唐志超. 当前国际恐怖主义演变趋势及中国应对策略［J］. 中国人民公安大学学报（社会科学版），2018，34（1）：1-10.

② 张屹. 从东南亚恐怖主义现状解析“东突”南线转向［J］. 政法学刊，2017，34(1)：121-128.

③ 周方冶. 泰国“红衫军”运动的形成原因分析［M］. 社会科学文献出版社，2011.

④ 李月调，谢朝武. 赴泰中国游客安全事故时空分布研究［J］. 中国安全科学学报，2016，26(6)：169-174.

熟的肉类以及蔬菜，引发的腹泻等食物中毒风险也较大。此外，泰国疟疾与登革热等病毒疫情较为严重，这也进一步加大了公共卫生事件的发生概率。

在自然灾害事件中，各类型气象灾害、地质灾害以及海洋灾害是中国游客赴泰旅游过程中需要重点关注的安全风险。洪涝、山体滑坡、泥石流、暴雨、地震、海啸等是泰国频发的自然灾害[①]。因自然灾害导致的航班延误或航班取消是赴泰旅游高发事件。同时，在赴泰旅游过程中，部分游客对旅游线路风险评估不足、忽视气象灾害预警信息以及旅游风险警示信息，也是旅游活动以及游客的人身安全易受自然灾害影响的重要原因。

此外，中国游客赴泰旅游还时常遭遇“黑导游”“零团费”“劣质珠宝”等欺诈性商品服务、高价租车船服务、色情表演等非法服务、跨国犯罪、黑社会团体活动以及景点贩毒活动等安全风险[②③④]，这些安全风险与泰国社会治安有待提升、旅游业发展不够规范、基础设施有待完善等密切相关。

二、中国游客赴越南旅游安全事件治理重点

根据《全球旅游竞争力报告（2019）》的安全指标排名，越南在全球 140 个国家或地区中排名第 58，位列东盟十国中的第四，中国游客赴越南旅游安全事件数量排名位列东盟十国中的第二[⑤]。从安全事件的类型及伤亡规律来看，安全事件以事故灾难为主，事故灾难和公共卫生事件是导致人员伤亡的主要事件类型。由于越南与中国陆地接壤，近年来赴越南旅游的中国游客数量呈现逐年递增态势，但游客面临的风险类型和风险隐患也不断增多。结合中国游客赴越南的出险案例以及近年来赴越旅游所发生的重大安全性事件来看，社会治安事件、交通安全事件、自然灾害事件、食物中毒、病毒疫情等是中

① 王德迅．泰国灾害管理体制研究［J］．东南亚纵横，2014（9）：28-32.

② 李瑞霞，薛群慧，郑炜曼．泰国政局动荡对旅游业的影响及其对策分析［J］．旅游研究，2010，2（2）：30-35.

③ 黄锐，谢朝武．中国出境旅游安全事故时空分布格局及形成机制［J］．人文地理，2019，34（6）：120-128.

④ 王建平．东南亚伊斯兰极端主义势力问题［J］．亚非纵横，2002（3）：18-21.

⑤ World Economic Forum.The Travel & Tourism Competitiveness Report 2019［R］.2019-09-04.

国游客赴越南旅游需要重点关注的安全事件类型。

在社会安全事件方面，暴力事件、盗窃、抢劫、诈骗等是中国游客赴越南旅游需要重点关注的安全事件。2014 年 5 月，越南南部爆发多起针对外资企业的暴力打砸事件，造成在越中国公民人身伤亡和企业财产损失[①]；2016年和 2017 年，越南发生多起海关工作人员向中国游客索要小费、殴打中国游客的案例，严重影响了赴越游客的人身财产安全[②]。虽然越南治安状况总体较为良好，但盗窃、抢劫、诈骗、暴力事件等社会治安事件在越南也时常发生。主要原因是部分地区处于边境地带，社会治安状况较差，犯罪活动较为猖獗。此外，部分地区“飞车党”较多，专门针对国外游客进行抢劫，而游客在外出旅游的过程中，随身携带的贵重物品、大量钱财等也进一步增加了事故遭遇风险。

在事故灾难方面，交通安全事件是中国游客赴越南旅游需要重点关注的安全事件。越南的公路等级普遍不高，部分道路狭窄，各大城市摩托车数量多，民众交通安全意识普遍薄弱、行车速度较快[③]，雨季时存在路面滑、能见度低等问题，这些问题是导致越南交通安全事故频发的主要原因。部分游客在赴越南旅游过程中，搭乘没有资质的客车、出租车出游，在没有取得越南驾驶证的情况下租借、驾驶机动车等也是导致涉旅交通事故发生的重要原因。

在公共卫生事件方面，食品卫生安全风险、病毒疫情等是中国游客赴越南旅游需要重点关注的安全风险。越南地处热带地区，卫生条件状况较差，同时饮食习惯与口味与中国也存在较大差异，游客在外出旅游过程中，若在路边卫生条件状况较差的小餐馆就餐，食物中毒风险较大。同时，病毒疫情也是中国游客赴越南旅游需要密切关注的公共卫生风险。由于越南地处热带地区，适宜蚊虫生长，遇到雨季到来，更容易导致登革热、疟疾等病毒传播和蔓延，游客在景区等人口密集的地区极易受病毒感染。

---

① 滕成达，陈建男 . 中国与越南：波折后重回正轨［M］. 社会科学文献出版社，2016.

② 四格 . 东南亚旅游热遭遇“小费门”：入境时遭遇黑手索贿，国人应当怎么办？［J］. 留学，2017（5）：4.

③ 鲍婧 . 革新开放以来越南民生问题浅析［J］. 辽宁教育行政学院学报，2012，29（3）：9-12.

在自然灾害方面，台风、洪水等自然灾害是中国游客赴越南旅游需要重点关注的安全事件。台风、洪水、干旱等自然灾害是越南常见的自然灾害，越南每年 7—11 月为台风多发季节，一些沿海城市如海防、岘港等容易受到台风影响，湄公河三角洲每年雨季易发生洪水灾害。部分游客在雨季前往越南开展旅游活动，安全防范意识较弱，对气象灾害预警信息关注不够，是导致游客遭受自然灾害影响的重要原因。

三、中国游客赴印度尼西亚旅游安全事件治理重点

中国游客赴印度尼西亚旅游安全事件数量排名位列东盟十国中的第三。从安全事件的类型及伤亡规律来看，安全事件以事故灾难为主，这也是导致人员伤亡的主要事件类型。结合出险案例以及近年来印度尼西亚所发生的重大旅游安全性事件来看，恐怖主义威胁、社会治安事件、涉水安全事故、自然灾害、公共卫生事件、民族隔阂等是中国游客赴印度尼西亚旅游需要重点关注的安全事件或安全风险。

在社会安全事件方面，恐怖主义风险是中国游客赴印度尼西亚旅游需要重点防范的安全风险。21 世纪以来，印度尼西亚发生一系列恐怖主义袭击事件，如 2022 年巴厘岛恐怖袭击、2003 年雅加达万豪酒店爆炸、2004 年澳大利亚驻印度尼西亚使馆爆炸、2005 年巴厘岛爆炸、2009 年雅加达万豪酒店和丽兹·卡尔顿酒店爆炸、2016 年雅加达恐怖袭击、2017 年万隆爆炸事件、2018 年泗水恐怖袭击、2021 年望加锡教堂自杀式恐怖袭击等[①②③]。印度尼西亚的恐怖主义风险具有复杂的历史根源[④]，这些恐怖主义活动也给印度尼西亚旅游业发展以及游客人身安全带来巨大冲击，因此，恐怖主义风险是赴印度尼西亚旅游安全事件的治理重点。此外，抢劫、盗窃、偷窃等也是中国游客赴

---

① 杨凯.伊斯兰国与基地组织在东南亚、南亚的扩张比较［J］.东南亚研究，2015（5）：106-112.

② 陈邦瑜，颜欣.基于国内政治视角下的印度尼西亚对华政策刍议［J］.战略决策研究，2017，8（3）：90-104，106.

③ 靳晓哲．新冠疫情下东南亚恐怖主义的演变［J］．东南亚研究，2022（1）：1-26，152.

④ 贺建涛．后“伊斯兰国”时代印度尼西亚反恐战略的困境及其转型［J］．南洋问题研究，2019（1）：47-57.

印度尼西亚旅游时需要重点关注的安全事件。印度尼西亚部分地区贫困、失业现象严重[①]，容易发生偷盗、抢劫等社会安全事件。部分游客在外出旅游过程中随身携带大量现金及贵重物品，或游客只身前往偏僻区域以及未开发区域，容易增加遭受盗抢安全事件风险。

在自然灾害事件方面，火山、地震等自然灾害风险是中国游客赴印度尼西亚旅游需重点关注的安全风险。由于印度尼西亚处于环太平洋火山地震带边缘，多地震、海啸等自然灾害。如 2004 年印度洋海啸造成印度尼西亚 20 多万人死亡，对印度尼西亚旅游业发展造成了致命的打击[②]；印度尼西亚也是世界上火山最多的国家，2014年2月锡纳朋火山喷发[③]；2017年巴厘岛火山爆发，导致机场关闭，大量游客滞留[④]。据2011年联合国国际减灾战略报告调查显示，在全世界最容易受到海啸、地震、火山爆发、洪水、山崩、干旱和森林火灾等灾害的 200 多个国家及地区中，印度尼西亚位列第一[⑤]。印度尼西亚的自然灾害具有发生频率高、影响范围广、风险等级高等特点，是中国游客赴印度尼西亚旅游需要重点治理的风险领域。此外，每年 10 月到次年 4 月为印度尼西亚的雨季，强降雨等自然灾害多发，在该季节前往印度尼西亚的巴布亚、亚齐、马鲁古等偏远、交通不便的地区开展旅游活动，游客遭受自然灾害影响的风险概率也较高。

在事故灾难方面，涉水安全风险上是中国游客赴印度尼西亚需要重点防范的安全风险。主要原因在于印度尼西亚海域众多，但海面一般风浪较大，海面下暗流涌动，因此开展游泳、潜水、浮潜、香蕉船、摩托艇等涉水项目

---

① 杨晓强，王翕哲.印度尼西亚：2016年回顾与2017年展望［J］.东南亚纵横，2017（1）：23-28.

② 陈飞，林一骅，项杰.基于缓变地形的远程海啸传播模拟的改进［J］.气候与环境研究，2010，15（3）：237-245.

③ 郑一省.印度尼西亚华人社团在地化初探［J］.广西民族大学学报（哲学社会科学版），2021，43（2）：35-40.

④ 魏冉."一带一路"背景下中国公民在东盟十国的安全风险和保护研究［J］.东南亚研究，2019（6）：106-129，157.

⑤ Global Assessment Report on Disaster Risk Reduction 2011. Revealing Risk：Redefining Development. http://www.preventionweb.net/english/hyogo/gar/2011/en/home/download.html.

风险较大。同时，部分游客在开展涉水活动时，未进行专业安全培训以及未在专业安全人员指导下进行，导致涉水事故频发。

在公共卫生事件方面，食物中毒、突发性疾病等是中国游客赴印度尼西亚旅游需要重点关注的安全风险。印度尼西亚公共卫生环境和水质环境较差，自来水一般不宜直接饮用，2015 年，印度尼西亚仍有 24 个省尚未实现清洁供水的发展目标，全国有 7500 万人无法获得安全的饮用水，约 1 亿人无法获得良好的环境卫生基础设施[①]。食品卫生问题是导致游客食物中毒事件和突发疾病事件发生的重要原因。

此外，由民族隔阂引发的冲突也是中国游客赴印度尼西亚旅游面临的较大安全风险。1998 年印度尼西亚发生的排华事件造成大量平民伤亡，给中国与印度尼西亚的外交关系和旅游交往发展蒙上了一层阴影[②]。近年来，根据印度尼西亚民调显示，华人刻板印象在当地人心里依然根深蒂固，民族隔阂依然存在[③]。因文化冲突导致的涉旅安全事件也时有发生。

四、中国游客赴马来西亚旅游安全事件治理重点

马来西亚在《全球旅游竞争力报告（2019）》全球 140 个国家或地区中安全指标排名第34，位列东盟十国中第三[④]，中国游客赴马来西亚旅游安全事件数量排名位列东盟十国中的第四。从安全事件的类型及伤亡规律来看，马来西亚旅游安全事件类型以事故灾难、业务安全事件及公共卫生事件为主，同时事故灾难和公共卫生事件也是导致人员伤亡的主要事件类型。时间分布上，旅游安全事件主要发生前三季度，事件全年分布较为均匀，风险类型多样。从中国赴马来西亚游客的出险案例以及近年来马来西亚所发生重大旅游安全性事件来看，中国游客赴马来西亚旅游需要重点加强对涉水项目事故、社会

① 孙建党，马利萍.多维贫困视角下的印度尼西亚乡村卫生治理——以世界银行项目为中心的考察［J］. 河南师范大学学报（哲学社会科学版），2022，49（4）：96-102.

② 马金多，李文.合作与博弈：印度尼西亚英媒的“一带一路”报道框架分析——以《雅加达邮报》《雅加达环球报》为个案［J］. 传媒观察，2019（4）：96-104.

③ 王九龙 . 战后东南亚排华探究［D］. 暨南大学，2016.

④ World Economic Forum.The Travel & Tourism Competitiveness Report 2019［R］.2019-09-04.

安全事件、自然灾害事件、公共卫生事件等安全事件的关注与预防。

在事故灾难方面，风险程度较高的涉水项目是中国游客赴马来西亚旅游需要重点关注的安全风险。由于马来西亚水域众多，与潜水、游泳、摩托艇等有关的涉水安全事故时常出现，如 2017 年 1 月 28 日，一艘旅游船在哥打京那巴鲁市前往沙巴著名旅游景点环滩岛途中断裂沉没，船上有 28 名中国游客，事故共导致 4 名中国游客遇难，4 人失踪①。在事故原因方面，部分游客在参与游泳、潜水等涉水项目或乘坐摩托艇、香蕉船、快艇等水上交通工具时，风险防范意识较差，没有做好安全防护措施，导致事故风险较高；此外，部分游客不听劝阻，单独出游或在偏远海域、警示游泳下水区域以及风急浪大等风险较大的海域下水，也是造成事故的重要原因。

在社会安全事件方面，抢劫、盗窃、绑架等社会治安事件以及恐怖主义风险是中国游客赴马来西亚旅游需要重点关注的安全事件。虽然马来西亚社会环境总体较为安全，但马来西亚社会治安事件也常有发生，针对中国游客的抢劫、绑架案件也时常出现②③。特别是马来西亚的“飞车党”猖獗，是导致中国游客被抢被盗的主要原因④。部分游客因独自出游、夜间出游、前往偏僻地区旅游或随身携带贵重物品和大量现金等，遭受抢劫、盗窃、绑架的风险较高。此外，恐怖主义风险也是中国游客赴马来西亚需要重点关注的社会安全风险，特别是马来西亚沙巴海域存在非法武装分子活动，沙巴东海岸仙本那、山打根和拿笃等海域易发生绑架事件。

在自然灾害事件方面，洪水、山体塌方等自然灾害事件是中国游客赴马来西亚旅游需要重点关注的安全事件。虽然马来西亚处于环太平洋火山地震带之外，受到地震、海啸及火山爆发的影响可能性相对较小，但马来西亚时

① 新华社.习近平李克强对载有中国游客的游艇在马来西亚失联作出重要指示批示［J］.中国应急管理，2017（1）：9-10.

② 廖小健.2006 年马来西亚政经形势回顾与展望［J］.东南亚纵横，2007（2）：25-29.

③ 何月美，邹永广，莫耀柒.中国游客赴马来西亚的安全感知研究——基于网络文本分析［J］.世界地理研究，2019，28（6）：200-210.

④ 廖玉环，范朋.东南亚出境旅游中突发事件安全管理策略研究［J］.东南亚纵横，2017（4）：68-73.

常会受到雨季洪水、山体塌方等自然灾害的影响，部分游客在出游过程中，忽视气象灾害预警、未做好旅游线路安全评估等是遭受自然灾害影响的重要原因。

在公共卫生事件方面，食品卫生风险以及疟疾、登革热等病毒疫情是中国游客赴马来西亚旅游需要重点关注的公共卫生风险。由于马来西亚在气候上主要以热带雨林气候为主，适合蚊虫生长发育，因而感染疟疾、登革热等病毒疫情的风险较大[①]；食品卫生安全状况差、水土不服等也是导致涉旅公共卫生事件多发的主要原因。

此外，重大航空灾难事故也是中国游客赴东盟国家旅游安全事件的合作治理重点。2014 年 10 月 10 日马航 MH370 客机失踪，马航事故对中国游客赴马来西亚旅游信心以及马来西亚旅游业都造成了重大冲击[②]，据东盟秘书处数据统计，中国赴马来西亚的旅游人次由 2013 年的 179 万人次骤减至 2014 年的 161 万人次。

五、中国游客赴柬埔寨旅游安全事件治理重点

中国游客赴柬埔寨旅游安全事件数量排名位列东盟十国中的第五。从安全事件的类型及伤亡规律来看，主要以事故灾难和公共卫生事件为主，同时事故灾难和公共卫生事件也是导致人员伤亡的主要事件类型。从时间分布来看，旅游安全事件主要发生在 12 月至次年 2 月，该段时间处于柬埔寨的凉季，适宜开展旅游活动，前往柬埔寨旅游的游客较多，安全事故在该季节多发，因此游客在该段时间内前往柬埔寨旅游应重点加强安全防范。由于柬埔寨经济以农业为主，工业基础较为薄弱，同时柬埔寨本国内风险较大，存在政局不稳定、社会治安事件频发等诸多问题[③]，也是导致安全事件多发的重要

① 李晋涛 . 登革热防治研究进展［J］. 第三军医大学学报，2019，41（19）：1902-1907.

② Corbet S, Efthymiou M, Lucey B, et al. When lightning strikes twice：The tragedy-induced demise and attempted corporate resuscitation of Malaysia airlines［J］. Annals of Tourism Research，2021，87：103-109.

③ 郭莉 .“一带一路”背景下柬埔寨中资企业安全风险及对策［J］. 江西警察学院学报，2022（3）：119-122.

原因。从中国游客赴柬埔寨旅游的出险案例以及近年来柬埔寨所发生的重大旅游安全性事件来看，交通安全事故、公共卫生事件以及社会安全事件是中国游客赴柬埔寨旅游过程中需要重点关注的安全事件。

在事故灾难方面，交通安全事故是中国游客赴柬埔寨旅游需要重点关注的安全事件。交通安全事故在柬埔寨素有“头号杀手”之称，每年因交通事故造成伤亡规模较大，主要原因在于柬埔寨交通工具多以摩托车、三轮车等为主，当地民众普遍交通规则意识薄弱，超速驾驶、醉酒驾驶等问题严重[①]。部分游客在赴柬埔寨旅游过程中，未选择正规且有资质的旅行社、租车公司以及导游，也是导致交通安全事故发生的重要原因。近年来，柬埔寨多地频繁发生重大涉旅交通安全事故，如 2019 年 7 月，一辆载有 14 名中国游客的大巴车在柬埔寨境内的荔枝山下坡行驶时翻覆，事故造成 2 名游客死亡，多名游客受伤。尽管柬埔寨国家陆路交通安全委员会拟制定《2021—2030 年道路安全行动十年》计划，提出到 2030 年减少 50% 的道路交通伤亡的宏伟目标[②]。但在当前短时期内，交通安全事故仍然是中国游客赴柬埔寨旅游需要重点关注的安全问题。

在公共卫生事件方面，食品卫生安全状况以及疟疾病毒疫情是中国游客赴柬埔寨旅游需要重点关注的安全风险。由于柬埔寨卫生环境状况较差，餐饮店众多，其中又多以路边小摊的形式发展，卫生条件难以得到有效保证，游客在此类餐馆就餐时，引发腹泻、食物中毒的风险较大。此外，柬埔寨属于热带季风气候，其自然环境和气候条件适合疟疾媒介滋生繁殖[③]，游客面临蚊虫叮咬的风险较大，也加大了公共卫生事件发生的可能性。

在社会安全事件方面，柬埔寨部分地区社会治安环境较差，经常发生涉及中国公民的暴力事件，部分游客在夜间出游或者个人单独出游时容易遭受

---

① 龚雪蕾，方菁，肖传浩，等.实现可持续发展目标（SDGs）中降低道路交通事故目标预测——中国、日本和柬埔寨比较研究［J］.伤害医学（电子版），2019，8（4）：14-21.

② 交通事故频发！柬埔寨拟制定“十年安全计划”［EB/OL］. http://www.ciodpa.org.cn/index.php?m=content&c=index&a=show&catid=18&id=9271.

③ 周友华，吴艳琴，周红宁.柬埔寨疟疾流行特征研究进展［J］.中国病原生物学杂志，2021，16（12）：1438-1443.

暴力伤害事件，因此应加强此类事件的安全治理。

六、中国游客赴新加坡旅游安全事件治理重点

据《全球旅游竞争力报告（2019）》中对全球140余个目的地旅游安全排名结果显示[①]，新加坡旅游安全排名位列世界第六，东盟国家第一。中国游客赴新加坡旅游安全事件数量排名位列东盟十国中的第六。从安全事件的类型及伤亡规律来看，赴新加坡旅游安全事件主要以业务安全事件为主，人员伤亡主要由事故灾难造成，但伤亡规模较低，其主要原因在于新加坡发达的经济基础以及健全的旅游安全保障环境。

新加坡是亚洲发达国家，深厚的经济基础带来较高的社会安全保障水平，因此旅游风险相对较低。同时，新加坡刑法严峻，犯罪成本较高，因此犯罪率极低[②]。新加坡的交通规则也相当严格，公民的自觉性和交通安全意识也较强。此外，新加坡在城市公共设施、消防、医疗救护等方面投入也相当巨大，具备高效的突发事件抢险救援能力[③]，能够有效应对旅游突发事件。作为全世界屈指可数的安全大都市，新加坡旅游安全事件发生率极低，但并不意味着赴新加坡旅游不存在安全风险。

从统计的中国游客赴新加坡旅游的出险案例来看，业务安全事件发生频次较高，其原因主要包括自然原因和人为原因两方面。人为原因主要在于部分游客在赴新加坡旅游时，未选择正规旅行社，与旅行社签订的合同不规范，没有明确具体出发时间、具体行程等内容，导致存在业务纠纷风险；在自然原因方面，赴新加坡旅游的航班容易遭受沿途自然灾害影响，导致航班延误或航班取消等事件的发生。

由于新加坡法律严格，在乘坐公交、地铁等公共交通，或在户外公共场所时，不能随意吸烟、吐痰、乱丢垃圾等，否则将面临罚款，部分游客对新

---

① World Economic Forum.The Travel & Tourism Competitiveness Report 2019［R］.2019-09-04.

② 张义荣.新加坡社会治安稳定的原因和经验［J］.云南师范大学学报（哲学社会科学版），1997（1）：94-97.

③ 新加坡城市管理经验的启示［J］.城市管理与科技，2009，11（2）：72-75.

加坡的法律法规或风俗习惯不了解，也容易引发安全事件。在公共卫生事件方面，新加坡地处东南亚热带地区，受登革热、寨卡病毒等传染病毒影响较大，游客遭受病毒疫情的风险也相对较大。此外，新加坡天气湿热，食物相对容易变质，因食物变质引发的公共卫生事件也是治理重点。

七、中国游客赴菲律宾旅游安全事件治理重点

赴菲律宾旅游安全事件发生频次相对较低，但这并不代表赴菲律宾旅游安全风险较低。事实上，菲律宾的旅游安全风险形势严峻，在《全球旅游竞争力报告（2019）》中关于安全指标的排名上[①]，菲律宾在140个国家或地区中排名第135，是东盟排名最低的国家。近年来，随着中国赴菲律宾旅游人次快速增长，游客规模迅速扩大，相关安全事件也在逐渐增多。涉水安全事故、游船倾覆事故、火灾地震等自然灾害以及恐怖主义等安全事件是中国游客赴菲律宾旅游需要重点防范的重大安全风险。

在事故灾难中，涉水项目事故及游船倾覆事故是中国游客赴菲律宾旅游需要重点关注的安全事件。由于菲律宾岛屿众多，图巴塔哈、苏比克湾、长滩岛、宿务岛等目的地深受旅游者欢迎，每年因游泳、潜水、冲浪、摩托艇等涉水项目导致的旅游安全事件逐渐增多。如2019年8月，菲律宾长滩岛发生一起游船倾覆事件，船上17名中国游客落水，所幸均没有生命危险[②]。涉水事故以及游船倾覆事故的原因具有多样性：一方面，游客在开展游戏、潜水、摩托艇、香蕉船等涉水活动过程中，未配套专业救生设备，未对自身身体状况做好评估，导致出现事故不能及时展开自救；另一方面，部分游船公司缺乏运营资质，游船未经过安全认证与安全评估，存在重大安全隐患，没有专业救生设施设备，也没有为游客购买保险，也是导致涉水事故频发以及游船倾覆的重要原因。

在社会安全事件方面，菲律宾抢劫、绑架等刑事案件多发。原因主要在

① World Economic Forum.The Travel & Tourism Competitiveness Report 2019［R］.2019-09-04.

② 海外网.菲律宾一艘载中国游客船只倾覆12名中国人受伤［EB/OL］. https://baijiahao.baidu.com/s?id=1640736468686682916&wfr=spider&for=pc

于马尼拉湾一带社会治安状况较差，多发“迷魂党”盗抢中国公民财物事件，其主要以单身人员为目标，以饮料、食品等方式迷昏受害人，随后在偏僻处或车辆上实施抢劫，事件性质恶劣[①]。部分中国游客在赴菲律宾旅游的过程中，风险防范意识较差，犯罪分子通常以搭讪的方式接近游客，进而实施犯罪活动。恐怖主义也是中国游客赴菲律宾旅游需要重点防范的安全风险。由于菲律宾宗教问题复杂，南部棉兰老岛和苏禄群岛等地是目前极端主义恐怖组织较为泛滥、活动较为猖獗的地区[②]，同时菲律宾南部也是东南亚地区恐怖主义的集聚中心[③]。

在自然灾害事件方面，菲律宾地处亚欧板块和太平洋板块的交界处，地处环太平洋地震带，地壳运动活跃，因此火山地震等自然灾害多发[④]。部分游客在出游前没有及时关注气象灾害预警以及大使馆、文旅部等部门发布的风险警示信息，也是导致旅游活动或游客人身安全受自然灾害影响的重要原因。

在公共卫生事件方面，由于菲律宾在气候上以热带雨林气候为主，具有高温多雨、湿度大等特点，食物变质腐烂是导致游客食物中毒的重要原因。食品卫生安全的治理应成为菲律宾旅游安全治理的重要内容。同时，菲律宾常年面临登革热疫情的威胁并伴随有死亡案例，常影响旅游活动的开展。

---

① 王栋．对东南亚地区中国游客的领事保护研究［D］．外交学院，2021.

② 谢成因．菲律宾宗教极端主义恐怖组织分析［J］．江南社会学院学报，2021，23（3）：49-55.

③ 胡平平，武友德，李灿松，曹逸凡，王敏．东南亚恐怖主义的时空演进及其网络关系［J］．热带地理，2021，41（6）：1209-1221.

④ 李昌珑，蒋长胜．“一带一路”地区地震区划和防震减灾对策研究［J］．科技导报，2020，38（16）：58-67.

第六章 中国与东盟国家旅游安全合作的基础与挑战

旅游安全是旅游业发展的生命线，是旅游业发展的前提和基础。旅游安全合作体系的构建也是中国与东盟旅游产业实现协同发展的重要保障。近年来，中国与东盟的旅游规模与日俱增，两地已互相成为对方重要的旅游目的地和客源地，但发生在东盟区域内涉及中国游客的旅游安全事件屡见不鲜，它们表现出类型多、地域广、影响大等形势特征，这成为中国与东盟旅游合作需要合作治理的重要问题。面对两地严峻的旅游安全形势，旅游安全合作成为中国与东盟旅游业健康成长和有序发展的前提与基础。

第一节 中国与东盟国家旅游安全合作的基础与经验

一、中国与东盟国家旅游安全合作的基础背景

2017 年 9 月 13 日，联合国世界旅游组织在成都召开旅游部长会议，并发布《“一带一路”旅游合作成都宣言》，提出要“共同应对挑战、加强旅游风险处置能力。针对恐怖主义、传染性疾病、跨国犯罪等非传统安全威胁，参与国家和地区将积极协调立场、加强协作，健全旅游安全风险预警机制，提高旅游风险应对处置能力，维护旅游安全权益，为旅游业可持续发展营造安

全的公共环境”[①]。可见，加强旅游安全合作已经成为各国的共识。在此背景下，厘清中国与东盟旅游安全合作的前提基础和综合挑战，不仅有助于两地旅游安全管理合作机制的完善与安全管理水平的提升，而且对引导两地区域旅游合作的一体化发展，推进中国的旅游强国战略具有重要的建构意义和战略意义。

中国与东盟地缘相近、人缘相亲、文缘相同，旅游商贸往来密切，这为中国与东盟旅游安全合作提供了坚实的基础与条件。近年来，中国与东盟往来旅游规模也呈快速增长的趋势，两地已互相成为对方重要的旅游目的地和客源地，这体现了两地旅游安全合作体系建设的重要性和紧迫性。中国与东盟旅游安全合作是推进区域旅游合作一体化的重要基础保障，需两地携手努力，朝着互利互惠、共同应对的目标相向前行。在国际旅游发展的新形势下，两地旅游安全合作体系的建设与系统布局应作为旅游合作的优先领域，以塑造旅游安全合作体制与旅游安全合作前沿平台为重点核心，共同打造务实有效的旅游安全合作体系，形成区域旅游安全治理的新风向。

二、中国与东盟国家旅游安全合作的历史经验

中国与东盟旅游安全合作是应对当前复杂多变的出境旅游安全风险形势的必然选择，也是促进中国与东盟旅游产业良好发展的重要保障，同时更是对实现中国“一带一路”倡议、深化双边睦邻友好关系具有积极作用。在2004年11月，代表中国与东盟加强友好合作关系的《中国与东盟关于非传统安全领域合作联合宣言》正式签署和发表，这开启了中国与东盟各国在包括旅游安全等非传统安全领域合作的新篇章。中国与东盟各国在政府层面的旅游安全合作形式和合作机制也在频繁发生的旅游安全事件中日益成熟。目前，中国与东盟在旅游安全合作中实现了政府、企业和民间“三轨”互动，初步建立了完整、有效的旅游安全合作机制，能够较好保障旅游产业的正常经营和旅游者的生命财产安全。

① 联合国世界旅游组织．“一带一路”旅游合作成都宣言［Z］.2017-09.

（一）政府层面的旅游安全合作行动与经验

中国与东盟国家建立了官方定期磋商机制。2015 年，泰国曼谷四面佛神庙恐怖袭击事件发生后，中国与泰国的旅游行政部门迅速达成共识，事后针对旅游安全建立官方定期磋商机制，并通过在泰国曼谷设立中国旅游办事处，加强旅游市场监管、完善旅游安全保障，共同研究对策。随后，在 2016 年，中国与泰国共同签署了《中华人民共和国国家旅游局与泰王国旅游和体育部关于加强旅游市场监管合作的谅解备忘录》，约定两国成立中泰旅游市场监管合作协调小组，建立常态化的沟通与协调机制，并定期在两国轮流召开“中泰旅游市场监管事务级磋商会议”，重点围绕中泰旅游发展、联合监管和市场治理等问题展开研讨和分析。中国与泰国旅游安全合作的示范作用明显，并推进了中国与东盟其他国家不断建立健全面向旅游安全合作的磋商机制。例如，2016 年，中国与菲律宾签署了《中华人民共和国国家旅游局和菲律宾共和国旅游部旅游合作谅解备忘录执行计划（2017—2022）》，双方将在对方境内对等设立旅游办事处、建立定期磋商和对话机制，推动旅游产业安全有序发展。

中国与东盟国家建立了联合执法合作机制。中国与东盟两地的旅游执法联合检查是旅游市场秩序持续向好的重要保障。2011 年 10 月，中国、老挝、缅甸和泰国等国共同签署的《中老缅泰湄公河流域执法安全合作工作会议联合声明》推进了包括旅游安全合作在内的跨境联合执法合作机制的建设，其中确立了联合巡逻执法指挥模式、设立了常驻本国联络点、开展了跨境联合执法和水上搜救演练等。在这一声明的指导下，中国与东盟国家的跨境旅游联合执法体系和机制不断建立健全。例如，在 2015 年举办的中国国际旅游交易会期间，中国与泰国决定成立旅游市场秩序联合工作组，旨在联合应对赴泰旅游市场中存在的强迫购物、零负团费等乱象，这也推动了中国与东盟在跨境旅游联合执法合作往规范化和常态化的方向发展。中国广西也率先建立了专门的旅游警察支队，并前往越南广宁省共商旅游市场监管的具体合作事项，具体包括与越南定期开展跨国联合执法行动、增进中越双方旅游执法监管人员的互动交流、推动中越双方建立跨境联合执法合作机制等，从而准确应对赴越旅游市场监管中的突出问题、共同维护旅游市场秩序。

中国与东盟国家建立了应急救援合作机制。中国与东盟的旅游应急救援合作机制在出境旅游安全事故呈现常态化爆发的背景下不断建立完善。由于地缘相近，中国与东盟积极推进邻近区域和周边海域的应急救援合作，并通过联合搜救沙盘推演、搜救热线平台建设、搜救机构互相了解和协调配合等方式切实推进两地应急救援合作、提高联合搜救的能力和水平。例如，在2003年12月，中国广西防城港市与越南广宁省签署了《越南下龙湾至中国防城港高速客轮航线搜救合作协议》，双方建立了临近海域的海上搜救合作机制，交换了海上搜救预案备案，能够有效保障两地客船航行的安全，推进中国与越南跨境旅游和海上贸易活动的有序发展。在2004年1月，由于极端气象变化，130名中国游客在越南海上搁浅遇险，中国立即成立紧急救援工作领导小组，发布救援处置工作、联合越南开展海上救援，并建立了常态化的应急沟通机制。在2014年MH370客机失事中，中国派出由外交部、民航局、交通运输部和公安部等机构组成的应急救援联合工作组前往马来西亚，配合马来西亚加大安全搜救范围和力度，敦促马来西亚调查事件真相、及时发布搜救信息，并做好与家属沟通和服务工作。

（二）企业层面的旅游安全合作经验

中国与东盟国家合作开展安全旅行服务建设。在2017年1月，携程在线旅游公司上线了“全球旅行SOS平台”，为所有客户提供全球24小时的安全旅行服务。携程集团积极利用该平台与东盟国家与旅游企业加强在旅游安全领域的合作，为游客在东盟的出境旅游保驾护航。例如，在2018年泰国普吉岛沉船事件发生后，携程集团立刻启动全球旅行SOS救助中心，在机票改签、保险理赔、翻译帮助、医疗救助、协助证件延期和家属安置等方面配合当地政府部门和旅游企业，满足游客的安全服务需求。在2018年印度尼西亚龙目岛地震发生后，携程集团也立刻启动了全球旅行SOS平台和应急救援机制，与印度尼西亚龙目岛当地酒店、旅行社、航空公司和旅游交通公司展开安全协作，保障游客的安全和权益，并为游客提供应急救援和必要协助。之后，携程集团与联合国开发计划署等机构宣布共同实施“安全旅行—负责任的旅行”项目，旨在联合境外国家和旅游企业为中国游客在境外地区的旅行提供风险预警、人道主义救援协调、旅行安全服务、升级旅行保险等，降低境外旅行风险。

中国与东盟国家合作开展旅游安全形象塑造。中国与东盟的旅游企业相继展开合作，主要通过旅游安全形象推介、旅游安全信息及时通报和旅游从业人员安全培训等方式助力于推进两地安全旅游形象的互相塑造。例如，2018 年 9 月，阿里旗下自由行平台飞猪与泰国旅游局和旅游企业展开合作、签订战略合作协议，旨在借助飞猪平台的宣传推介打造安全便捷的泰国旅游形象，并促进中国游客在泰国旅游就像在国内旅游一样的简单和放心。在 2020 年 11 月，携程集团与新加坡旅游局签署三年战略合作备忘录，双方将展开全球营销活动、并通过多种媒体渠道宣传新加坡的热忱故事，从而提升新加坡作为安全理想旅游地的形象。不仅如此，携程凭借数据技术和平台优势助推新加坡旅游行业的数字化转型，在新冠感染疫情逐步缓解的背景下恢复中国游客赴新加坡的出游信心，兼顾游客的旅游满意和旅游安全。

（三）民间层面的旅游安全合作经验

中国与东盟部分国家合作开展旅游安全学术交流。中国与东盟两地民间组织的旅游安全交流逐渐频繁，并主要通过学术会议、应急研讨和经验分享等方式开展旅游安全合作。例如，在 2018 年与 2021 年，华侨大学旅游学院联合东盟地区诸多高校举办了“中国—东盟旅游安全论坛”，主要围绕中国与东盟地区的旅游安全风险形势、旅游安全管理经验、旅游安全合作治理以及新冠感染疫情影响的旅游安全风险管理与旅游产业复苏等议题展开学术研讨，服务于中国与东盟地区的旅游产业安全发展。同时，中国与马来西亚已经连续开办了两届中国—东盟城市应急救援研讨班，专题开展了两地在火灾扑救、危化品处置、地震营救等应急救援科目，加深了双方在灾难管理和应急演练方面的经验交流和民间协作。

中国与东盟部分国家合作开展民间救援网络建设。目前，中国民间救援队积极参与东盟地区突发事件的紧急救援中，两地民间救援队伍的往来交流与合作逐渐发展成中国与东盟应急救援体系的重要构成要素。例如，在 2018 年泰国少年被困清莱洞穴事件发生后，中国民间救援团队（平澜公益基金会和绿舟救援队）与当地官方应急救援队伍以及当地红十字会、华人华侨等民间救援队伍展开合作、共同开展营救行动，并成功救出被困的少年足球队。在同年普吉岛沉船事件发生后，中国民间救援团队公羊会救援队第一时间前往出事海域为遇难者提供紧急救援服务，并携带高科技救援装备配合泰国官方救援人员展开紧急救援，成功搜寻到事故的最后一名遇难者遗体。中国与东盟在民间救援上的联合开展有效降低了突发事件造成的伤亡损失，成为两地旅游合作与安全发展保驾护航的关键力量。

中国与东盟部分国家合作开展灾后恢复重建合作。重大旅游安全事故发生后，中国与东盟两地的民间组织在事后恢复重建方面发挥重要的协作和支撑作用。例如，在 2018 年 7 月 5 日普吉岛沉船事故发生后，泰国大连商会联合泰国大连同乡会积极开展募捐活动，累计募捐到了 50 万泰铢捐款，助推现场紧急救援与灾后秩序重建。不仅如此，大量民间组织和志愿者也前往普吉岛参与救援，积极参与了抢险救援、秩序维护、心理辅导、物资搬运、医疗卫生等公益活动。在 2018 年，广东潮汕发生了重大洪水灾害，远在泰国的华人青年商会积极参与灾后救援、灾后救济和现金募捐，累计共募捐资金超过 500 万泰铢，为当地政府部门与救援机构的恢复重建提供了资源支撑。在当前旅游安全事故爆发呈现跨域化和复杂化新形势下，聚合两地组织力量参与、服务灾后恢复重建已经成为扩展中国与东盟两地旅游安全合作的重要内容。

第二节　东盟国家旅游安全发展的战略与政策

一、东盟地区旅游安全发展战略与政策①

安全是旅游业发展的基础，旅游安全在整个东盟旅游战略计划中占据重要地位，提升安全保障水平也是东盟旅游业发展的重要战略任务之一。2015 年，为巩固已取得的旅游业发展成果，谋求旅游业的更大发展，东盟在《东

① The ASEAN Secretariat. ASEAN Tourism Strategic Plan 2016-2025［Z］. Indonesia，2015.

盟旅游战略计划（2011—2015）》的基础上，进一步制定了《东盟旅游战略计划（2016—2025）》，以实现旅游业为东盟地区经济发展作出更大贡献。其中，所采取的战略性计划就包括安全与保障在内的目的地营销、质量标准、人力资源开发、连通性、投资、社区参与、文化遗产保护等方案，力图将东盟发展成一个有竞争力、可持续性以及更具社会经济包容性和综合性的旅游目的地。其中，特别提到东盟旅游业 2025 年之前的十年愿景是“到 2025 年，东盟将成为一个优质旅游目的地，提供独特、多样化的东盟旅游体验，同时将致力于打造负责任、可持续、包容和协调的旅游业发展，从而为东盟人民的社会经济福祉做出重大贡献”。东盟旅游 2016—2025 年发展战略计划整体框架如图 6-2-1 所示。

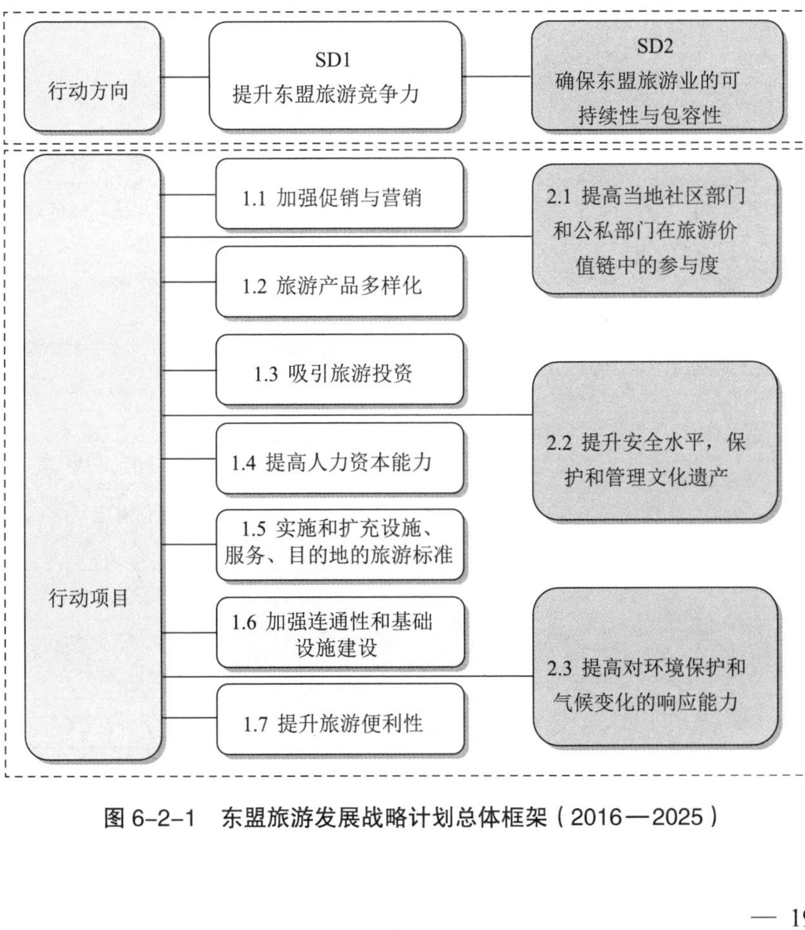

图 6-2-1　东盟旅游发展战略计划总体框架（2016—2025）

为提升东盟旅游目的地竞争力，《东盟旅游战略计划（2011—2015）》规划了一系列行动策略（见表 6-2-1），包括加强促销与营销，推动旅游产品多样化，吸引旅游投资，提供人力资本能力，实施和扩充设施、服务、目的地的旅游标准，加强连通性和基础设施建设，并进一步提升旅游便利性。这些战略措施的采取，将推动旅游产业的进一步发展。

表 6-2-1　行动策略一：提升东盟旅游目的地竞争力

序号	行动策略	具体行动
1.1	加强促销与营销	1.1.1 强化东盟旅游统计框架
		1.1.2 扩大东盟目的地营销计划
1.2	旅游产品多样化	1.2.1 完成正在进行的以及确定的新产品开发和营销方法
		1.2.2 支持发展东盟次区域目的地 / 廊道，以实现更具包容性的旅游成果
1.3	吸引旅游投资	1.3.1 制订东盟旅游投资计划
1.4	提高人力资本能力	1.4.1 继续实施东盟旅游专业人员相互认证计划
		1.4.2 制订和实施东盟旅游人力资源开发计划，与东盟资源管理和发展网络相协调
1.5	实施和扩充设施、服务、目的地的旅游标准	1.5.1 推动将东盟旅游标准认证系统纳入成员国的政策、监管以及旅游人员资源开发框架
		1.5.2 确定和实施新的东盟旅游标
		1.5.3 制定东盟游客保护准则
1.6	加强连通性和基础设施建设	1.6.1 通过支持实施东盟统一航空市场，强化东盟航空连通性
		1.6.2 促进邮轮旅游、河流旅游发展，包括海上和河流的基础设施
		1.6.3 执行关于承认东盟国家颁发的国内驾驶执照协议，以促进整个东盟地区的自驾 / 陆上旅游
		1.6.4 促进主要旅游廊道沿线道路互联互通发展
1.7	提升旅游便利性	1.7.1 编写促进东盟内部以及国际旅游便利化的白皮书

表 6-2-2　行动策略二：确保东盟旅游业的可持续性与包容性

序号	行动策略	具体行动
2.1	提高当地社区部门和公私部门在旅游价值链中的参与度	2.1.1 制定和实施当地社区和私营部门参与旅游业发展的战略
2.2	提升安全水平，保护和管理文化遗产	2.2.1 与官方机构和组织一道支持东盟主要目的地的安全与保障
		2.2.2 与官方机构和组织一道支持遗产地的保护和管理
2.3	提高对环境保护和气候变化的响应能力	2.3.1 与官方机构和组织一道解决环境问题，增强气候变化响应能力
		2.3.2 编写包括环境、气候变化在内的缓解、适应以及韧性的指南手册

强化安全和保障是东盟旅游发展战略计划中行动战略二的重要组成部分（见表 6-2-2）。安全和保障是保持和促进东盟旅游业可持续的重要基础，也是东盟能够成为有竞争力的优质旅游目的地的重要组成部分。因此,《东盟旅游战略计划（2016—2025）》特别提出必须确保为旅游者提供的旅游设施设备和旅游服务的安全，特别是旅游交通安全、旅游住宿安全以及旅游业务服务。犯罪、恐怖主义、武装冲突等也是东盟旅游业发展面临的重要挑战。因此,《东盟旅游战略计划（2016—2025）》提到必须提供防范犯罪、恐怖主义和武装冲突的安全保障。同时，战略计划进一步谋求跨区域合作，力图有力打击犯罪活动。如其中提到虽然东盟成员国在国家一级采取了旅游安全和保障措施，但在改善和保障游客安全方面仍缺乏一致的政策方法和积极的应对战略，这可能会影响东盟作为统一目的地能力。因此有必要谋求区域、次区域以及国家间的组织合作，制定和实施东盟旅游安全和保障政策、战略进一步提高和保障游客的安全。

二、东盟代表性国家的旅游安全发展战略与政策

1. 泰国的旅游安全发展战略

旅游业是泰国重要的支柱性产业之一，对泰国经济发展和社会发展具有

重要意义。2015 年，旅游业收入占泰国 GDP 的 16.6%，超过了东盟地区大多数国家，也高于全球 9.8% 的平均水平。旅游业除了对泰国 GDP 的贡献外，对整个国家就业也发挥着重要作用，旅游业创造了超过 420 万个就业岗位，占全国总就业人数的 11%，体现了其对社会经济发展的巨大贡献作用。2017 年，为有效推动旅游业发展，发挥旅游业在泰国经济社会发展中的重要作用，泰国旅游和体育部（The Ministry of Tourism and Sports Thailand）于 2017 年发布了泰国《第二个全国旅游业发展计划（2017—2021）》（The Second National Tourism Development Plan：2017—2021）[①]，目的在于提高泰国旅游业发展的整体质量和能力，实现旅游业可持续发展。该计划共包含五个重要的发展战略（如图 6-2-2），内容包含产品开发、基础设施完善、旅游人力培育、顾客营销、公私合作等方面，其中如何提升旅游安全与保障水平也是战略计划的重要内容之一，包含于基础设施建设以及顾客营销之中。

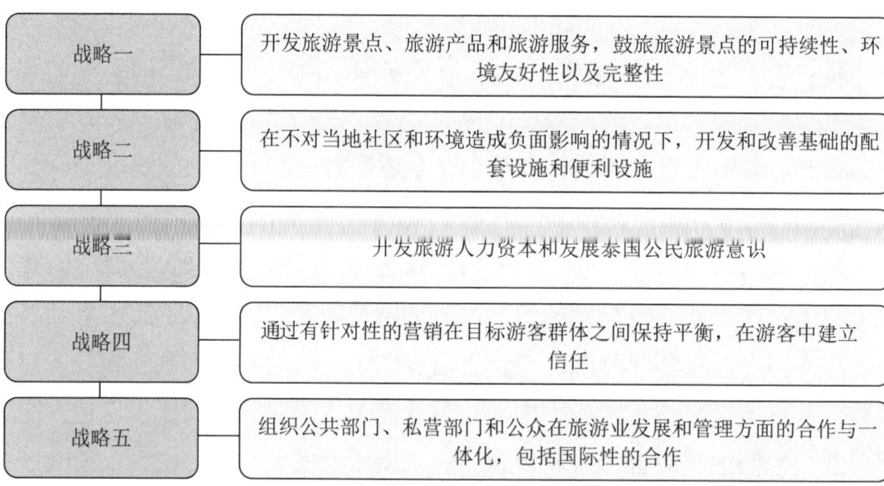

图 6-2-2　泰国旅游业的五年发展战略（2017—2021 年）

提升安全与保障水平是战略二与战略四的重要内容。在战略二中，主要涉及游客的交通安全、服务安全以及卫生安全等，如在具体行动中提出要延

① The Ministry of Tourism and Sports Thailand. The Second National Tourism Development Plan［Z］. Thailand，2017.

长和改善高速公路，以提高游客的旅行安全，并建立覆盖主要景点的旅游巴士系统；并提到要确保设施设备安全、人员安全以及服务安全，完善游客中心、监控、照明、风险与灾害管理系统，推广旅游景点卫生，改善厕所环境、废水管理系统以及建立景点卫生标准和等级。在战略四中，主要涉及对游客的安全知识宣传以及安全营销，如提到要通过不同渠道引导游客了解泰国旅游安全和旅游预防机制，包括安全规则以及紧急情况下应该采取的措施。

2. 老挝《旅游法》对旅游安全的要求

老挝旅游法（Law on Tourism）[①] 于 2005 年颁布。老挝《旅游法》对保障游客安全以及旅游保险等进行了详细规定，这些规定既涉及综合性的安全保障原则，也涉及交通安全、住宿安全、食品饮料安全等具体领域。其第 3 章旅游交通的第 21 条运输车辆标准中提到，“为游客提供服务的交通工具应保证数量充足、质量良好；使用期限应符合技术标准；应履行安全、清洁和良好服务的保证”。在第 4 章临时住宿场所的第 25 条住宿服务中提到，“住宿服务应保证质量、舒适、安全和清洁；住宿服务提供者应接受过一定的住宿服务相关专业培训，具备良好的人际交往能力，温柔、诚实、友好、开朗，并具备令游客满意的其他品质”。在第 5 章食品、饮料和娱乐的第 27 条提到，“向游客提供的食品和饮料应符合与《食品法》规定的卫生措施相一致的质量、安全、清洁保证；为了给游客提供多种选择，食物和饮料的菜单应该标明价格”。第 7 章第 33 条安全措施中提到，“旅游服务应当保障旅游者的生命、健康和财产安全；服务提供商应具备与相关部门发布的标准和措施相一致的安全措施和技术标准；在紧急情况下，旅游服务提供者或任何看到这种情况的人应当以适当的方式向旅游者提供帮助；为了保证旅游者的安全，国家应建立旅游警察”。在24条保险中提到，“为确保游客可能遭受的损失得到赔偿，服务提供商应按照《老挝人民民主共和国保险法》的规定购买保险”。

3. 印度尼西亚《旅游法》对旅游安全的要求

印度尼西亚的《旅游法》（Law of The Republic of Indonesia Concerning

① The Law Committee of the National Assembly of the Lao PDR.Law on Tourism.［Z］Lao PDR，2005.

Tourism)[①]于2009年颁布。保障游客安全也是印度尼西亚《旅游法》中的重要内容，主要涉及旅游安全保障的基本原则、旅游保险、旅游安全预警等方面。该法第二部分义务的第23条提到，“政府和地区政府应向旅游者提供旅游事务、法律保护以及安全保障等方面信息”。第26条提到，“每个旅游从业者应维护和尊重当地社区的宗教、习俗、文化和价值观规范；提供准确可靠的信息；提供非歧视性服务；为游客提供舒适、热情、安全保护和保障；为高风险旅游业提供保险”。第28条提到，“政府和地方政府的权力包括提供与游客安保和安全有关的信息和/或预警”。

4. 越南《旅游法》对旅游安全的要求

越南旅游法（Law on Tourism）[②]于2017年颁布。保障游客安全是越南《旅游法》中的重要内容，主要涉及旅游安全保障与救援、旅游警示、旅游企业安全职责等方面。如在越南《旅游法》中第13条提到：（1）主管当局应在其职权范围内采取措施，以确保旅游区和旅游景点的安全、社会秩序。（2）旅游区和旅游景点经营者应当采取防范风险措施，设立机构为游客提供安全保障和救援服务。（3）从事旅游业务的组织和个人应负责对游客进行危险警告；在紧急情况下及时通知和指导游客；采取必要措施，配合有关组织和个人为游客提供救援服务。

第三节　中国与东盟国家旅游安全合作的综合挑战

东盟是一个多元社会，中国与东盟旅游安全合作既需要稳定、健康、一致和可持续的市场环境，也需要政治、经济、民意、安全等多元层面的综合支持。近年来，全球化秩序受到挑战、中东局势持续动荡、恐怖主义盛行，

① Supplement to Official Gazette of The Republic of Indonesia. Law of The Republic of Indonesia Number 10 of 2009 Concerning Tourism.［Z］Indonesia，2009.

② the 14th National Assembly of the Socialist Republic of Vietnam. This law provides for tourism.［Z］Vietnam，2017.

极大地改变和塑造了国家间的合作机制和模式。自“一带一路”倡议提出以来，中国与东盟之间关系步入了“钻石十年”的发展阶段，中国与东盟在经济、政治、文化、旅游等方面的战略合作也逐步深入。但是，美国启动和维持重返亚太战略、并恶意干涉南海局势等战略动作对中国与东南亚国家的关系带来了负面影响，中国与东盟的合作关系出现了紧张态势。这些宏观国际环境的变化必然影响东盟各国的政治局势和经济形势，并可能给民众的观念意识带来冲击，使地区安全环境复杂化，同时对东盟旅游业的可持续发展及东盟与邻近地区的旅游安全合作带来严峻挑战（见图 6-3-1）。

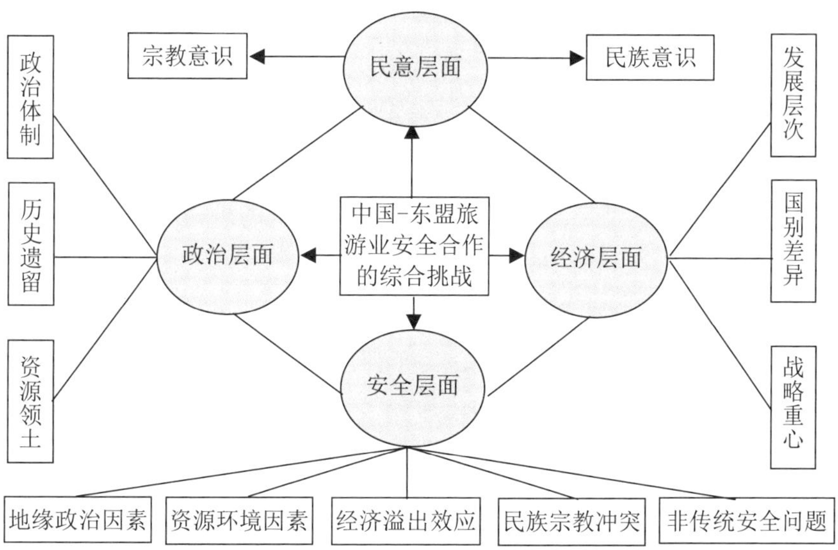

图 6-3-1 中国—东盟旅游安全合作的综合挑战

一、政治层面的挑战

旅游安全合作的开展需要政治环境的支持和政府层面的合作意愿。近年来，随着中国与东盟政治互信关系的全面深化，为两地旅游安全合作塑造了良好的政治基础。但是，由于中国与东盟各国在政治利益和政治取向上的差异，也为两地旅游安全合作持续带来挑战。同时，东盟内部政治体制差异、资源领土争端以及历史遗留问题凸显，不仅严重阻碍东盟政治安全共同体与政治一体化的建立，也对两地旅游安全合作造成剧烈的冲击。

在政治体制方面，东盟各国政治制度迥异。其中，老挝和越南是社会主义国家，是以工人、农民、知识分子联盟为基础的人民民主国家，国家的一切权利属于人民，这与我国政治制度大体相似；新加坡是东盟各国当中唯一实行议会共和制国家，总统为国家元首，国会是一院制，立法、行政、司法三权分立制衡；2010 年缅甸进行了民主改革，但 2021 年缅甸军方发动了第四次政变推翻了昂山素季政府；印度尼西亚和菲律宾则建立了总统制联邦共和国，总统是国家的元首，拥有国家的最高权利；泰国、柬埔寨、马来西亚和文莱是君主制国家，其中泰国、柬埔寨、马来西亚实行的是君主立宪制国家，是树立人民主权、限制君主权力，实现事实上的共和政体。文莱则是绝对君主制国家，君位采用世袭方式产生，君主拥有绝对的权力。东盟各国类型多样的政治体制，使得东盟各国在国情、意识形态、价值观念等方面存在明显的差异和分歧，这不仅是东盟内部政治一体化发展的潜在离心力，也妨碍了中国与东盟旅游安全合作的推进。

在当前形势下，东盟各国内部的矛盾分歧和利益冲突也日趋突出和尖锐。第一，在领土争端方面，东盟各国家之间大都存在领土边界的矛盾，这一直是东盟内部争端产生的最主要原因。近年来，柬埔寨和泰国的边界领土争端已多次濒临失控的边缘，甚至上升到武装冲突的境地[①]。同时，在南海诸岛的领土主权归属争议中，我国与东盟的分歧也愈演愈烈。第二，在历史遗留问题方面，越南与柬埔寨之间曾发生柬越战争，两国间的关系持续恶化，历史恩怨至今难以调和，在诸多合作议题中貌合神离。第三，在油气等资源的开发方面，由于各国地理位置不同，资源要素禀赋也有所差异，为各国的矛盾凸显埋下了隐患，局部冲突也不断激化升级。此外，域外大国制衡战略的调整，其高调介入东盟内部错综复杂的政治关系，不仅使得东盟内部矛盾冲突进一步激化升级，也严重阻碍了中国与东盟旅游安全合作所需的稳定政治环境的形成。近年来，东盟也将消除内部政治分歧作为首要任务，并坚持主张

① 赵姝岚，孔建勋. 2015 年东南亚地区政治与安全形势［J］. 东南亚南亚研究，2016（1）：1–8.

东盟政治安全共同体的建立，先后成立的东盟协调理事会、东盟外交部长机制等措施发挥了重要的作用，在一定程度上缓解了东盟内部的体制差异、内部矛盾冲突和南海争端，这些都为东盟旅游业的发展提供了有利的政治环境。

二、经济层面的挑战

近年来，随着东盟经济共同体建设的推进，东盟实现了地区间生产要素的自由流通和社会文化资源的自由组合，各国间经济贸易合作机制也在不断建立、健全和完善，社会经济发展面貌得到了显著的改善和提升。但各国经济发展仍存在显著的区域性差异，严重阻碍了内部经济一体化进程与安全合作议题的开展。东盟各国经济发展水平“参差不齐”，从地理位置来看存在“南富北穷”的地域差异。根据东盟各国在国民生产总值、GDP 增长率、人均 GDP 以及外商直接投资额等经济指标状况，东盟各国的经济发展阶段可区分为三个层次。此外，东盟各国对旅游经济发展战略的重视程度也存在差异。

新加坡是东盟地区唯一的发达国家，产业结构合理，经济增长势头良好，是国际的金融中心和重要航空中心，属于东盟经济发展的第一层次。新加坡采取开放性的经济发展战略，以金融服务业为支柱性产业。近年来，新加坡国内生产总值排名靠前，增长步伐稳健。同时，新加坡基础设施和公共服务体系完备，生活水平远高于东盟其他国家，人均 GDP 稳居东盟第一。

马来西亚、泰国、印度尼西亚、菲律宾是东盟新兴的工业化国家，制造业在国民经济中占有重要的地位，属于东盟经济发展的第二层次。它们在 GDP 保持较高的增长水平，四国累计 GDP 已超过东盟整体 GDP 的 75%，成为东盟经济增长的四大核心引擎。但是，在经济发展中并没摆脱以初级产品加工为主的局面，在对发达国家的经济合作中也没有掌握主动权，国内产业结构失衡严重。

文莱、缅甸、越南、柬埔寨、老挝这五个国家的经济发展水平则较为落后，属于东盟经济发展的第三个层次。其中，文莱的国民生产总值虽然居于东盟经济发展的第三层次，但是文莱具有丰富的石油、天然气资源，其人均 GDP 却位居东盟十国前列，是东盟富裕的国家之一。依靠石油等资源的出口，在一定程度上刺激了文莱经济的增长，但是国内经济发展受石油、天然气的价格波动大，并且其工业设备、农产品、日用品大部分依赖进口。越南已经逐步确立了以国有制经济为主、其他所有制经济共同发展的社会主义经济制度，2010—2019 年期间年均国内生产总值增长率达到 6.5%，处于稳定发展阶段。柬埔寨、老挝、缅甸的经济水平属于东盟第三层次国家之末端。缅甸虽然有较为丰富的自然资源，不过其农业和工业发展极其缓慢，贫困人口比例较高，是世界上较为不发达的国家之一。老挝和柬埔寨都是将以稻谷为经济作物的农业作为经济发展重心、工业基础薄弱。电力正成为老挝的支柱产业，柬埔寨近几年也将经济发展的重心投向旅游业，并将旅游业逐渐打造成支柱性产业，不过两个国家的经济水平仍处东盟国家之末。所以，东盟各国的工业化程度和社会经济发展水平差距过大（见表 6-3-1、表 6-3-2），这不仅制约了东盟区域一体化的深度和广度，在推动区域旅游业安全合作发展的进程中也将面临不少困难与挑战。

表 6-3-1　东盟各国家的实际国内生产总值（2011—2020 年）（单位：亿美元）

国家	2011 年	2012 年	2013 年	2014 年	2015 年	2016 年	2017 年	2018 年	2019 年	2020 年
文莱	185.34	190.50	181.01	171.03	127.90	114.11	121.36	135.56	135.11	120.00
柬埔寨	128.04	140.11	[illegible]	[illegible]	[illegible]	[illegible]	[illegible]	[illegible]	271.04	[illegible]
印度尼西亚	8465.23	8746.39	9046.92	8893.85	8549.53	9305.37	10140.90	10400.51	11211.39	10591.46
老挝	80.61	101.93	119.55	132.74	144.20	158.93	169.53	180.96	188.29	190.62
马来西亚	2981.42	3148.95	3221.59	3374.56	2987.16	2989.71	3213.84	3583.56	3646.16	3372.87
缅甸	565.02	602.82	618.63	663.31	597.95	646.32	672.68	763.31	665.00	701.77
菲律宾	2342.28	2622.84	2807.72	2978.32	3064.65	3186.44	3288.31	3448.87	3767.93	3615.19
新加坡	2793.29	2950.84	3075.78	3148.50	3090.83	3191.10	3435.62	3756.47	3755.43	3399.25
泰国	3709.33	3977.64	4206.16	4073.04	4012.69	4133.24	4563.54	5066.14	5442.22	5015.43
越南	1355.41	1558.20	1712.19	1862.24	1939.28	2055.21	2240.43	2411.57	2617.79	2717.99
东盟	22605.96	24040.20	25143.98	25465.20	24629.96	25974.70	28068.73	29993.04	31700.35	29978.34

数据来源：《东盟统计年鉴 -2021》（ASEAN Statistical Yearbook 2021）

表 6-3-2　东盟各国直接吸引外资投资额（2011—2020 年）（单位：亿美元）

国家	2011 年	2012 年	2013 年	2014 年	2015 年	2016 年	2017 年	2018 年	2019 年	2020 年
文莱	12.08	8.65	7.26	5.68	1.71	−1.50	4.60	5.17	3.75	5.77
柬埔寨	8.92	15.57	12.75	17.27	17.01	24.76	27.88	32.13	36.63	36.25
印度尼西亚	192.42	191.38	184.44	218.10	166.42	39.21	205.79	205.64	238.83	183.10
老挝	4.67	2.94	4.27	9.13	10.79	10.76	16.95	13.58	7.56	9.68
马来西亚	120.01	94.00	121.07	108.75	101.80	112.90	92.96	76.11	78.60	35.12
缅甸	20.58	13.54	26.21	9.46	28.25	29.90	40.02	16.10	17.30	22.06
菲律宾	18.16	27.97	38.60	58.15	56.39	82.80	102.56	99.49	86.71	65.86
新加坡	398.87	601.02	566.71	732.85	597.02	702.24	846.85	759.54	1141.58	905.98
泰国	24.74	128.99	159.36	49.76	89.28	34.86	82.85	131.91	47.90	−48.49
越南	75.19	83.68	89.00	92.00	118.00	126.00	141.00	155.00	161.20	158.00
东盟	875.63	1167.74	1209.66	1301.15	1186.67	1161.91	1561.48	1494.66	1820.06	1373.32

数据来源：《东盟统计年鉴 -2021》（ASEAN Statistical Yearbook 2021）

三、民意层面的挑战

东盟各国中无一例外都是多民族、多宗教国家，宗教意识、民族意识都是人民意识形态的体现，多样化的民族、宗教文化也形成了互有不同的民众意识。多样化的民族、宗教意识在带来积极正效应的同时，也引起了东盟地区间的动荡不安，甚至直接导致了东盟各国在多元合作上的猜忌与隔阂。从宗教文化上看，东盟各国具有很强的宗教性，宗教中既有本土衍生的原始教派，也有外来地区的宗教文化传播①。并且，大多数国家拥有一种占据主导地位的宗教，其对整个国家的意识形态、社会文化都具有潜移默化的影响作用，在一些国家也存在多种宗教信仰并存且相互冲突的现象。

在东盟地区，佛教、基督教、伊斯兰教这世界三大宗教都拥有大量的信

① 骆荣．东盟一体化进程中的文化认同障碍因素研究［D］．云南师范大学，2009.

仰群众。佛教在柬埔寨、老挝、缅甸、泰国、越南得到大多数人的信奉，其中柬埔寨、泰国、老挝将佛教作为国教，几乎超过85%的民众都是佛教教徒，佛教的慈悲、仁善等教条已成为其精神文化的主体。伊斯兰教的原教旨主义鼓吹“圣战”，消灭异教徒，这是东盟恐怖袭击事件的重要根源之一。其信众在东盟主要分布在文莱、马来西亚和印度尼西亚，其中文莱和马来西亚将伊斯兰教作为国教，在文化、生活习惯等方面都深受伊斯兰教的影响。印度尼西亚是世界上穆斯林人口最多的国家，伊斯兰教在印度尼西亚具有强大的社会号召力。菲律宾是东盟唯一的天主教国家，天主教的教条也使天主教徒与穆斯林之间有很深的敌意和偏见。并且由于华人华侨的迁移，儒教等具有传统中华文化特征的教派在东盟也有部分信仰群体。其中，新加坡是移民国家，是除中国以外全世界华人占比最多的国家。由于新加坡华人对于中华传统文化的重视与传播，在20世纪初掀起了“儒教复兴运动”[①]，儒道佛等中国传统文化深深地塑造了新加坡的文化和生活形态。因此，从整体上看，各国宗教意识更为多元，对东盟的政治、经济、文化等问题的冲击日益显著，甚至出现宗教极端主义的势力。

与复杂的宗教构成一样，东盟各国几乎都是多民族国家。从民族构成上看，由于历史上人口的频繁迁移，各国的民族构成都较为多元。东盟民族主要由华族、缅族、泰族、马来族、印度尼西亚族、越族、爪哇族、高棉族等几百个民族组成，有的国家有一个人口占绝大多数的民族，有的国家有几十甚至上百个民族，存在各种各样的民族纠葛和矛盾。尤其是在民族认同方面，各民族经济水平和发展条件的差异一直都是冲突的焦点，在东盟一些国家甚至因民族差异而出现分裂主义的倾向。譬如，自印度尼西亚独立以来，民族主义运动澎湃，排华情绪强烈，大大小小的排华骚动层出不穷，甚至直接攻击、抢掠华人。究其原因，经济的落后以及与华人间贫富悬殊一直都是矛盾

① 李元瑾.从新加坡两次儒学发展高潮检视中国、新加坡、东南亚之间的文化互动［J］.中国哲学史，2005（3）：124-128.

的焦点，“黑色五月暴动”排华事件更是将民族冲突推至巅峰[①]。印度尼西亚排华事件在整个东盟民族认同方面仅是个例，但也体现了东盟民族差异问题日趋复杂化。由此可见，不同的宗教文化和民族意识对于国家民意的形成和塑造有着显著的差别，也造成了各个国家之间民意相互隔阂，这不仅是东盟实现完全一体化进程中最大的矛盾之一，也是中国与东盟经济协作、旅游安全合作的巨大挑战。

四、安全层面的挑战

在结束长达五个世纪的殖民统治以及“二战”法西斯的军事统治和经济掠夺后，东盟各国深感民族独立的重要意义和国家安全的重大价值。时至今日，东盟仍受到来自内部矛盾和外部国际形势两个安全层面的挑战。虽然东盟安全机制在维护地区安全和稳定方面发挥了很大的积极作用，安全共同体理念也将东盟安全形势逐步引入合理的发展轨道，但“内忧外患”让东盟的风险形势处于严峻的状态。东盟外部的安全挑战，是由东盟独特的地缘政治因素和资源政治因素决定的。东盟地处亚洲东南部的中南半岛和马来群岛，从横向来看，东盟国家位于印度洋和太平洋的交界处；从纵向来看，东盟也处于亚洲大陆和大洋洲的中心区域。所以，东盟处于两大洋和两个大陆之间的交叉路口，不仅是亚、欧、非和大洋洲海上贸易的重要航道，也是世界海、空运输的枢纽中心，其独特的地缘政治地位使得东盟一直都是大国的必争之地[②]。同时，东盟国家拥有丰富的石油、天然气、橡胶、锡等战略资源，其中文莱更是石油、天然气富国，泰国的橡胶生产居世界首位。为此，东盟一直都是大国逐鹿之地。在当今的国际形势下，美国加快第三次“重返亚太”战略，并且高调介入中国与南海的争端，其本意无非就是在亚洲地区制衡中国的发展，保持在太平洋区域的主导地位。在多方博弈下，东盟的国际风险形势岌岌可危。在错综复杂的国际压力下，东盟安全机制推行的“大国平衡战

① 郭秀玲.身份认同视角下的“黑色五月暴动”原因探析［J］.湖北科技学院学报，2015，35(6)：88-90.

② 李松寒，王森.与大国共舞——东盟的大国平衡战略［J］.东南亚纵横，2012（9）：3-7.

略”也起到了调节制衡的微妙作用。东盟正在引入中国、美国、日本等多方的力量实现制约均衡，塑造利于自身国家的稳定环境，以谋求自身的发展。但是，东盟所处的安全形势仍不容乐观。

东盟内部的安全挑战是由东盟各国经济发展不均衡的“经济溢出效应”、民族宗教矛盾以及非传统安全问题等因素引起的。在东盟十国中，各个国家的经济发展水平原本就存在着显著的地域差异。在失衡的经济发展水平下，东盟内部经济合作一体化产生的红利无法实现合理分配，利益分配不均更是加剧了经济失衡的矛盾。根据2020年东盟统计年鉴，新加坡的人均GDP是缅甸、柬埔寨等国家人均GDP的40余倍，东盟内部经济水平两极分化严重。在失衡的经济情况下，东盟内部由于领土、资源等原因引发的国家间争端不在少数。其中，柬埔寨和泰国在柏威夏寺附近领土主权的归属问题已经不断激化，甚至上升到武装冲突的地步。再者，东盟国家内部的宗教、民族问题不断地激化，有些地方甚至采用极端的恐怖主义手段去实现自己的政治目标，民族问题和宗教问题相互交织、互为因果牵连已成为冲突表现的主要内容。从地域上来看，民族宗教冲突多围绕菲律宾南部、泰国南部、印度尼西亚东部等地方发生[①]。同时，在东盟内部以恐怖主义、贩毒、跨国走私、非法移民、电信诈骗等为主的非传统安全问题也在日渐扩大升级。非传统安全问题不仅在规模与威胁上日益凸显，模式日趋成型，其造成危害的范围也日趋广泛，涵盖经济、生态、社会、信息等方方面面，逐步成为东盟内部安全治理中的难题。为了应对严峻的安全挑战，东盟各国也积极探索和构建安全机制，也初步形成了以安全决策机构、安全决策原则以及争端处置程序为核心的安全框架体制来应对内外部的安全挑战。虽然粗具雏形的安全框架体制已逐步将东盟的安全隐患引入正轨，在东盟经济、社会发展中保驾护航的作用日益显著，但是形成稳定的安全环境还有很长的一段路需要探索。

---

① 张学刚．东南亚国家深陷民族宗教冲突的困局［N］．中国民族报，2009-01-03（8）．

第七章　中国与东盟国家旅游安全合作的体系建设

旅游业是中国与东盟经济发展最快、最具有活力的产业之一，建立中国与东盟旅游安全合作架构是应对两地旅游安全挑战、适应地区体系转型、深化人文交流的战略选择。近年来，中国与东盟旅游交流快速发展，区域旅游一体化进程不断加深，但是两地旅游安全合作严重滞后。在东盟地区，历史遗留问题和民族宗教矛盾复杂交错，国家间冲突时有发生，以及区域恐怖势力的猖獗，导致两地旅游安全形势日益严峻。同时，中国赴东盟旅游安全事件表现出类型多、程度深、地域广等规律性特征，范围覆盖社会公共安全、自然灾害、旅游事故灾难等类型，旅游安全已成为系统性的国际社会问题。应对这些日渐复杂的安全事件与日益严峻的安全形势，需要中国与东盟运用立体思维，既重视政府层面合作，也需要企业与民间同时发力，整体设计，满足两地旅游安全合作在机制共享、平台协作、联合决策、信息共享、救援互助等诸多层面的需求，推进中国与东盟国家旅游安全合作体系的建构。此外，推动建立中国与东盟旅游安全合作体系架构建设，对维护地区安定和谐，塑造国际安全旅游形象，实现两地旅游市场健康、有序发展具有重要的战略意义和现实意义。

第一节　中国与东盟国家旅游安全合作的内涵与路径

一、中国与东盟旅游安全合作的基本内涵

“共识、共商、共建、共担、共享”是中国政府推动“一带一路”倡议的基础原则。作为这一倡议下的具体合作工程，中国与东盟的旅游安全合作也应围绕“共识、共商、共建、共担、共享”的基本原则，推动旅游安全合作共识、共商、共建、共担、共享体系与能力的建设，推动中国与东盟旅游安全合作治理体系与合作治理能力的现代化，提升中国与东盟的旅游安全风险治理水平，为两地的旅游交流与发展提供坚实的安全基础与保障。具体包括：

1. 旅游安全合作共识

在合作共识方面，以旅游者生命财产安全的保障和旅游业可持续发展为旨归，消弭各方疑虑与担忧，促进中国与东盟旅游安全合作共识的凝聚。区域旅游安全合作涉及政府、企业、民间等诸多利益相关者，具有操作的困难性和挑战性，甚至存在国家间的猜疑与隔阂，这亟须各国政府和利益主体充分认识到旅游安全合作的重要性与必要性，形成合作的共识与理念，为推进两地旅游安全合作提供坚实的观念基础和条件。

2. 旅游安全合作共商

在合作共商方面，秉持求同存异的基本原则，引导旅游安全合作协商机制的形成。中国与东盟各国在政治、经济、文化等社会环境互有不同，以致各地旅游安全风险的基础形势、旅游安全管理的体制机制、旅游安全伤亡的赔付规模等都不尽相同。因此，需要两地建立磋商协调机制、共商合作模式、为扎实推进合作行动提供协商环境。

3. 旅游安全合作共建

在合作体系共建方面，要科学规划、系统谋划，上下合力推进旅游安全合作体系建设。区域旅游安全治理体系建设是一个系统工程，既要重视国家

间的协同努力，也要重视政府力量、市场力量和民间力量等多元力量的融合推动，要形成旅游安全合作体制、机制、法制和资源投入等一揽子解决方案。

4. 旅游安全合作共担

在合作共担方面，要建立旅游安全投入成本共担的机制与模式。各国基于共同的旅游安全目标、各自投入并加强旅游安全应急体系的建设，中国等发展水平较高的国家可多承担平台、标准、人才建设等方面的成本，以促进区域内旅游安全软硬件体系的均衡发展，支撑和推动旅游安全合作工程的有序推进。

5. 旅游安全合作共享

在合作共享方面，建立旅游安全收益共享的实体与机制。比如合资共建旅游安全救援企业，通过跨区域旅游安全救援企业的发展获得市场收益，并回馈各国的合作投入，实现旅游安全业务和旅游安全收益的共建共享。以此为基础，中国与东盟各国可以共享良好的旅游安全环境及其带来的区域人文交流、旅游经济发展、地区和谐发展等安全红利，实现区域共同发展。

二、中国与东盟旅游安全合作的战略路径

推动中国与东盟旅游安全合作，既符合两地旅游业发展的共同利益，也是对旅游合作新领域的积极探索。面对日益严峻的安全形势与挑战，中国与东盟需运用战略思维，既要加强国家、产业、企业等方面的系统协作，也需要从利益相关者的多元协作中寻找出路，并形成一套行之有效的旅游安全合作体系，为区域旅游安全合作一体化发展提供战略基础和前提。中国—东盟旅游业安全合作框架如图 7-1-1 所示。

1. 中国与东盟旅游安全合作的宏观引导

随着中国与东盟的旅游业发展步入黄金期，两地的旅游安全合作也随之推进，区域旅游应急合作机制的建构势在必行。在旅游安全合作的进程中，两地政府是合作议程的倡导者、规则制定者和秩序管理者，政府的宏观引导具有重要作用和积极意义。宏观引导的路径任务包括：

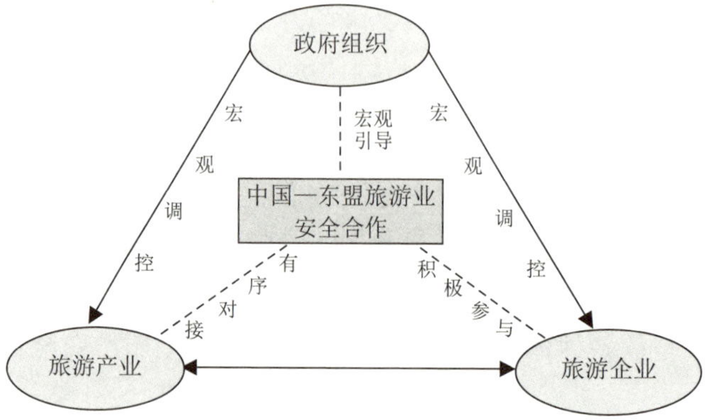

图 7-1-1　中国—东盟旅游业安全合作框架

第一，确立旅游安全合作的宏观战略。在“总体国家安全观”的指引下，在国家战略层面重视中国与东盟等地区间的旅游安全合作，将其作为区域旅游交流合作的基础和前提，把区域旅游安全合作与游客安全保障写入区域旅游交流合作的战略文件。同时，依托《领事保护与协助工作条例》等法律法规，将海外中国游客的安全保障与合作促进作为国家的战略目标与阶段性任务。在国家发布的旅游业发展规划、文旅发展规划、出境旅游发展规划等各类规划文件中，应强调和突出出境旅游安全合作治理的重要性与路径机制，以全面引导区域旅游安全合作的议题与进程。

第二，推进旅游安全合作的机制协议。建立健全中国与东盟各国政府间的安全合作机制，缔约并深入贯彻合作协议，为两地旅游安全的深层次合作提供政策保障。政府间合作协议是一种重要的合作方式与制度安排，既能将两个地区间的旅游安全合作以更简单的形式、更直接的效益、更高效的方法加以落实，为区域旅游安全协作营造一个更为宽松的氛围，也对区域旅游安全共同体的建设具有重要的基础意义和建构意义。同时，政府间安全合作协议的缔结必须摆脱宣言、意见书等“纸上谈兵”的模式，要在现有的合作协议框架的指导下，从安全合作细则、政府职能对接等层面实质性推进战略协议与合作进程。

第三，重视旅游安全合作的舆论引导。建构旅游安全合作的舆论氛围，促动政府、企业、游客等各类利益相关者重视出境旅游安全，认知区域旅游安全合作的重要性，对于有效推动旅游安全合作进程具有重要意义。可通过塑造两地民意观念、推动两地专家交流、举办旅游安全会议论坛等形式，推动旅游安全合作舆论氛围的建构。其中，“东盟旅游论坛”“东盟旅游部长会议”“中国福建周”“中国—东盟城市安全发展合作项目研讨会”等各类论坛会议对于推动合作共识和舆论的形成具有重要作用。

2. 中国与东盟旅游安全合作的中观推进

在推进旅游安全合作的宏观进程下，相关政府部门、地方政府、行业协会等应该拟定具体的合作行动，通过安全环境打造、安全资源建设、安全协作网络建设等方式，建立起旅游安全合作的中观产业环境与条件。具体包括：

第一，推进合作地区的旅游安全环境打造。加强两地旅游安全环境的塑造与管理，在源头进行安全风险把控，为两地游客提供公共基础安全保障服务。首先，两地政府需共同推动旅游要素企业的安全准入与监管，不仅注重对游客的人身财产安全保障，也注重对旅游市场运行秩序的规范管理。要为旅游景区、旅游饭店、旅游线路产品、旅游设施的安全准入提供标准、规范、预案等服务支持，并进行安全准入评估，以从市场源头把控，切实保障旅游者的安全[①]。同时，需进一步塑造基层旅游行政机构和旅游社区的管理与服务职能，强化旅游基础设施和旅游接待体系的建设，完善公共安全服务，并积极处理游客的安全诉求，以推动地方旅游安全环境的塑造。其次，两地政府需要促进旅游保险体系的建设和发展，引导两地旅游市场设立标准相对统一的旅游保险产品。推动旅游保险市场的规范化和标准化，并以多样化、合法化的保险类型吸引游客投保，为两地的旅游安全合作提供基础性支持。

第二，推进合作地区的旅游安全资源建设。旅游产业的安全保障需要系统的旅游安全资源体系的建设与支撑。旅游安全资源建设涉及事前的预防预备资源、事发的监测预警资源、事中的处置救援资源和事后的恢复重建资源。预防预备资源涉及安全应急制度与机制、安全装备资源、基础安全保障体系等资源

① 谢朝武. 旅游应急管理［M］. 中国旅游出版社，2013.

要素。监测预警资源涉及监测平台、渠道、装备等资源要素。处置救援资源涉及社会动员机制、联动协调机制、救援力量等资源要素。恢复重建资源涉及保险产品、媒体监督、重建资源等资源要素。东盟各国经济发展水平存在巨大差异，旅游业在国民经济中的地位也不尽相同，因此各国所具备的安全资源和条件也各不相同，需要针对性地推进旅游安全资源合作建设议程。

第三，推进合作地区的旅游安全协作网络建设。在中国与东盟的旅游安全合作进程中，需要遴选旅游业发展条件成熟、安全保障力量较强的支点国家和支点城市，并与国内的旅游支点城市建立起有效的旅游安全协作网络，塑造旅游安全保障的一体化发展网络。2015 年我国发布《推动共建丝绸之路经济带和 21 世纪海上丝绸之路的愿景与行动》，明确指出将福建的福州、厦门、泉州纳入“海上丝绸之路”建设的重点港口城市，建立海上合作战略支点[①]。这些城市是古代海上丝绸之路的重要枢纽港口城市，在不同时期对东盟各国的经济文化建设都发挥了巨大的影响和作用。当前，可充分利用福建、广东、广西、云南等省份的战略支点城市，与东盟国家相关城市建立协作网络，推进旅游安全制度机制、旅游安全装备资源、旅游保险产品等各领域的协作互动，以形成互利共赢的旅游安全协作支持网络。

3. 中国与东盟旅游安全合作的微观促进

旅游企业是旅游安全生产的主体，是保障游客人身财产安全的基础力量。在推进区域旅游合作的进程中，旅游企业的积极响应与配合是合作进程取得成功的基础因素。其中，旅游要素企业、旅游电商平台企业、旅游安全资源业务企业等具有不同的合作任务。

第一，促进旅游企业间订立安全保障协议。经营出境业务的旅游企业应该积极加强旅游安全生产的主体控制，按照法律法规的要求进行旅游安全生产，在出境目的地选择合格的旅游供应商，并与供应商订立游客安全保障协议，明确安全准入条件、安全责任分担和游客安全保障要求，为出境游客提供可靠的安全保障基础。同时，两地的旅游饮食、住宿、交通、景区、购物、

① 韩海燕.“一带一路”上的 15 个港口城市［J］. 走向世界，2015（42）：82-87.

娱乐等旅游要素企业应该严格遵守所在国家的安全生产法律法规，加强安全生产管理，切实履行安全生产责任，所在国政府要严格监管旅游企业的安全合规性。

第二，促进旅游电商平台实施安全准入控制。近年来，我国的携程、去哪儿、同程等电商平台发展迅速，越来越多的出境游客通过电商平台订购景区门票、船票或者一日游旅游产品。2018 年的泰国沉船事件中，不少涉事游客就是通过电商平台购买的相关服务产品。为了加强出境游客的安全保障，旅游电商平台应该加强对东盟地区旅游服务供应商的安全审核，强化安全准入控制。对于没有旅游安全标准的国家，大型的电商平台可以编制企业自身的旅游安全标准，以此作为审核各类旅游服务供应商的基础要求。旅游行业应该重视大型电商平台的企业标准在引导供应商服务、强化安全基础等方面的功能作用。

第三，促进旅游安全资源企业的网络化发展。中国和东盟国家尚未建立起具有国际品牌声誉的旅游资源业务企业，在旅游安全救援领域的国际品牌企业较为缺乏，旅游安全救援的装备和能力也较为薄弱。因此，各国应该基于旅游安全合作议程推动旅游安全市场的一体化，并以此为基础推动旅游安全救援等旅游安全资源企业的网络化布局，实现中国和东盟地区建立起基础雄厚、功能完善、业务丰富的旅游安全资源企业，并可合作打造世界级的旅游安全救援企业，实现旅游安全的成本共担和收益共享。

4. 中国与东盟旅游安全合作的多元协作

中国与东盟的旅游安全合作是一个系统工程，需要政府组织、企业组织、社会机构、民众团体等多元主体的有效协调和集体联动，这是发挥多主体力量、实现合作议程有序推进的主体基础。各主体的协作任务包括：

第一，强化国家和地方政府的上下协作。在当前环境下，中国出境旅游安全事件类型复杂化、受伤游客群体化、事件成因多元化、应急舆情国际化。因此，加强出境的安全保障既是行业健康发展的要求，也是国家安全形象的重要体现。在国家层面，应该致力于持续推动区域旅游安全合作议程，这是区域旅游经济一体化的重要基础。在地方层面，应该为出入境旅游的发展营造安全健康的发展环境，积极配合与响应国家的区域旅游安全合作战略，这不仅对中国旅游业的未来发展意义非凡，对于国家整体层面的安全建设和经济发展也具有重要的基础意义和建构意义。

第二，强化多元社会主体的有序合作。旅游产业是一个多元利益主体共存的经济产业，不仅政府机构在旅游安全合作中发挥重要作用，旅游行业协会、旅游院校、旅游专业组织等也承担着重要的促进功能。其中，旅游行业协会在旅游安全合作中具有议题建构、行业示范、集体响应等重要功能。旅游院校在旅游安全合作中具有智库服务、智力支持、人才培养、学术交流等重要功能。华侨社团、民间救援组织等旅游专业组织在旅游合作中具有业务支撑、辅助协同等重要功能。要积极发挥以上社会主体的协同作用和动能。

第三，强化两地民众的协作支持。中国与东盟地区一直有广泛的民间交流传统，民众的友好观念和协同支持是旅游安全合作工程能得以开展的基础。要推动民众建立重视旅游发展、关注安全保障的基础观念，这是打造安全、健康、友善的旅游发展环境的基础。同时，要不断提升民众的旅游安全素质，既要有抵抗旅游安全风险的能力素质，也要有救援他人的能力素质，实现从业人员、旅游者、一般民众协同支持旅游安全合作的良好格局。

第二节　中国与东盟国家政府间旅游安全合作体系建设

中国游客赴东盟旅游面临着复杂的安全形势与挑战，旅游安全合作体系的建设势在必行。两地亟须以政府为主导，从顶层设计入手，科学谋划、系统规划、循序渐进地推动旅游安全合作体系的建设。两地需要确立政府在旅游安全合作中的倡导者、管理者和支持者角色，明确旅游安全合作体制，确立旅游安全合作任务体系，健全完善旅游安全合作的平台体系，并建立一套行之有效的旅游安全合作机制体系，共同应对日益复杂的旅游安全形势，缓解中国与东盟旅游安全合作带来的安全压力。

政府是区域旅游安全合作的主要推动力量。由于国家意识形态差异与传统安全合作模式的影响，以及涉及国家旅游形象与国家安全等敏感地带，导致中国与东盟各国政府的旅游安全合作既缺乏共识观念，也缺乏应有的组织体系和运作机制。因此，必须发挥政府组织在两地旅游安全合作中的统筹协调作用，明确两地旅游安全合作的战略导向、阶段任务、主要目标和具体措施（见图 7-2-1），形成两地各级政府间旅游安全管理的任务体系，推动并引导两地全方位的旅游安全合作进程，为旅游安全合作体系的建构提供基础性支持。

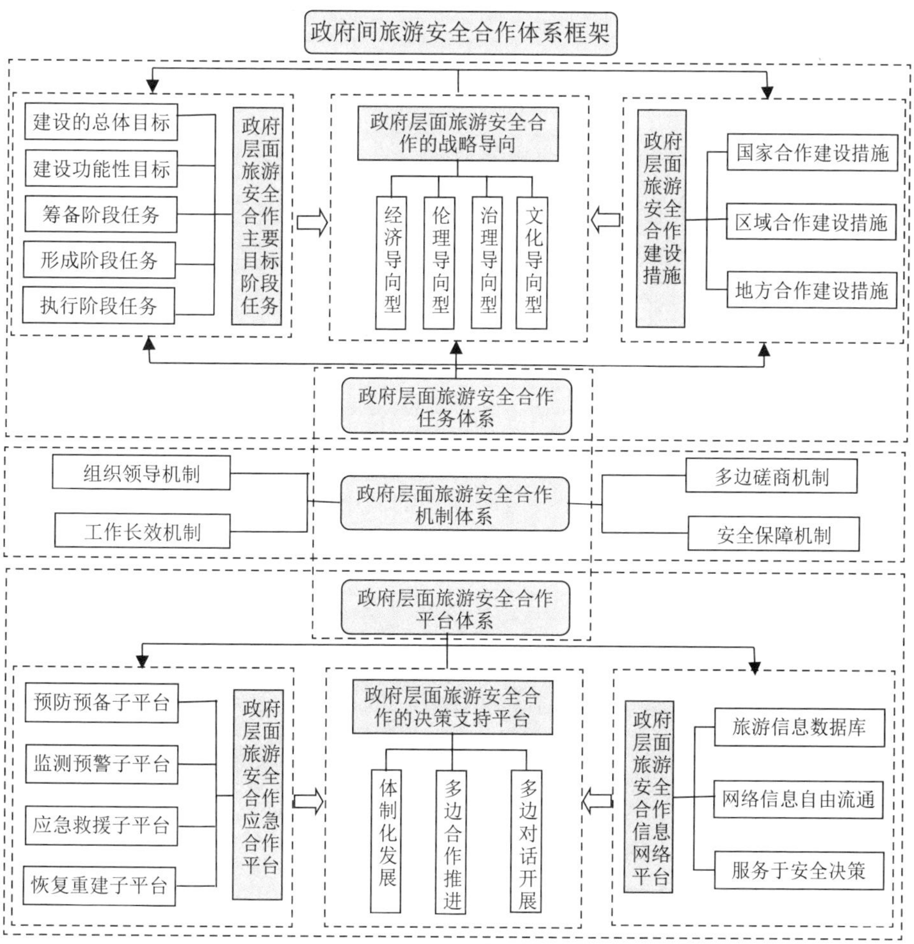

图 7-2-1　中国与东盟政府间旅游安全合作框架

一、政府间旅游安全合作的主要导向

生命是人最重要的权利，安全需求是旅游者最基础的需求，保障旅游者的生命与财产安全是旅游活动具有存在价值的基本前提，实现安全发展是促进旅游产业可持续发展的基本内涵。因此，保障旅游者的生命财产安全，推动中国与东盟旅游业的安全发展，应是中国与东盟地区共建旅游安全合作体系的基本战略导向。由于旅游安全合作体系建设是一个系统工程，因此有必要从经济、伦理、文化、治理等不同视角进行战略审视，并据此建构起不同的任务战略。

1. 经济导向

经济导向是指从经济视角审视旅游安全合作战略的成本和收益。从经济的角度看，旅游安全合作体系的建设是一个系统工程，涉及旅游安全人力、设施设备、环境、管理等成本要素的投入，需要面向食、住、行、游、购、娱等多个旅游分支行业，这是为预防和处置旅游安全事件投入的综合成本。但是，旅游安全事件是最大的成本和浪费，重大安全事件发生后，旅游地和旅游企业不仅需要支付紧急处置、巨额赔偿等直接成本，还需要担负因安全事件导致的形象受损和客源流失等间接成本，甚至可能摧毁旅游地可持续发展的基础。同时，为保障旅游安全而开展的旅游安全投入及相应安全资源的建设，有助于增加旅游就业，提升旅游品质，从而带来多方面的经济收益。因此，加强中国—东盟旅游安全合作体系建设工作不是一个成本浪费工程，而是一个成本节约工程，更是一个效益创造工程。在合作战略的经济目标上，加强中国—东盟旅游安全合作体系的建设，应该致力于形成和创造综合性的安全收益，推动中国—东盟旅游产业的安全发展。

2. 伦理导向

伦理导向是指从伦理视角审视旅游安全合作战略的意义与价值。从伦理视角来看，安全是旅游者的基本需求和权利，安全的开展旅游活动是旅游行为具有价值和意义的前提，安全得不到保障的旅游产品不是旅游者所需要的产品。中国与东盟旅游安全合作体系的建设，旨在建设两地旅游安全合作的任务、机制与平台等，致力于避免旅游安全事件、降低旅游安全事件的发生率、减少旅游安全事件导致的人员伤亡和财产损失，这是重视旅游者安全伦理和安全权益的基本体现。在合作战略的伦理目标上，中国—东盟旅游安全合作应该致力于保障旅游者的生命与财产安全，关怀旅游者的旅游质量，为旅游者的安全旅游创造可靠的旅游环境，提供必要的安全资源，支撑旅游产业的安全发展。

3. 文化导向

文化导向是指从文化视角审视旅游安全合作战略的认知、理念及文化的支撑作用。从文化视角来看，旅游安全的认知、判断、治理具有鲜明的文化属性，旅游工作人员之间、旅游者之间、工作人员与旅游者之间，具有不同的安全认知和理念。因此，中国与东盟旅游安全合作方应致力于推动各方建立起科学的旅游安全文化，传播科学的旅游安全理念，强调旅游者和旅游从业人员要形成基本的安全理念、具备应有的安全素质、掌握必备的安全技能，重视旅游设施设备的本质安全，强调旅游环境的安全性，重视旅游安全管理体制、机制的持续优化。在合作战略的文化目标上，中国—东盟旅游安全合作应该致力于突破跨文化障碍，建构科学的旅游安全文化，推动各类主体塑造、实施和传播旅游安全文化，为中国—东盟旅游产业的安全发展提供文化基础。

4. 治理导向

治理导向是指从治理视角审视旅游安全合作战略的过程、方式与效率。从治理视角来看，旅游安全合作是一个治理工程，是一个对旅游安全人员、设备、环境和管理要素等旅游安全资源进行优化配置并实现旅游安全治理目标的过程，两地需要面对复杂而严峻的旅游安全形势，并突破合作的困难与挑战。因此，中国—东盟旅游安全合作应该致力于高效率的推进旅游安全合作体系建设，系统解决旅游安全合作的体制、机制、法制，形成旅游安全治理的新格局、新形势。通过两地旅游安全合作体系工作的开展，要促进风险信息、风险对策、防控资源等治理要素的有序流通，要能对旅游发展中的安全事件和风险因素进行高效率的预控和处置，提升安全治理的专业性、及时性、全面性。在合作战略的治理目标上，中国—东盟旅游产业应该致力于形成高效率的旅游安全合作体制，明确旅游安全合作共识、共商、共建、共担、共享的机制，形成政府力量、市场力量、民间力量融合发展的资源要素，为中国—东盟旅游产业的安全发展提供全方位的资源支撑。

二、政府间旅游安全合作的主要目标

目前，中国与东盟各国政治制度迥异、民众意识形态相异、社会文化环境不同、旅游发展阶段参差不齐。因此，各国参与旅游安全合作的具体内容应互有不同。但是，各国应该围绕保障旅游者生命财产安全的基础目标和促进旅游业安全发展的战略导向，协作确立旅游安全合作的任务目标，为旅游安全合作工程的具体推进提供指南。

1. 总体目标

在现阶段，中国与东盟旅游安全合作工程应致力于完成以下总体目标：第一，形成健全的旅游安全合作体系。建设安全稳定的旅游环境，为加快两地旅游业的深层次合作、提升旅游业的总体发展质量、促进旅游业健康有序发展提供基础性支持。第二，全面提升合作国家的旅游安全治理水平。中国与东盟的旅游安全治理基础不同，应通过两地的旅游安全合作，建立共同应对风险挑战与安全事件的资源与能力，实现资源共享、信息互通、机制协同，并逐步提升旅游安全治理的整体水平。第三，基于多元主体力量建设现代化的旅游应急能力，形成旅游安全事件的跨境联动机制，有效减少出入境旅游安全事件，降低旅游突发事件发生频率，减少安全事件所造成的人员伤亡和财产损失。

2. 功能性目标

推动中国与东盟地区的旅游安全合作，需要解决旅游安全合作的体制、机制、法制和资源等基础建设任务，形成功能结构完整的旅游安全合作体系。其目标包括：第一，两地需要为推动旅游安全合作建立领导组织和实施机构，具体开展旅游安全合作的业务工作，可以尝试在中国与东盟中心这一政府间合作组织内设置旅游安全合作任务小组，增加旅游安全的职责与功能。第二，建立旅游安全合作的任务机制，明确旅游安全合作的任务目标，并建立旅游安全“共识、共商、共建、共担、共享”的具体机制，明确旅游应急管理的全流程合作机制。第三，建立旅游安全合作的制度与法制基础。围绕旅游安全合作治理的重点领域和任务目标，形成共识文件、建立行动标准、制订法规政策，可持续地推动旅游安全合作议题的开展。第四，建立旅游安全合作的资源基础，强化旅游安全装备、旅游安全人才、旅游安全应急平台、旅游安全救援企业等安全资源的共同建设，为旅游安全合作的开展提供基础的资源条件。

三、政府间旅游安全合作的阶段性任务

两地政府是区域旅游安全合作体系建设的倡导者、政策的制定者、主体利益的协调者，应发挥其统筹兼顾的角色作用，引导两地旅游安全工作的开展。同时，两地旅游安全合作体系的建设并非一朝一夕之功，这是一个长期、综合的系统工程，需要两地政府分阶段逐步推进（见表 7-2-1）。

表 7-2-1　政府层面旅游安全合作体系建设的阶段任务

阶段	旅游安全合作任务
合作筹备阶段	◆加强政府旅游安全能力建设 ◆推动两地旅游安全合作观念的建设 ◆明确两地旅游安全协作主体 ◆完善两地旅游安全合作的顶层设计
体系形成阶段	◆确立政府间旅游安全合作体系 ◆建立政府间旅游安全合作平台 ◆加强两地旅游安全资源与要素流通 ◆制定旅游安全合作标准
执行落实阶段	◆确立两地旅游安全政策法规 ◆稳步推进两地政府安全合作工作 ◆扩大政府合作网络与协作体系

1. 合作筹备阶段

在合作筹备阶段，两地政府应加强自身安全建设，推进两地旅游安全合作的基础体系建设。包括：第一，加强政府旅游安全能力建设。两地政府是

区域旅游安全建设的主导力量，是两地旅游安全体系结构、概念框架的主要推进者、管理者和建设者。提高两地政府的旅游安全管理水平和建设能力，有利于为旅游安全合作提供更好的专业基础。第二，推动两地旅游安全合作观念的建设。合作观念是两地旅游安全全方位、宽领域合作的前提条件和意识基础。两地政府应明确旅游安全合作的基础原则，协作推进安全合作的观念建设，达成合作的民意共识，为合作体系的形成与执行落实建立正确的观念环境。第三，明确两地旅游安全协作主体。两地旅游安全合作建设需要政府组织、企业组织、民间组织等多个层面的全面合作，应确立以政府组织为主导，企业、民间组织为支撑的安全合作体系，为合作工程提供多主体支撑力量，应尽早建立旅游安全合作的领导机构和执行落实机构。第四，完善两地旅游安全合作的顶层设计。包括设定两地合作的战略导向、体系框架、平台架构和目标机制等核心内容，这是旅游安全合作体系建设工作运行和开展的重要基础。

2. 体系形成阶段

在体系形成阶段，政府间合作的主要任务应侧重于旅游安全合作体系、平台、资源和标准的打造。包括：第一，确立政府间合作体系。两地围绕旅游安全合作体系，建立具体的合作体制、合作机制、合作法制和合作预案，以形成高水平的区域旅游安全合作架构。第二，建立政府间协作平台。协作平台是政府间开展合作工作的战略支撑，主要包括推动交流合作的对话平台、支撑安全合作的信息网络平台、提升应急效率的应急决策平台等。第三，加强政府间交流与要素流通。两地需要加强旅游安全人才、旅游安全设施设备、旅游安全保险、旅游安全救援等旅游安全资源要素的交流与流通，推动旅游安全资源建设水平的不断提升。第四，制定旅游安全合作标准。旅游安全合作既涉及旅游要素场所的相关安全标准，也涉及旅游应急合作的行动标准，通过明确核心领域的旅游安全标准，有助于两地游客形成相对统一的安全认知和安全预期，有利于提升合作效率。

3. 执行落实阶段

在执行落实阶段，政府应引导合作进程，进一步推动旅游安全合作工作有条不紊地开展。主要任务包括：第一，优化两地旅游安全政策法规。根据两地旅游安全发展形势，不断优化和完善旅游安全政策法规和管理体系是提升合作成效的基础。通过有效的政策法规保障，可为两地旅游安全建设提供正当性和合理性，基于法律层面的交流合作，也为进一步的旅游安全合作执行和落实打下基础。第二，扩大政府合作网络与协作体系。在落实阶段，可根据合作需求扩大合作网络和业务范围，持续引导企业和民间主体参与旅游安全资源建设和相关合作行动，提升旅游安全合作的效率。第三，优化旅游安全合作行动。结合旅游安全合作的效果评价，不断优化合作的体制、机制、法制和预案，优化具体的行动标准和方案，有助于不断推进旅游安全合作进程，促进合作目标的持续实现。

四、政府间旅游安全合作的主要机制

国家间的旅游安全合作是一个系统工程，需要多主体的共同参与，需要调动政府、产业、企业和民间等各种力量参与其中。目前，部分国家已经在逐步倡导安全合作机制的建立，签订旅游安全合作协议，推进政府层面的旅游安全合作业务。面对未来，两地政府需要在多边合作的基础上，在组织领导、业务执行、多边磋商、安全保障等方面建立规范化、程序化、制度化的行动机制（见图 7-2-2），推动旅游安全合作议程的高质量落实执行。

1. 建立旅游安全合作的组织领导机制

中国与东盟国家建立了密切的合作关系，在旅游安全领域已经开始了常态化机制的建构。例如，中国与泰国合作成立中泰旅游市场监管合作协调小组，推动常态化的沟通与协调，中国与菲律宾统一在对方境内对等设立旅游办事处。中国、老挝、缅甸和泰国等国共同签署《中老缅泰湄公河流域执法安全合作工作会议联合声明》，以推进包括旅游安全合作在内的跨境联合执法合作。此外，中国还与越南建立了邻近海域的海上搜救合作机制。显然，如此丰富的旅游安全合作机制的建构，需要相对统一的领导机构负责推动、协调和落实。面对后疫情时代旅游业的发展态势，相关的旅游安全合作业务会迅速增加。因此，应推动在外交部、文旅部等国家部门层面，与东盟国家的相关部门合作设立中国与东盟旅游安全合作办公室，以实现常态化旅游安全合作机制的开展。

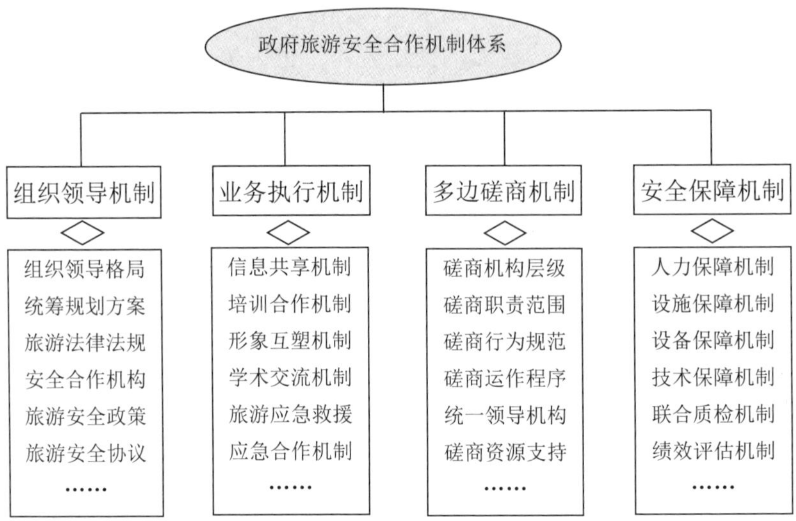

图 7-2-2　中国与东盟政府旅游安全合作机制架构

2. 明确旅游安全合作的业务执行机制

区域间的旅游安全合作要解决旅游安全事件预防预备、监测预警、处置救援、恢复重建等核心业务，因此要建立推动旅游安全合作的业务执行机制。这些机制的建构既要依托于现有的法律政策环境与合作机制，又要符合中国与东盟的旅游发展客观实际，既要立足于当前旅游业的发展现状与特征，又要与今后旅游安全发展趋势相结合。具体而言，旅游安全信息共享机制、旅游安全培训合作机制、旅游安全形象互塑机制、旅游安全学术交流机制、旅游应急救援与合作机制等常态化旅游安全合作业务中的核心机制。

第一，旅游安全信息共享机制。旨在促进中国与东盟国家间的安全信息交流与分享。知己知彼是旅游安全工作科学开展的基础，是减少误会、促进认同的重要方式。旅游安全信息分享的内容既包括各国的旅游安全法律法规、政策文件、预案标准，也包括实时监测的风险信息、突发事件及应急处置的相关信息，以为国家间的监测预警和应急处置合作提供信息条件。例如，

2023 年 3 月中国自媒体传出泰国的“割腰子”舆情，这重创中国赴泰旅游，这也表明了两地旅游安全信息合作的重要性。

第二，旅游安全培训合作机制。旨在推动旅游安全知识的传播交流，提升两地旅游安全人才的能力素质。两地可以通过共同开设旅游安全培训班，帮助对方国家的旅游安全行政人员和从业人员熟悉合作国家的旅游安全形势、法律法规、预案标准、应急手册、安全服务规范等，也可培训旅游安全领域的最新知识、设施设备和理念，让学员们了解最前沿的旅游安全操作方法。也可通过联合应急演练，增强重大突发事件合作应急处置的能力水平。

第三，旅游安全形象互塑机制。旨在强化各国的旅游安全形象互助，推动合作国家主动去维护彼此的旅游安全形象。旅游安全事件是打击国家旅游发展、地区旅游形象和游客旅游信心的“杀手锏”，信息失真、信息误解、信息不对称等信息障碍也会直接导致地区旅游安全形象全盘崩毁，甚至会阻碍旅游安全事件的应急处理从而引发安全危机。因此，增强中国与东盟各国之间的旅游安全形象互塑机制尤为重要，各国都有必要加强信息传播、促进真实信息的共享、合作建立安全的旅游形象。

第四，旅游安全学术交流机制。旨在加强中国与东盟国家间的旅游安全科研合作与学术思想交流。旅游安全突发事件的发生发展具有因果性、条件性、规律性，需要通过科学研究认知其机制和规律。通过调动两地旅游安全科研的积极性，营造良好的学术氛围，可为中国与东盟各国的旅游安全合作提供智力支持。两地旅游安全学术交流可通过旅游教育培训、学术专题讨论会、旅游安全高峰论坛等不同方式开展，在多领域促进双方旅游管理员、旅游专家、行业协会等不同专业群体的深度交流，完善旅游安全学术交流体系，为两地旅游安全合作提供理论支撑、决策支持和政策建议。

第五，旅游安全应急合作机制。旨在加强中国与东盟国家共同应对和处置旅游突发事件的能力水平。为减少旅游安全突发事件及其导致的损失、降低旅游安全事件影响，需要根据发生地域、事件等级、安全任务不同，建立整体联动、信息同步、资源共享的旅游应急处置与救援合作机制。应该发挥中国—东盟“10+1”、亚洲合作对话等多边合作机制的作用，推动两地旅游在应急处置与救援等领域的合作机制建设。应持续完善旅游安全应急组织机构，落实法规政策、签订合作协议、磋商应急预案，优化应急合作的基础条件。同时，应积极开展联合应急演练，检验预防、预警、响应和恢复等应急业务的合作效能，提高旅游突发事件处置的效率和效益。具体机制如图 7-2-3 所示。

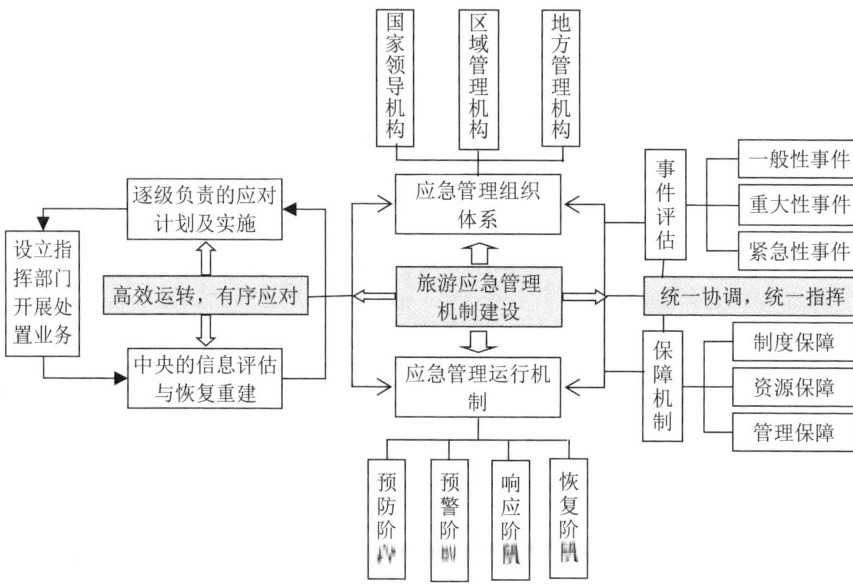

图 7-2-3　旅游安全应急合作机制

3. 推行旅游安全合作的多边磋商机制

旅游安全合作共商应该是国家间交流合作的基本原则和制度机制。中国与东盟国家可以通过多边磋商机制，以多边协商的方式确定各方旅游安全合作的职责范围、合作规范、运作程序等行动标准，并通过多方联合规范来约束各方行为，满足各方利益诉求，形成良好的多方互动格局，务实高效推动各国旅游安全合作的开展。

目前，中国与东盟各国的旅游合作具有相互促进、高度依存、共同发展的联动关系。为避免中国与东盟各国在政治制度、意识形态、社会文化环境、旅游发展阶段等方面的差异成为掣肘两地旅游业深层次合作的阻碍因素，有序推进两地旅游安全合作，中国与东盟先后建立了领导人会晤机制、部长级对话机制、集体对话机制等磋商机制。这些机制发挥了重要的作用，在一定程度上缓解了多方分歧，将两地旅游安全合作的议程逐步引入正轨。

因此，建立地区磋商机制是各方相互协调、缓解利益冲突的关键环节，也成为地区旅游安全合作有序开展的基石。近年来，中国与东盟地区的磋商机制也相继在海上安全合作、国家关系塑造和区域经济合作中开展。通过该机制，中国与泰国、老挝、缅甸推进了包括旅游安全合作在内的跨境联合执法合作机制的建设。我们也看到，中国与东盟国家的旅游市场监管、海上联合搜救、跨境联合执法等旅游安全合作议题并没有在所有东盟国家全面铺开，合作的业务内容也有待进一步丰富。联系需要通过磋商机制持续地丰富合作内容、优化合作机制、提升合作效率，对安全合作做出更加全面、更深领域、更高层次和更为健全的安排，并在统一领导、预防预警、应急响应、紧急救援、责任界定等方面达成共识，进一步形成结构完善、主体明确、体系完善的旅游安全协作框架。

4. 实施旅游安全合作的基础保障机制

保障性管理是区域旅游安全合作的基础机制。中国与东盟国家的经济发展水平不同，旅游安全共担的能力也具有较大差异。作为经济大国和出境游客的主要贡献国，保障海外中国公民的安全是中国的大国担当。中国应致力于稳步推进两地旅游安全合作的制度化、长期化和平衡化发展，并协调各类主体落实安全合作进程。作为中国与东盟旅游安全合作的主要发起国，中国应该以保障性协作作为基础导向，利用自身在人力资源、设施资源、技术资源、管理资源等安全保障资源方面的优势，为中国与东盟的旅游安全合作体系建构投入更多保障资源，形成资源丰富、机制稳定的旅游安全保障体系。

第三节　中国与东盟国家企业间旅游安全合作体系建设

旅游企业是餐饮、住宿、交通、游览、娱乐、购物等旅游活动的主要承载者，是面向旅游者实施旅游安全保障的重要主体，也是两地旅游安全合作的主要引导力量。从宏观角度来看，旅游企业安全管理具有关联性、综合性和应急性，在企业层面建立旅游安全合作体系是实现区域旅游安全协作、提升两地旅游业安全管理水平的基础和前提。从微观角度来看，旅游者在旅游活动的各个环节都面临着复杂的风险来源，旅游安全管理是旅游企业日常性旅游业务管理工作，是保障旅游者安全的重要方式。因此，建立旅游企业的安全合作体系是增强两地旅游安全管理水平的客观要求。

在中国与东盟的旅游安全合作中，单纯依靠政府的宏观主导和民间的资源辅助，其合作的广度和深度还不足以支撑两地旅游安全合作框架的建立。旅游企业作为直接的利益相关者，其合作能够缓解安全利益冲突，支撑两地旅游安全合作的顺利开展。同时，依托既有的体制框架，在政府的主导下和民间的辅助下整合两地旅游企业资源，充分发挥旅游企业商业网络和专业技术优势，可促成两地旅游安全管理体系的建设。

旅游企业在两地旅游安全合作中具有支撑性作用，既是旅游安全合作中规则制定的参与者，也是安全建设工作的协助者。在两地旅游安全合作中，政府组织在行政关系和经济关系的重叠成为主要制约因素，民间组织因其志愿性和合法性问题难以得到快速推进，此时旅游企业的商业网络模式和专业技术优势能够发挥关键作用。因此，强调旅游企业在两地旅游安全合作中的支撑协调作用，明确旅游企业安全合作的主要目标、阶段任务和主要措施（见图 7-3-1），形成企业层面旅游安全合作的任务体系，对促进两地旅游安全合作体系的建立具有重要作用。

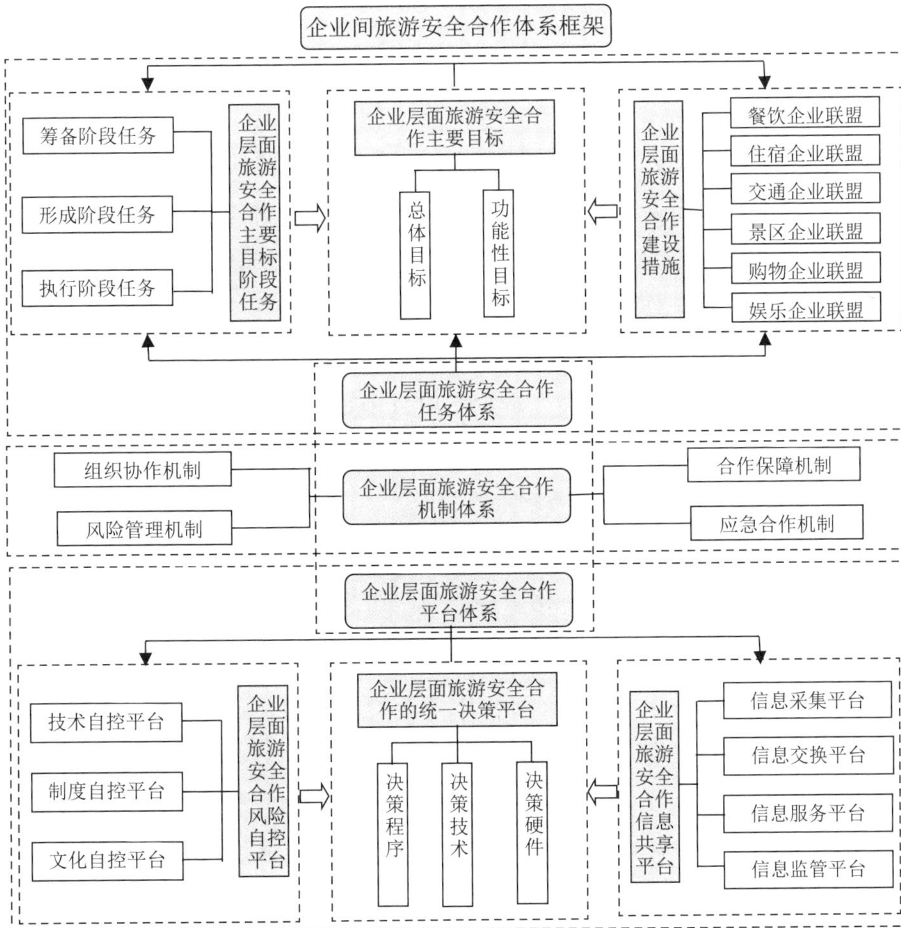

图 7-3-1　中国与东盟企业间旅游安全合作框架

一、企业间旅游安全合作的主要目标

企业层面旅游安全合作可能发生在旅游活动的任何一个环节，需要各方面资源予以配合协调。旅游企业安全管理合作需在总体目标和功能性目标的引导下，完善两地旅游企业安全合作框架，从宏观设计和整体运作层面保障两地旅游活动的健康有序进行。

1. 总体目标

总体目标是两地旅游企业安全合作的建设依据，其主要内容包括：第一，形成企业层面旅游安全合作体系框架，整合两地旅游企业的资源，强化市场力量在两地旅游安全合作中的支撑作用，提高行业层面的旅游安全管理水平；第二，构建两地旅游企业商业网络和联动机制，积极推进企业间的横向联合与纵向兼并，以企业集团或企业战略联盟的形式开展旅游安全合作；第三，推进两地旅游安全合作的专业化分工，加强产学研合作，提高应对两地旅游安全合作的专业性、技术性与高效性；第四，建设旅游企业商业救援体系，发挥市场的中坚力量，提供应急咨询、应急预防、应急预警、应急救援和恢复重建等方面的专业化服务，推进两地旅游安全合作在企业市场层面的标准化和规范化。

2. 功能性目标

依托两地旅游企业安全合作建设框架，可将企业层面的旅游安全合作目标解构为制度建设目标、市场融合目标、资源共享目标、业务创新合作目标四个功能性目标模块。

旅游安全制度合作是两地旅游企业根据旅游安全合作业务的需求，建立相对一致的安全业务流程、规范、标准等的合作行为，这可为实施旅游安全合作搭建基础条件。其中，旅游安全应急处置标准、旅游安全信息分享机制等制度机制的共同建设应成为合作的重点。由于旅游企业类型不同、规模优异，开展制度合作的难度较大，因此还需要政府引导和推动。

旅游市场融合的主要目标是促进两地旅游要素的自由流通，实现对旅游安全事件的有效预防和及时响应，通过打通市场壁垒促成旅游企业间的安全合作与对接。两地旅游企业还应当加强对两地游客安全需求的信息收集、分析和处理，促进市场扩容与企业业务安全合作的标准化，并调整两地市场安全需求和安全供给间的关系，以建立共同旅游市场、推动两地旅游安全合作体系建设。

资源共享的工作重点是实现企业间优势资源互补，促进不同地区、不同产业链和上下游企业间的资源配套和共享协作，为助力企业旅游安全合作塑造前提基础。需要指出的是，企业间合作必须以其所处的社会环境、合作对象、合作渠道等为基础展开资源互换，实现关键资源要素的优势互补，以此促进企业安全管理合作中技术手段、技术人员、物质资源和管理方法等诸多资源要素的整合与共享。

旅游安全创新业务合作是一个正在引起两地重视的合作领域。传统的旅游企业业务合作往往重视旅游消费活动的要素环节，注重旅游市场宣传和相关业务的合作，以更好地服务于游客的旅游消费和活动开展。但是，旅游安全业务的市场化是一个全球趋势，而中国和东盟国家都尚未建立起成熟的旅游安全业务体系，诸如旅游保险、旅行援助服务、旅游线路安全筹划、旅游风险防范等业务领域都还处在发展过程中，这给两地旅游安全业务的创新合作提供了相同的起点，开展本领域的合作具有广泛的前景。

表 7–3–1　中国与东盟旅游企业合作概况举例

企业名称	企业性质	企业经营方向
泉州市云旅旅游开发有限公司	马来西亚云旅集团与泉州合资设立泉州云旅科技有限公司。	其主营旅游信息化服务平台、智慧景区设计规划、工程建设及旅游项目投资等。
阿里旅行·畅游新加坡	新加坡旅游局与在线旅游平台阿里旅行的战略合作。	阿里旅行将整合新加坡当地的航空、酒店、景区景点、主题乐园、演出、餐饮、购物等旅游资源，为赴新加坡的中国旅游者提供一手的、本地化的、更为丰富的旅行产品与服务。
马来西亚中国旅行社有限公司	马来西亚在中国的境外地接旅行社。	主要业务有：代理各大航空公司机票；组办国内外各类进出口旅行团、本地旅行团、协办国内外招商会议、工商考察、文化交流等。
福建省海外国际旅行社有限公司	福建省海外国际旅行社有限公司是随着我们国家东南亚游、港澳游的发展而共同发展的。	其业务范围包括：商务考察、邮轮旅游、会议奖励、高端产品策划、专项旅游经营，以及国内、省内游市场。
柬埔寨环亚旅行社有限公司	专业致力于提供柬埔寨全境（金边、暹粒、西哈努克港）越南及缅甸地接服务。	公司分为团体旅游部、散客集散中心、订房部、票务部、会奖旅游部及网络营销部等多个部门组成，包括酒店预订、旅游租车、机票车票预订、导游服务等业务。

二、企业间旅游安全合作的阶段任务

旅游企业是旅游各环节的直接承接者和安全基础保障者，是两地旅游安全合作体系建设的中间力量和支撑力量。推进两地旅游企业的安全合作体系建设并非一朝一夕之功，需要两地旅游企业分阶段稳步推进，综合提升企业的安全管理水平和完善旅游安全合作机制（见表 7-3-2）。

表 7-3-2　企业层面旅游安全合作体系建设的阶段任务

阶段	旅游安全合作任务
合作筹备阶段	◆加强旅游安全业务建设，推动企业快速发展 ◆促进企业安全理念建设，建设安全文化管理制度 ◆积极主动的参与两地旅游安全合作体系建设
体系形成阶段	◆确立旅游企业合作体系架构 ◆明确企业平台协作体系 ◆加强两地企业间的交流与业务往来 ◆完善两地企业业务合作标准
执行落实阶段	◆建立企业组织联盟，形成网络化的商业体系 ◆完善两地旅游企业市场化的旅游安全合作机制 ◆加快完善旅游企业业务类型和专业化分工

1. 合作筹备阶段

在企业合作筹备阶段，两地旅游企业应完善企业自身建设，以支撑旅游安全合作体系建设工作的开展。第一，加强旅游安全业务建设，推动企业快速发展。企业发展是两地旅游安全合作的基础和前提，是影响两地旅游安全合作开展的重要因素。推动两地各类旅游企业加强自身业务建设，既有助于优化两地企业合作结构，也能够有效提升两地旅游安全合作的质量水平。其中，专门的旅游安全业务企业建设和旅游企业安全业务建设是两个不同层次的建设任务。第二，促进企业安全理念建设，建设安全文化管理制度。目前，两地旅游企业在风险管理的制度、措施等方面均存在较多的问题，在一定程度上制约了企业合作的深层次开展，这是一个亟须转变的局面。两地的旅游企业应根据内部安全管理需求和外部安全环境挑战，建立科学、系统、适合本企业的安全文化管理制度，形成科学的旅游企业风险管控和安全生产理念与价值观。第三，积极主动地参与两地旅游安全合作体系建设。旅游企业是两地旅游安全合作的中坚力量，以参与者、协助者的角色推动两地合作进程，不仅能够高效服务于两地旅游合作需求，也有利于促进旅游安全合作体系结构的优化。

2. 体系形成阶段

在体系形成阶段，旅游企业是两地旅游安全合作的主要建设者，应侧重于以下工作的开展。第一，确立旅游企业安全合作体系架构。旅游企业作为微观主体，需明确旅游企业安全体制、安全协作机制等建设任务，全面落实旅游企业层面旅游安全合作的法规制度建设，建立起较为完善的安全合作体系架构。第二，明确企业安全平台协作体系。企业安全协作平台是一个以安全沟通、安全分享、安全协作为基础的合作架构，其主要包括统一决策平台、信息沟通与交流平台、风险自控平台和应急合作平台等。通过企业间安全平台的支撑作用，充分利用组织资源，以实现旅游安全协作的共同目标。第三，加强两地企业间的安全交流与业务往来。两地旅游企业的安全合作并不是只依赖于某一种类的旅游企业，而是依托各类旅游相关企业整合各方资源开展的多元合作。通过企业间的安全人员往来、安全业务合作、安全项目推进等方式，推动旅游安全业务合作研发，并逐渐推动全面化的安全业务合作。第四，完善两地企业安全业务合作标准。两地旅游企业应加强安全业务、安全制度、安全程序等的标准化建设，对开展两地旅游安全合作项目的人员、设备、过程、管理等进行制度设计和标准规范，实现两地旅游安全合作的标准化发展。

3. 执行落实阶段

在执行落实阶段，依靠市场在资源配置中的基础性作用，发挥企业组织的主导作用，主要开展以下的工作。第一，建立企业组织联盟，形成网络化的商业体系。在对不同类型、不同性质的企业一致联合的基础上，建立多维度、网络化的商业合作模式，整合多方资源支撑企业安全合作框架，对旅游安全合作的机制体系予以有效的推进落实。第二，完善两地旅游企业市场化的安全合作机制，以项目开展、业务合作等形式建设商业化、专业化合作模式。在政府行政推动、民间公益辅助的基础上，运用企业组织的市场竞争性、互补性、灵活性等市场特征予以补充，鼓励商业协作网络化、业务实施专业化，持续推动企业安全合作机制的完善。第三，加快完善旅游企业业务类型和专业化分工。两地旅游企业安全合作建设需要覆盖餐饮、住宿、交通、景区、购物、医疗、法律、消防等诸多层面，因此需要加快两地相关旅游企业的业务类型建设和业务质量建设，以较高的专业化水平和合理的业务结构完善并推进两地旅游企业安全合作框架体系的建设。

三、企业层面旅游安全合作的机制体系

随着两地旅游规模的发展和企业合作关系的日益密切，旅游企业的合作呈现跨区域性、多层次性和复杂性等特征。相应的，两地旅游企业安全合作机制和合作框架体系也需要去逐步地建设和完善。旅游企业是两地旅游合作建设的支撑环节和中坚力量，能够有效引导旅游市场要素、企业协作网络和商业救援力量参与其中，辐射到政府组织、民间机构难以涵盖的范围和领域，在两地旅游安全合作体系的广度和深度上予以推进。因此，建立、健全和完善企业层面旅游安全合作机制，实现旅游市场资源的高效整合，需从组织协调机制、管理保障机制、风险管理机制、应急合作机制等入手，形成综合性的旅游企业安全合作机制体系。

1. 组织协同机制

旅游企业需要建立支撑旅游安全业务工作的组织机构。为了推动中国与东盟地区的旅游安全合作，可以建立中国—东盟旅游企业安全与应急协作委员会，在宏观上协调两地旅游企业间的安全合作资源、信息和行动，为处置涉及两地旅游企业的重大突发事件和舆情提供组织机构基础。在微观上，逐步引导旅游企业在内部成立安全生产与应急管理机构，能针对安全生产和应急管理实施调控，并能执行两地旅游企业间的安全与应急沟通。比如，中国赴东盟旅游的交通安全事故较为频发，中国的组团社与东盟国家的地接社应该建立能开展安全与应急沟通的组织机构，并有具体的人员安排，在应急处

置时能及时地传递应急信息，推动应急工作的开展。

2. 业务协同机制

中国和东盟国家的旅游企业需要实施不同的旅游安全法律法规，各自的旅游安全生产职责与应急管理机制具有差异性。为了提升旅游安全合作的成效，两地应该根据国际通行的原则和实际需求，协商确定核心的安全生产业务和应急管理职责，确保旅游企业间安全业务和安全沟通的顺畅性。其中，两地可对旅游企业的安全生产制度建设、安全教育与培训、重大危险源管理、应急演练等核心的安全业务提出相对一致的要求，以使两地的旅游企业能具有安全对话的基础，能够顺畅地开展旅游安全业务领域的合作行动。同时，两地可以共同开发与旅游安全相关的商业产品。两地旅游企业合作涉及风险提示、旅游保险、旅行援助服务、旅游安全设施设备与技术产品等各种商业产品，这也是一个有待开发的庞大旅游市场。两地相关企业可联合开发相关产品，共同推动旅游安全援助市场的成长和成熟，为两地旅游产业的安全发展提供坚实的市场基础。

3. 标准协同机制

旅游安全标准的协同有利于两地游客建立相对一致的行为预期，并有利于工作人员和游客采取科学的安全行为。差异化的旅游安全标准，则可能导致工作人员和游客具有不同的安全预期并造成严重的事故后果。例如，2018年7月5日，中国赴泰游客遭遇沉船事件，导致47名中国游客遇难。研究发现，泰国海事局只对7~8级台风进行安全预警，只有泰国海事局发出预警的情况下，游客的退票行为才能获得相关退款，而事发当天遭遇的6级大风。同时，部分游客因为怕热没有领取和穿戴救生衣，而工作人员没有提出强制要求。这表明，安全预警标准的设立和安全防护标准的执行都存在明显的问题，这是导致大规模伤亡的重要原因。因此，两地应该协商可能引致伤亡事故的旅游安全预警标准、旅游安全防护标准和公共卫生安全、食品安全标准、特种设备安全标准、高风险旅游项目安全等标准旅游安全业务和产品安全标准，从标准要求和标准实施等多个层面加强协调与合作，这是提升旅游安全合作成效的重要层面。

第四节　中国与东盟国家民间旅游安全合作体系建设

中国与东盟各国人缘相亲、文缘相通、商贸往来密切，深厚的历史渊源推动了数千年的官方往来和民间交往，这也为两地在民间层面的旅游安全合作建设奠定了现实基础。民间组织是推动旅游安全合作进程的重要力量。由于管理体制、配置效率等的不足，政府在旅游安全合作中可能存在“失灵”，难以满足日益个性化、复杂化的旅游安全需求和旅游安全形势。此时，应充分利用更贴近服务对象、更了解民众安全需求、更具有灵活性的民间组织，使其能有效协助政府组织的旅游安全合作工程，填补政府效率不足、效用不佳的缝隙[①]。民间组织在两地旅游安全合作中扮演的是监督者、协作者和参与者的角色。目前，两地旅游规模日益庞大，旅游安全事件的突发性、紧迫性和高度不确定性增加。因此，亟待引入民间力量，明确其在两地旅游安全合作的主要原则、主要目标、主要机制，形成两地民间层面旅游安全管理的合作框架，有助于补充政府安全管理力量的不足。

一、民间旅游安全合作的主要原则

民间组织又称第三方部门，是有别于第一部门（政府）和第二部门（企业），以非营利为目的、民间自发形成的社会组织。因此，民间组织表现为在地方、国家或国际级别上组织起来的非营利性的、自愿性的公民组织，如行业协会、基金会、民办非企业单位、学术性团体、志愿者组织等社会组织，具有公益性、自愿性等特征[②]。中国与东盟两地的民间合作应是在既有条件、既有体系、既有框架下开展的创新工作，它要求两地旅游安全合作秉持对等合作、广泛参与、整体部署等发展原则，能共同为两地旅游安全发展贡献力

① 党秀云.公共治理的新策略：政府与第三部门的合作伙伴关系［J］.中国行政管理，2007(10)：33-35.

② 沈荣华.非政府组织在应急管理中的作用［J］.新视野，2005（5）：42-44.

量（见图 7-4-1）。

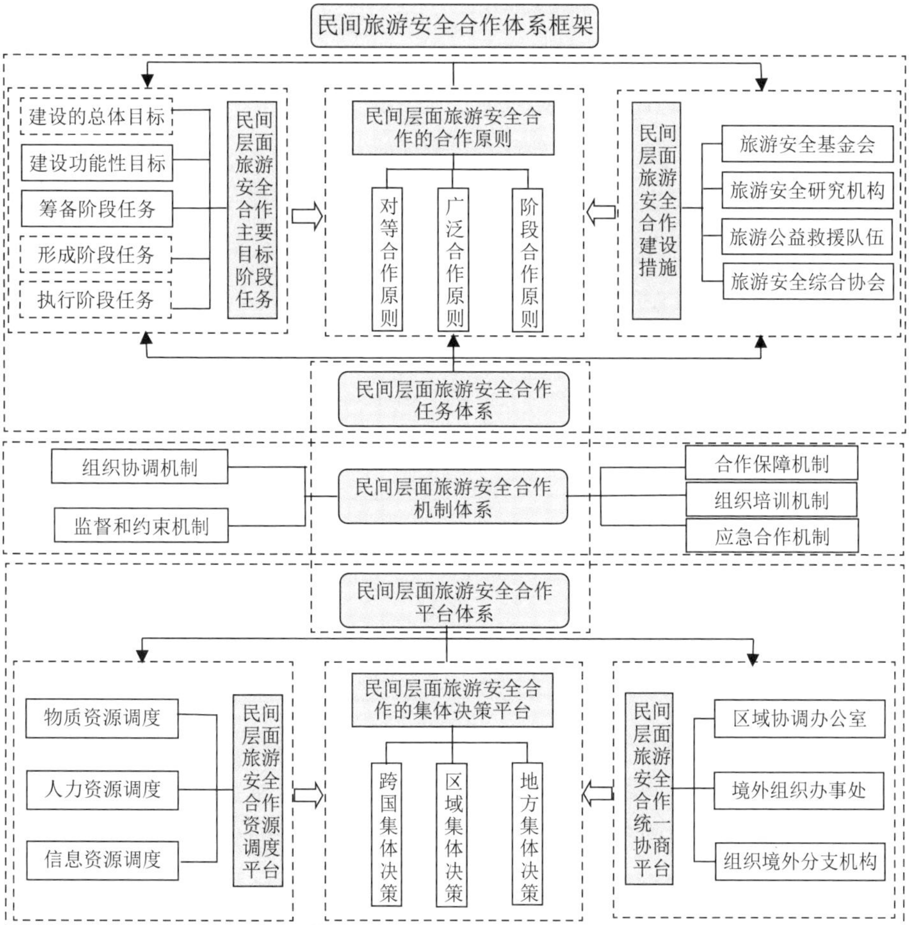

图 7-4-1　中国与东盟民间旅游安全合作框架

1. 对等合作原则

两地民间组织都是依托于民间社会群体自发形成的组织机构。不同民间组织机构在其性质、属性、基本运作上有所区别，但所有民间组织在社会地位、法律地位上完全平等，这也是两地民间组织合作的基本原则。此外，民间组织与当地的政府、社区、民众高度依存，共同享有地方资源。因此，通过两地民间组织的对等合作能够促进区域间的信息共享、技术交流和资源互通，促使两地旅游安全合作能够优势互补。

2. 广泛参与原则

区域旅游安全合作体系的建设是一个需要广泛民意基础和综合社会资源的工程。民间组织一般都扎根社区、了解社区，在了解民情民意、宣传合作观念、筹措社会资源、参与社会动员等方面具有得天独厚的优势。因此，广泛地发动民间组织参与旅游安全合作议程，引导两地民间组织机构广泛参与其中，是实现旅游安全合作议程的重要基础。例如，在2018年泰国沉船事件中，泰国南部华助中心迅速成立志愿者团队参与沉船事故搜救及后续工作。在普吉岛有施工项目的中国电建也成立了由15人组成的志愿者队伍参与救援活动。华侨华人民间志愿者团体在重大事故后的中国游客救援中发挥了积极作用。

3. 整体部署原则

中国与东盟国家的旅游安全合作存在碎片化、个别化等现象，虽然已经有不少具体的合作行动和机制，但尚未形成系统的体制和方案。这样一个能惠及广大游客的民生工程，是需要进行整体部署的系统工程，其推进和实施也是一个长期、动态、可持续的过程，需要政府、民间、企业等多群体共同努力缔造。因此，民间组织的参与过程和目标任务也需要两地政府进行规划部署。政府要鼓励民间组织积极参与旅游安全事件后的处置救援工作，既要鼓励民间救援组织等专业组织的发展和成熟，也要鼓励民间侨团侨社在紧急救援中的积极作用，为民间组织参与旅游安全合作工程提供制度保障。

二、民间旅游安全合作的主要目标

随着中国与东盟旅游合作渐入佳境，双方民间合作的潜力得到释放，目前已涉及经济、旅游、人文和社会交流等诸多层面。在两地旅游安全合作中，需明确民间组织的主要目标，引导两地民间层面旅游安全合作体系的建设方向和主要目标。

1. **总体目标**

总体目标是两地旅游安全合作的建设导向和建设依据，主要包括：第一，增强民间组织参与旅游安全合作的积极性，协助两地政府推进旅游安全合作，协助两地强化旅游安全合作领域的法制与政策建设；第二，建设民间层面旅游安全合作体系框架，参与并协助两地旅游安全体系的建设，弥补政府力量在安全协作中的不足，形成政府与民间旅游安全协作的联动机制；第三，提高民众旅游安全理念和自我防范意识，通过民间组织塑造良好旅游安全氛围，减少旅游安全事件及其导致的财产损失和人员伤亡。

2. **功能性目标**

民间组织主要为非营利组织，公益性是民间组织的主要特点。在区域旅游安全合作议程中，民间组织可发挥协助政府、志愿救援、社会宣传、基金支持、辅助应急等功能目标，这些功能是政府功能的重要补充。

第一，协助政府。应充分发挥民间组织在两地旅游安全合作中的参与者、响应者角色。在两地旅游安全合作中，政府的安全建设能力和专业人员队伍是主要推动力量，但政府合作也可能存在效率不足、反应迟钝、体制复杂等问题，政府在统筹规划中往往难以满足多方复杂的安全需求。旅游安全合作的直接作用群体仍是两地社会民众，在政府“失灵”的情况下，民间组织的公益性和志愿性的特征有其明显的优势，其更贴近了解两地民众，义务性的协助能更好推进两地旅游安全体系建设。例如，在泰国沉船事件等重大旅游安全事件中，华侨华人社团在主动救援和资源筹措中发挥了积极作用。

第二，志愿救援。包括及时响应两地旅游安全事件，通过民间公益救援队伍进行救援支持，提升救援效率，减缓旅游安全事件造成的综合损失。通常，旅游安全事件具有不确定性、难以预测性、因果关联性和复杂性等特征，通过联合两地民间救援组织开展志愿救援活动能够在第一时间进行自救互救，具有及时性和高效性等特征。相对于政府救援的局限性，民间志愿救援作为辅助力量能够高效利用社会资源进行第一时间应急救援，减少了政府部门的应急决策成本和社会应急资源的闲置。

第三，社会宣传。社会宣传是提升两地民众安全意识，增强旅游安全管理水平，推进旅游安全合作议程的重要方式。各类社团、民间互助组织、公益媒体等民间组织依托社会基层群众、扎根于普通人民群体，其开展的旅游安全教育和旅游安全知识宣传具有针对性和普适性特征，能够得到社会群体的支持和接受。同时，两地民间组织类型丰富，民间组织间存在密切的日常交流，能够促进两地旅游安全教育知识的交流学习，从而推进两地民间旅游安全组织的深层次合作。

第四，资金支持。民间组织的运作需要充足的资金保障，部分民间组织不仅资金充足，还能为社会提供公益资助，是重要的公益帮扶力量。目前，民间组织筹集资金主要有三个渠道：政府财政支持、民间捐赠和组织自创收入。三者都为民间组织创造了稳定的资金来源。2008 年汶川地震发生后，东南亚与欧美等地区的华侨华人社团踊跃捐助，为抗震救灾提供了巨大支持。当然，东盟地区的部分民间组织也存在资金实力不足等问题，这是东盟部分民间组织发展的重要瓶颈。

第五，恢复重建。突发事件发生后，事发地环境设备、社会秩序和人员心理需要恢复重建，民间组织类型丰富、成员专业能力较为多元，更了解基层社区的情况与信息，可有效参与人员救助、信息传达、心理疏导、秩序恢复等方面的应急与恢复重建工作。在重大灾难发生后，民间组织能够整合各种社会志愿力量相互配合协调，共同开展恢复和重建工作，并确保恢复重建工作的科学推进和稳步推进，实现恢复重建工作的有序开展（见表 7-4-1）。

表 7-4-1　中国与东盟民间组织举例

组织名称	组织宗旨	组织职责
中国东盟协会	发挥民间友好组织的优势，为中国和东盟各国间的友好合作注入新的活力。	以民间和非官方的形式推动中国和东盟各国在政治、文化、经贸、科技、体育、卫生和旅游方面的交流与合作，并通过人员往来、组织研讨会和举办文化活动等方式进一步增进中国和东盟各国人民的合作和友谊。

续表

组织名称	组织宗旨	组织职责
新加坡宗乡会馆联合总会	联络宗谊，秉承血亲关爱精神，谋求世界宗族团结，促进华人社会繁荣，成为华人宗乡团体的最高领导机构。	不仅通过设立“文史资料中心”“宗乡幼稚园”“华裔馆”“华文课外读物理事会”等机构，也举办大型的华族文化活动和各种传统文化展览，特别是反映过去新加坡华人传统行业、习俗与生活面貌的图片展以及主办各种文化演出等带动华人社会发展，推动文化事业的传承。
马来西亚中华大会堂总会	促进各民族亲善与团结，商讨与处理对会员有关系的问题，针对影响会员的政府政策或措施提出意见。	马来西亚中华大会堂总会（简称华总）是由马来西亚 13 州的大会堂（或最高代表机构）所组成的一个总机构，旨在促进马来西亚华侨华人政治地位的提升，并在符合联邦宪法的原则下推动和参与文教、福利、社会工作。
东南亚研究所	是专门从事东南问题研究的科研机构，对各国家的历史、民族、宗教、经济发展等问题进行系统研究。	主要从事东南亚国家经济、东南亚的区域、次区域合作、当代东南亚国家的政治与国际关系、东南亚国家的历史、东南亚国家的传统文化与现代化、中南半岛国家与云南的民族关系和民族文化、云南与东南亚国家的经济技术合作、东南亚国家现代化与社会、环境和生态问题等方面的研究工作。
越中友好协会	宣传越中两国传统友谊，加强中越两国人民革命的战斗团结，促进两国的社会主义建设事业。	提倡越中友好的越南人士及华侨的群众团体，每逢中华人民共和国国庆日会举行庆祝会、座谈会等活动，支持中国在国际上的正义行动。
中华商会	越南北部华侨商人的联合组织，加强华侨、华人工商界人士的联谊与交往，互通信息，共谋工商业人士的生存与发展。	组织会员对世界有关国家进行考察、投资、发展经贸联系与交流。重视会员间的沟通、协调和处理内部纠纷，使商会成员能和睦共处。经济利用机会宣传中华文化、举办华文班等。

三、民间旅游安全合作的阶段任务

民间组织是旅游合作的参与者、监督者和协作者。推动社会民间组织参与旅游安全体系建设，有助于优化旅游安全合作的主体结构，提升旅游安全合作的质量水平。随着中国—东盟旅游合作年的持续举办，两地旅游交流合作得到了深化，也为两地旅游安全合作培育了坚实的民意基础。民间旅游安全合作可从合作筹备、体系形成和执行落实等方面进行任务建构（见表

7-4-2）。

表 7-4-2 民间层面旅游安全合作体系建设的阶段任务

阶段	旅游安全合作任务
合作筹备阶段	◆推动旅游相关民间组织的合法性建设 ◆推动旅游相关民间组织的建设与发展 ◆加强对民间组织的宣传与推广 ◆积极主动参与两地旅游安全合作建设
体系形成阶段	◆加强两地协会之间的交流合作，整合各方资源形成合力 ◆建立民间组织合作体系架构，协助政府安全工作的开展，服务与两地旅游安全合作 ◆对接政府工作平台，协助两地政府旅游安全合作的顶层设计与制度管理
执行落实阶段	◆促进两地民间组织的联合工作 ◆丰富两地旅游安全类民间组织的业务类型和机构网络

1. 合作筹备阶段

在筹备阶段，民间组织的任务应侧重于推动自身的发展，以参与者的角色服务于两地旅游安全合作。第一，推动旅游相关民间组织的合法性建设。从目前情况来看，民间非营利性组织的定性不明，现行的社会组织法律法规制度相对滞后，以致其从成立、登记、管理到注销所涉及的程序烦琐，手续繁杂。因此，社会中存在大量未在民政机构注册的民间非营利组织。合法合规应该是民间组织存在的标准和基础。第二，推动旅游相关民间组织的成熟与发展。目前，我国旅游相关民间组织的整体发展水平较不成熟，不仅在业务能力、组织类型、组织数量和组织规模上参差不齐，在地域发展上也存在不均衡现象。在社会集资、民众信任度和民间组织的自我发展方面也面临许多挑战。第三，加强对民间组织的宣传与推广。目前，大多数旅游相关民间组织的知名度和社会影响力鲜为人知。一方面，大部分民间组织规模小、业务能力弱，受自身发展水平的限制，较难以引起政府、社会群体的关注；另一方面，民间组织疏于宣传管理，推广能力较弱。因此，民间组织自身应当借助旅游安全合作等重要议题，展示自身的社会服务能力和社会影响力。第四，积极主动参与旅游安全合作建设。民间公益组织是两地旅游安全合作中辅助资源的重要提供者，将志愿者救援组织等民间社会力量引入旅游安全合作体系建设，以参与者的角色推动旅游安全合作进程，不仅能够高效服务于两地旅游合作需求，也有助于促进合作主体结构的优化。

2. 体系形成阶段

在体系形成阶段，民间组织的任务应侧重于整合相关社会资源，对接政府工作平台，以安全工作协助者的角色参与两地旅游安全合作议程。第一，加强两地民间协会之间的交流合作，整合各方资源形成合力。民间公益组织主要依托于民间群体和社会团体，其形成与发展皆有赖于社会资源的支持。通过两地相关民间协会和社会团体的交流，有利于分散无序的社会资源的整合利用，有助于资源合力的强化。第二，协助政府工作的开展，服务于两地旅游安全合作。可围绕志愿救援、辅助应急、社会宣传等具体的任务需求和议题，组织和探讨两地民间组织的合作机制，探索如何协助政府工作的开展、提升旅游安全协作的效率和效益。第三，对接政府工作平台，协助政府旅游安全合作的顶层设计与制度管理。政府的顶层设计和体系构建是两地旅游安全合作的战略基础，各类民间组织应该积极参与顶层设计论证，发挥民间组织的专业力量，增强旅游安全合作治理的合理性与可行性。

3. 执行落实阶段

在合作执行阶段，民间组织可以承担两地旅游安全合作中规则制定参与者、应急调动协调者的角色，在两地旅游安全合作中起承接部分服务职能。第一，促进两地民间组织的联合行动。两地的旅游应急救援联盟、旅游安全研究机构、旅游安全标准协会等各类民间机构可以定期组织研讨活动，加强业务工作的交流互动，必要时可联合参与相关的安全协作行动，以持续提升各自的专业能力和社会服务水平。第二，丰富两地旅游安全类民间组织的业务类型和机构网络。在中国和东盟两地，旅游安全类的民间组织都还不太成熟，相关的业务领域尚未细分和细化，两地都需要围绕旅游安全合作的落实执行，培育丰富的民间组织参与其中，逐步形成功能齐全、要素完备的机构网络，协助政府在旅游安全合作议程中形成丰富的民间资源体系，形成旅游安全合作的新思路和新范式。

第八章　中国与东盟国家旅游安全合作的保障体系

“一带一路”倡议是中国政府提出并积极推动的重大发展行动，它将持续为中国出境旅游产业带来发展机遇。在“一带一路”倡议下，中国发展出境旅游有利于推动中国与沿线国家的文化交流，并有利于提升国民的综合素质。东盟是中国主要的出境旅游目的地，中国游客在东盟地区频繁遭遇旅游安全事件，并带来规模性人身伤亡和财产损失。在此背景下，中国游客需要加强面向东盟地区的出境旅游安全保障，这是旅游业践行“一带一路”倡议、实现中国出境旅游产业健康发展的重要基础。因此，系统探索中国与东盟国家的旅游安全保障体系，具有重要的战略价值和产业意义。

第一节　中国与东盟国家旅游安全合作保障的挑战①

旅游安全是旅游产业正常运作的基础条件，随着中国游客赴东盟国家的规模不断成长，旅游安全保障体系也呈现出大量的困境与挑战。总体上，我国在东盟国家旅游业发展方面还存在着安全保障需求增加、国际化合作机制有待建立、安全资源供给不均衡、市场化程度不够等问题结构。

① 谢朝武，黄锐，陈岩英．“一带一路”倡议下中国出境游客的安全保障——需求、困境与体系建构研究［J］．旅游学刊，2019，34（3）：41-56.

一、东盟国家的属地旅游安全资源供给不足

东盟国家属地旅游安全资源呈现出供给不足的状态，主要表现在：第一，属地旅游安全资源地区分布不均衡。我国游客在东盟国家的出境旅游地既有新加坡等发达国家，也有柬埔寨、老挝等发展中国家。由于社会发展程度和阶段不同，各地的旅游安全保障资源及其供给水平存在明显的差异性，而游客的安全保障需求又是均质的，这就形成了中国游客安全保障需求增长过快和目的地安全保障资源间供给不足的矛盾。第二，属地旅游安全资源类型结构的不完善。旅游安全保障资源包括旅游安全人力资源、设施设备资源、资金技术资源、法律政策资源、体制机制资源、安全信息资源等，涉及旅游过程中的各类要素，需要体系化的建设和供给保障。但是，部分东盟国家在观念上对旅游安全重视度不够，在旅游安全领域的公共投入上较为不足，造成游客的安全保障资源在类型和数量上都呈现出供给不足的形势。第三，属地旅游安全资源与中国游客需求的不对称。部分东盟国家对中国游客的快速增长没有做好准备，大规模游客的瞬时涌入加大了安全保障的压力，导致旅游安全保障体系滞后于旅游发展速度。同时，中国游客的个性化旅游时代加速到来，东盟国家尚未针对中国游客的旅游安全需求建立针对性的保障体系，从而呈现出高质量旅游安全资源和个性化旅游安全资源的稀缺。

二、中国的出境旅游公共安全资源供给不足

东盟国家在中国游客的出境旅游版图中占据越来越重要的地位。从趋势来看，疫情前我国在东盟国家的出境旅游规模一直处于高速增长状态。规模性出游人口基数将给东盟国家的旅游安全保障工作带来巨大压力，而受社会治安、地区形势、全球气候变化和恐怖袭击全球化等因素的影响，我国出境游客在东盟国家面临的风险因素又在不断增加，因此游客的旅游安全保障需求在不断攀升。中国政府在出境旅游安全保障中做出了巨大的努力，不断投入领事保护力量。在 2015 年的尼泊尔地震、2016 年的新西兰地震、2017 年的巴厘岛火山爆发等事件中，中国政府均投入了保障力量来撤离中国游客，

赢得了民众的拥护和好评。但中国的领事保护资源数量毕竟有限，面向东盟国家的旅游安全保障力量尚不能完全适应中国出境东盟地区的旅游发展需求。虽然中国游客在安全领域的领事保护需求比例较高，但中国尚未在领事保护层面系统地建立预防性的旅游安全干预资源，国内旅游行政部门也没有系统建立面向出境游客的旅游安全公共服务体系，这种供需失衡的矛盾是旅游安全保障中的基础困境。

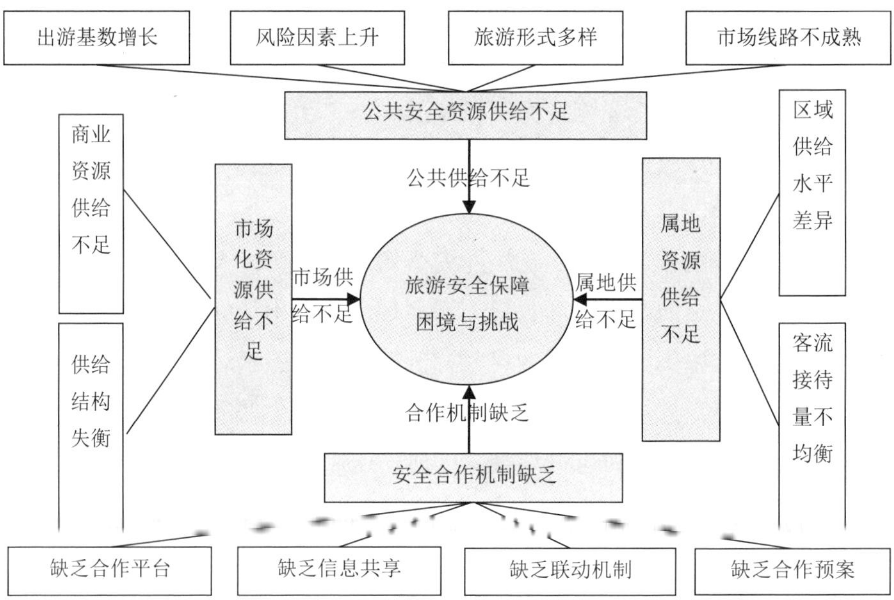

图 8-1-1　中国游客旅游安全保障的困境结构

三、中国面向东盟国家的市场化旅游安全资源供给不足

商业性旅游安全资源是由商业性旅游安全资源企业根据市场化规则提供的旅游安全产品资源，是旅游安全保障资源的重要类型。保障游客安全既是政府的责任，也需要个人的投入，更需要市场化资源的供给。目前我国境外旅游安全保障过分依赖政府投入和扶持，紧急情况下的大规模撤离都是我国政府"埋单"。客观来看，由于缺乏足够的商业动因，旅游安全保障的市场化解决方案在世界范围内悬而未决，全球游客都面临市场化安全保障资源供

给不足的困境。但比较而言，我国出境旅游安全产品的市场化供给严重不足。从趋势来看，我国政府在旅游安全保障资源的供给上普遍存在着效率低、资金紧缺、供给数量不足、难以满足庞大需求等问题，这种畸形的供给模式不利于旅游业的长期发展。

从现状来看，中国旅游企业在境外发展的步伐还没有跟上中国出境游客的步伐，中国在境外发展的旅游企业的数量规模、业务类型还满足不了中国游客的需求，旅游安全领域的保险、预警、救援、医疗处置等各种综合安全业务也比较缺乏中国企业的参与。由于旅游救援网络建设对资源需求量极大，因此中国较少有企业在东盟国家布局和建设旅游安全保障资源，这导致了中国自有出境旅游安全保障资源供需失衡的结构性困境。目前，中国的江泰保险经纪公司正尝试在全球布局“大救星”救援服务平台。总体而言，出境旅游安全保障日渐成为提升出境旅游品质的重要因素，市场化、商业化安全保障市场发展水平落后是我国出境旅游发展战略的重要短板。我国出境旅游市场亟须增加市场化、商业化的旅游安全资源，并需要提升供给的数量规模与质量水平。

四、中国与东盟国家的旅游安全合作机制有待建立

出境游客的旅游安全保障需要客源国和目的地国家间的合作共担，并建立有效的旅游安全合作机制。旅游安全保障是涉及风险监测、安全预警、应急响应、紧急救援、医疗救助、安全返回等综合业务的系统工程，明确的旅游安全合作机制有利于确保游客获得更全面的健康与安全保障。2017 年 9 月，世界旅游组织大会发布的《“一带一路”旅游合作成都倡议》提出要“共同应对挑战，加强旅游风险处置能力”。但是，我国与东盟国家在旅游安全领域大都没有建立正式的、契约化的旅游安全合作机制，国际旅游安全合作的法律法规尚不健全，国家间的旅游安全合作缺乏顶层设计。中国与东盟国家的双边或多边合作机制有待强化，还难以借助既有的区域合作平台应对旅游安全问题，同时政府组织、非政府组织、企业和个人间的旅游安全保障架构体系也尚未建立。

在旅游安全突发事件的处置上，部分东盟国家缺乏成熟的旅游安全危机

应对机制，如缺乏旅游安全信息共享机制，缺乏对旅游风险的定期监测，没有设立专门的机构对旅游风险隐患进行分析和预警，缺乏面向入境游客的旅游安全应急预案。在旅游安全事故发生时，各国也没有形成多方参与的旅游安全应急联动协调机制，在对入境游客的紧急救援和医疗救助方面处置效率较低，缺乏国际化的旅游安全应急小组，遭遇旅游风险的入境游客难以及时得到本土化的援助。此外，在安全事故发生后，针对受伤人员的安全返回、善后援助、费用担负等，东盟国家间也缺乏有效的合作机制和方案。

第二节　中国与东盟国家旅游安全保障体系的构建

面向“一带一路”倡议打造中国出境游客的安全保障体系，应该形成出境旅游安全保障的跨类别资源架构、建立多主体建设机制、强化核心重点工程建设，通过体系化的战略安排和明确的战略步骤，逐步建立适应中国出境旅游发展需要的安全保障体系。

一、旅游安全保障体系的资源架构

在政策导向上，中国应该致力于形成公共类安全保障资源、商业类安全保障资源、公益类安全保障资源等跨类别出境旅游安全保障资源协同发展的资源建设架构。从提供主体来看，公共类安全保障资源是由政府面向游客提供的具有公共属性的安全保障资源，中国政府应该面向中国出境游客提供不断丰富的安全保障服务，目的地国家政府也应该根据风险需求和资源能力提供面向中国入境游客的安全保障资源。中国拟出台的《中华人民共和国领事保护与协助工作条例（草案）》要求相关部门和旅游经营者提供旅游安全风险提示服务、向包括出境游客在内的中国公民提供领事保护与协助服务、重大突发事件时提供紧急救助服务、根据游客需要提供法律、翻译、医疗、殡葬等方面的信息服务。总体上，中国正在逐步建立起境外公共安全教育、安全信息共享、安全监测预警、领事保护、境外安全救援、境外安全善后、境外法律援助等公共服务内容。

当然，相关的服务项目、范围和强度仍然有待进一步提升。作为目的地国家，则应该在安全环境、安全设备、社区安全资源、旅游警察资源、旅游安全救援力量、面向入境游客的安全保护机制、面向入境游客的信息资源服务、多语言安全服务等方面提供基础性的公共服务，这是发展入境旅游的重要基础。但是，东盟国家分布有大量发展程度较低或发展中的国家，这些国家难以有效提供完善的安全保障服务。公共类旅游安全保障资源面向对象广泛、提供的服务项目较为多元，其保障力度受到所在国家资源供给能力的限制（见表 8-2-1）。

表 8-2-1　旅游安全保障资源结构与分类

资源属性	公共旅游安全保障资源	商业化旅游安全保障资源		公益旅游安全保障资源
		专业类商业安保资源	要素类安保资源	
资源类型	1. 中国政府公共旅游安全资源 ◆境外公共安全教育 ◆境外安全信息共享 ◆境外安全监测预警 ◆领事保护 ◆境外安全救援 ◆境外安全善后 ◆境外法律援助 ◆境外相关信息服务 2. 目的地公共旅游安全资源 ◆提供安全环境 ◆配备安全设备 ◆旅游社区安全资源 ◆旅游警察专用资源 ◆配置安全救援力量 ◆面向入境游客的安全机制 ◆面向入境游客信息资源 ◆多语言安全服务	1. 出境旅游保险 2. 出境游风险监测 3. 出境游风险预警 4. 出境旅行支援服务 ◆境外医疗咨询 ◆境外派遣医生 ◆境外递送药物 ◆境外紧急救治 ◆境外医疗转送 ◆境外医疗监控 ◆境外医费控制 ◆境外遗体转送 5. 紧急搜救资源 ◆目的地山地搜救 ◆目的地沙漠搜救 ◆目的地水上搜救 ◆目的地自驾救援 6. 紧急医疗资源 7. 事件善后资源 ◆境外法律援助 ◆境外事故勘察 ◆事故费用核算 ◆事故理赔管理 ◆境外安全返回	1. 保障环节 ◆出境饮食安全保障 ◆出境住宿安全保障 ◆出境交通安全保障 ◆出境游览安全保障 ◆出境购物安全保障 ◆出境娱乐安全保障 2. 保障内容 ◆出境安全信息告知 ◆出境安全装备配置 ◆出境旅游保险购买 ◆出境安全行为引导 ◆出境旅游安全控制	1. 多边国际组织 2. 双边合作组织 3. 公益救援力量 4. 公益救援联盟 5. 公益救援基金 6. 志愿者组织

商业化旅游安全保障资源包括专业化的商业安保资源和旅游要素企业提供的安保资源两类商业资源。专业化商业安保资源指由商业保险机构、商业救援

机构、商业医疗机构、商业法律机构等专业商业机构提供的专业化的旅游安全资源，这是专业化程度高、安全保障强度高、面向付费客户提供的专用型安全保障资源。商业安保资源的服务内容非常广泛，目前已经形成了覆盖旅游保险、风险监测、风险预警、旅行支援、紧急搜集、紧急医疗和善后管理等多样化的安保资源服务。其中，国际上发展较为成熟的旅行支援服务可以覆盖医疗咨询、医生派遣、递送药物、紧急治疗、医疗转送、医疗监控、医费控制、遗体转送等专业服务。此外，旅游饮食、住宿、餐饮、娱乐、购物、娱乐和旅行社等旅游要素企业应该在合同范围内、向游客提供信息告知、装备配置、保险购买、行为引导、安全控制等基础安全服务。从现状来看，我国尚未建立起系统化的面向中国出境游客的商业安全资源体系，专业化的商业安全资源严重不足、旅游要素企业的安全保障服务也表现出明显的薄弱性。强化商业安全资源的建设、培育世界级的中国商业安全企业应成为中国出境旅游发展中的国家战略。

公益类安全保障资源是由各类志愿者组织提供的安全资源服务，它具有合法性、非政府性、非营利性等特点。西方发达国家普遍通过税收优惠、专业引导、精神鼓励等方式建立起类型多元、数量丰富的志愿者组织，其中救援类的公益组织普及性较高，且这些组织普遍具有较强的专业性。公益组织提供的安保资源普遍成为公共安保资源的重要补充。全球性的公益组织国际红十字委员会是一个中立、公正的独立机构，它致力于保护武装冲突中受害者的生命和尊严。红十字会与红新月会国际联合会是由众多国家红会构成的会员组织，它主要针对自然灾害、卫生突发事件等事件中的受害人、难民等提供灾害响应、卫生健康和社区关怀等服务。总体上，发展中国家比较缺乏自身形成的公益安全组织。因此，中国应该立足东盟国家的法律环境，鼓励和推动公益救援力量和志愿者组织的发展，推动多边和双边公益合作组织的发展，为包括出境游客在内的中国公民营造良好的公益安全环境。

二、旅游安全保障体系的建设主体

在建设过程中，中国与东盟应该致力于合作形成多主体融合互动的旅游安全保障体系的建设机制。旅游安全保障资源分属于公共资源、商业资源和公益资源，这种性质结构决定了中国出境旅游安全保障体系需要政府组织、企业组织、民间组织和游客个体的共同参与，它们分别承担着政策主导、商业支撑、公益辅助、行为基础等角色与建设任务。

其中，中国政府和出境地政府承担着监管和引导旅游企业强化安全保障服务、发展双向公共安全保障资源的建设责任。旅游要素企业和旅游安全商业企业承担着提供安全保障服务、履行安全保障责任、开发专业化安全保障产品等建设责任。专业性旅游安全资源企业应该沿着中国出境游客的路径布局东盟地区，为中国游客提供量身打造的旅游安全服务。各类公益性民间组织则应该强化在东盟国家的交流合作，为中国出境旅游安全保障提供重要的公益补充和助力。作为民生工程和“一带一路”倡议的重要实践方向，应在商业保险、商业救援、商业医疗等领域，积极推动行业协会、学术团体、志愿者组织等建立专业化、多元化的交流互动方式。游客个人的素质结构在旅游安全保障中具有重要作用，推动游客安全素质的成熟与发展是保障游客个人安全的重要基础（见图 8-2-1）。

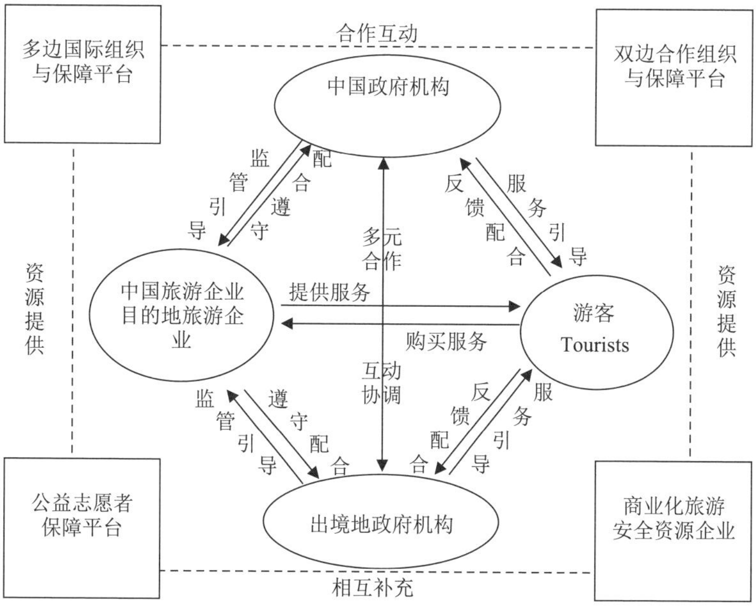

图 8-2-1　“一带一路”旅游安全保障体系的主体结构

三、旅游安全保障体系的重点建设工程

中国发展出境旅游和中国旅游企业到境外发展的战略方向是一致的，保护包括中国游客在内的中国公民的人身财产安全将成为中国的战略利益。因此，面向东盟地区建设中国出境游客安全保障体系应该成为中国的战略任务。在建设过程中，中国需要通过一系列标志性的重点工程来引领政府组织、企业组织、民间组织和个体等各主体的建设任务，通过持续、坚定的建设行动来建构出境旅游安全保障的核心机制与核心功能。具体包括下列几个方面。

第一，中国与东盟国家合作实施政府层面的综合安全保障工程，形成以领事保护与协助为核心的公共安全保障要素结构。相关建设工作包括：①在领事保护上，应依托我国领事保护的法律法规，建立和强化包括安全信息共享、安全监测预警、领事保护、境外安全救援、境外安全善后、境外法律援助等领事保护与协助服务，并逐步丰富领事保护的内容和强度，建立起个人合理分担境外救助费用的分担机制，并使相关服务全面覆盖东盟国家；②在响应机制上，逐步形成外交部门、应急管理部门、文化和旅游部门等多部门联合行动的安全保障机制，并形成以事前安全教育和风险预警、事中领事保护与综合应急、事后恢复与善后处置等为核心的多阶段应急管理机制；③在建设安排上，可推动亚投行、“丝路基金”等对东盟国家安全基础设施的建设、维护和升级等给与重点关注，对安全设施类的技术开发与应用项目给与重点支持（见表 8-2-2）。

表 8-2-2　中国出境游客安全保障体系的多主体结构与建设任务

主体类型	角色定位	组织机构	重点建设任务
政府组织层面	监管引导作用	应急管理部门	◆制订“中国—东盟”旅游安全资源建设战略 ◆成立“中国—东盟”旅游安全保障的双边与多变合作平台 ◆整合东盟国家的旅游安全应急资源和力量 ◆建立“中国—东盟”旅游安全保障的技术标准与规范
		文化旅游部门	◆鼓励和激活旅游安全资源领域的市场力量 ◆引导和监督旅游要素企业的安全保障服务
		外交部等相关部门	◆开展出境旅游安全风险提示 ◆领事保护与协助

续表

主体类型	角色定位	组织机构	重点建设任务
企业组织层面	主体支撑作用	旅游安全资源企业	◆面向东盟国家发展商业保险、商业救援、旅行支援等商业安全服务 ◆致力于成为世界级的旅游安全资源企业
		旅游要素企业	◆旅游安全风险排查、评估、预警、处置、救援、恢复等体系化的安全服务 ◆游客安全教育、引导和过程安全控制 ◆面向东盟国家地接企业发展旅游安全合作关系
民间组织层面	公益辅助作用	旅游行业协会、律师协会、应急救援协会等行业协会	◆为东盟国家旅游安全应急合作提供交流平台和专业领域服务 ◆面向东盟国家发展旅游安全的行业标准
		旅游安全相关学术团体	◆开展东盟国家旅游安全应急领域的学术交流 ◆为东盟国家旅游安全应急合作提供建议和技术支持
		民间救援基金、红十字会、基金会、志愿者组织等公益组织	◆重大突发事件后的灾害响应与人道救助 ◆为旅游应急救援、恢复重建等工作提供志愿服务、救援基金等民间应急资源
个体层面	行为基础作用	出境游客	◆个体安全素质和安全意识的提升 ◆旅游全程的安全准备与行动

第二，合作推动旅游安全保障的市场化，强化企业层面的主体安全保障，与东盟国家合作培育高质量的旅游安全资源企业。相关建设工作包括：①强化旅游商业安全资源的建设、推动市场化安全保障能力的形成，其中，旅游要素企业的基础安全能力建设、保险公司的保险产品建设和旅行援助公司的援助服务能力建设是重点和关键任务。②对于旅游要素企业，我国应该形成以旅行社为核心的旅游行程安全保障服务能力，从“一带一路”旅游线路优化设计、供应商安全审核、游客安全行为引导、从业人员安全训练等基础层面强化要素企业的安全服务能力。③对于各类保险机构，应该推动形成竞争充分的旅游保险市场，鼓励保险企业面向“一带一路”旅游线定制保险产品和服务，如在中东地区的旅游保险中增加绑架和非法拘禁险，在欧洲地区细化个人财产保障险等产品种类，要做好中外保险体系的有效衔接，并通过保

险业与旅游业的融合发展提升出境旅游产业的保险竞争力。④对于旅行援助公司，要积极面向"一带一路"倡议强化区域布局，拓展救援服务类型，培育专业化的救援人才结构，对接国际救援体系，形成适应"一带一路"倡议的旅游安全资源网络，并积极借助中国游客的出境浪潮形成世界级的旅行援助企业，以提升中国出境旅游产业的安全竞争力。

第三，合作推动国家和区域间的多层次旅游安全合作工程，打造"中国—东盟"旅游安全保障的"命运共同体"。我国与东盟国家的旅游安全合作涉及政府层面的公共安全合作、企业层面的业务安全合作和民间层面的公益安全合作，这是实现各类旅游安全保障资源在东盟国家分布的专业化、系统化和网络化的基础。这种合作需要通过观念建构、机制建构、平台建构和资源建构等来达成：①在观念构建方面，东盟国家旅游合作需要秉持和平合作、开放包容、互学互鉴、互利共赢的基本理念，坚持安全保障资源的共商、共建、共享原则，尊重各国经济基础、政治制度，社会文化和意识形态，凝聚东盟国家的旅游安全合作共识，形成旅游安全责任共同体，利益共同体和命运共同体。②在机制建构方面，要加紧推进与东盟国家旅游风险评估机制、安全情报共享机制、旅游安全预警机制、旅游事故应急处理机制的对接工作，构建长期、稳定，可持续的多边协作机制。③在平台搭建方面，要充分利用现有的双边或多边合作组织如上海合作组织（SCO）、"中国—东盟'10+1'"等融入旅游安全合作的具体内容，利用亚欧会议（ASEM）、亚洲合作对话（ACD）、亚信会议（CICA）、博鳌亚洲论坛（BFA）等平台加强旅游安全沟通，并利用世界旅游组织（WTO）、国际旅游协会（IAT）、国际SOS救援中心等搭建旅游安全合作平台来实现信息与资源共享。此外，中国应积极推动旅游安全保障领域多边国际组织与保障平台的原始创建工作，同时积极与出境旅游的目的地国家发展和建立双边合作组织与保障平台，通过政府和民间组织间的跨层次合作来优化合作结构、提升合作成效，营造旅游安全保障的基础设施与氛围。④在资源建构上，应加强中国与东盟国家的资源交流与合作，加强政府、企业和民间等多层次的旅游安全协作，促进旅游安全基础设施、资金、技术、人才、信息的互通共融，促进旅游安全学术往来，签订有效的司法救助和救援双边协议，通过立体式的旅游安全合作实现各类旅游安全保障资源在东盟国家分布的专业化、系统化和网络化。

第三节　中国与东盟国家旅游安全保障中心的选取打造

东盟十国总面积约444万平方公里，人口6.01亿人，旅游景点横跨南北半球，如此广大的地域范围必然会给旅游安全保障工作带来巨大挑战。中国与东盟旅游安全外部合作需要重点打造一批安全保障中心国家和支点城市，利用其基础设施和区位优势，向周边地区辐射和输送安全保障资源。针对支点城市的选择要综合考虑其地理位置、旅游发展水平、游客密集度、区位距离、政治地位、经济水平和交通通达度等要素，覆盖范围不仅要全面，还需有所侧重，对高风险的旅游目的地应给予重点关注，要形成专业化、系统化和网络化安全保障辐射范围。

（一）旅游安全保障中心国家和支点城市的选取

1. 中国境内支点城市的选取

对于中国境内安全保障支点城市，可着重选择云南昆明、广西南宁以及海南三亚三个节点（见图8-3-1）。云南和广西是中国边境游人数最多的地区，海南是国际旅游岛，三省份旅游业都较为发达。其中，昆明、南宁两地为云南和广西的省会城市，经济发展水平较高，公路、铁路、机场等基础设施和旅游安全救援保障设施建设较为完善。云南与缅甸、老挝和越南交界，选择昆明可以有效辐射西双版纳、缅甸中部旅游城市曼德勒、老挝首都万象以及金三角等高危地区。广西和越南交界，南宁的旅游安全保障范围能够覆盖越南首都河内以及北部湾地区。此外，三亚作为我国游客最为密集的海滨旅游城市，既是重要的航空运输中心和航运大港，又是南海门户城市，可辐射西沙群岛和越南的下龙湾、岘港和芽庄等旅游城市，其安全保障战略地位也不言而喻（见图8-3-1）。

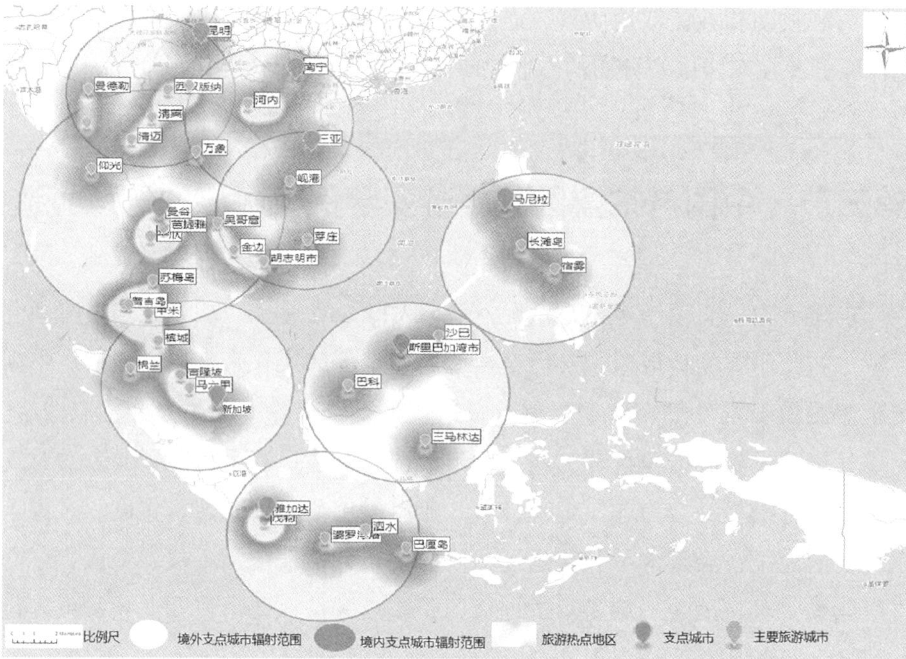

图 8-3-1　中国与东盟旅游安全保障支点城市的分布

2. 东盟地区中心国家和支点城市的选取

对于中国境外安全保障中心国家和支点城市的选择，按照国家地理位置分布分成三大区域板块，分别为中南半岛板块、马来群岛板块（包括马来半岛、苏门答腊岛、加里曼丹岛、爪哇岛等）和菲律宾群岛板块。选择的中心国家分别为泰国、新加坡、印度尼西亚、文莱和菲律宾。支点城市依次为曼谷、新加坡市、雅加达、斯里巴加湾市以及马尼拉。泰国是东盟国家旅游最为发达的国家，且在中南半岛中部，与缅甸、老挝、柬埔寨、马来西亚交界，首都曼谷旅游业发达，交通和医疗水平较高，且在到国内普吉岛、清迈和缅甸仰光、柬埔寨金边的直线距离相近，能有效覆盖周边著名的旅游目的地。新加坡是东南亚经济最发达的国家，拥有一流的旅游服务水平和交通医疗设施，是国际 SOS 救援中心的总部所在地，且位于马来半岛的最南端，近可辐射马六甲海峡，马来西亚吉隆坡、槟城等地，远可涵盖印度尼西亚苏门答腊岛，安全保障范围较广。雅加达是印度尼西亚首都，旅游业和经济发展较好，且为国际 SOS 救援中心区域总部之一，安全保障能辐射整个爪哇岛和巴厘岛等旅游热点地区，而文莱首都斯里巴加湾市是加里曼丹岛著名的港口城市，基础设施建设较好，对整个加里曼丹岛和周边马来西亚的沙巴等旅游城市具有较强的安全覆盖作用。最后菲律宾群岛的安全保障选择菲律宾首都马尼拉作为支点城市，该地基础设施和社会治安相对较好，将此作为支点城市能有效对菲律宾旅游安全形势进行监控。

（二）旅游安全保障中心国家和支点城市的打造

1. 建立支点城市旅游安全风险监测和预警中心

建立旅游安全风险监测预警中心是保障游客安全的重要技术平台。可依托支点城市建立完善的风险信息监测预警体系，依托公共安全部门、气象部门、地震部门、外交部门等建立旅游安全风险监测平台，对目的地国家的社会安全事件、自然灾害、重大事故灾难、公共卫生事件等事件进行监测预警，也可对目的地存在的旅游欺诈、恶意导购、企业不良经营行为、目的地容量风险、环境污染风险等风险隐患进行监测预警。在监测预警的机制上，各国自主进行突发事件和风险信息的监测，以保障各国的主权安全，但需通过旅游安全信息交流协作平台进行信息分享和预警。此外，各监测中心也可通过国际游客卫星账户管理中心、国际游客网络互动平台、集散中心游客反馈平台、国际 SOS 报警中心、气象灾害远程监控中心等智能平台扩大监测信息搜集范围，提高支点城市安全监测与预警中心的监测能力。根据监测汇总的结果，依托自动化和智能化的风险预警系统，进行风险识别和风险评价，划定风险预警的区间等级，并将预警信息及时通报给周边国家。

2. 建立支点城市旅游安全救援中心

中国可与东盟主要的入境国建立支点性旅游安全救援中心，提升支点国家和支点城市的旅游安全救援能力，提升通信、消防、交通、医疗卫生等部门的专业能力，并建构和提升旅游救援企业的专业能力，以实现对风险情形下的有效救援能力。应重点打造道路救援、紧急搜救和紧急医疗三大救援体系[①]。道路救援主要负责旅游交通设施故障或事故造成的路面救援工作；紧急搜救主要负责对海上、丛林、高山等环境下失踪游客、失联客机、失联船舶等开展的山地搜救、丛林搜救和海上搜救，应利用支点城市建立北斗或 GPS 定位、雷达声纳探测等发现失踪游客的技术能力。紧急搜救还包括对因地震、塌陷、海啸等被埋被困游客进行探寻和救援等搜救工作。2018 年 7 月的泰国沉船事件表明泰国等东盟国家的海上救援能力有待提升；紧急医疗主要包括面向伤亡游客提供医疗咨询、派遣医生、递送药物、紧急救治、医疗转送、医疗监控以及遗体转送等服务任务。应提升用支点城市大型急救中心对重伤游客进行救治的能力，提升利用防疫中心对目的地疾病疫情进行监控和防疫处置的能力。

① 谢朝武 . 旅游应急管理［M］. 北京：中国旅游出版社，2013：188-189.

参考文献

［1］陈邦瑜，颜欣．基于国内政治视角下的印度尼西亚对华政策刍议［J］．战略决策研究，2017，8（3）：90-104，106.

［2］陈飞，林一骅，项杰．基于缓变地形的远程海啸传播模拟的改进［J］．气候与环境研究，2010，15（3）：237-245.

［3］陈岩英，谢朝武，张凌云，等．旅游危机中线上媒体声量信号对潜在旅游者安全沟通行为的影响机制［J］．南开管理评论，2020，23（1）：40-52.

［4］党秀云．公共治理的新策略：政府与第三部门的合作伙伴关系［J］．中国行政管理，2007（10）：33-35.

［5］杜德斌，马亚华，范斐，等．中国海上通道安全及保障思路研究［J］．世界地理研究，2015（2）：1-10.

［6］方叶林，黄震方，李经龙，王芳．中国特色小镇的空间分布及其产业特征［J］．自然资源学报，2019，34（6）：1273-1284.

［7］冯亚芬，俞万源，雷汝林．广东省传统村落空间分布特征及影响因素研究［J］．地理科学，2017，37（2）：236-243.

［8］龚雪蕾，方菁，肖传浩，等．实现可持续发展目标（SDGs）中降低道路交通事故目标预测——中国、日本和柬埔寨比较研究［J］．伤害医学（电子版），2019，8（4）：14-21.

［9］顾佳赟．新时代打造中柬命运共同体的机遇、挑战与建议［J］．当代世界，2019（4）：5.

［10］郭莉．“一带一路”背景下柬埔寨中资企业安全风险及对策［J］．江西警察学院学报，2022（3）：119-122.

［11］郭秀玲．身份认同视角下的“黑色五月暴动”原因探析［J］．湖北科技学院学报，2015，35（6）：88-90.

［12］国家旅游局，中国银行保险监督管理委员会．旅行社责任保险管理办法［Z］.2010-11-25.

［13］Haberman S J.The analysis of residuals in cross-classified tables［J］. Biometrics，1973，29（1）：205-220.

［14］韩海燕．“一带一路”上的15个港口城市［J］．走向世界，2015（42）：82-87.

［15］何欢．从棉兰老岛战事探析菲律宾的恐怖组织［J］．世界知识，2017（13）：36-37.

［16］何彦陶．普吉岛沉船事故带来的警示［J］．海运纵览，2018（6）：4.

［17］何月美，邹永广，莫耀柒．中国游客赴马来西亚的安全感知研究——基于网络文本分析［J］．世界地理研究，2019，28（6）：200-210.

［18］贺建涛．后“伊斯兰国”时代印度尼西亚反恐战略的困境及其转型［J］．南洋问题研究，2019（1）：47-57.

［19］胡平平，武友德，李灿松，等．东南亚恐怖主义的时空演进及其网络关系［J］．热带地理，2021，41（6）：1209-1221.

［20］黄爱莲．东盟旅游合作：动力、障碍及机制研究［J］．改革与战略，2011，27（10）.

［21］黄锐，谢朝武．中国出境旅游安全事故时空分布格局及形成机制［J］．人文地理，2019，34（6）：120-128.

［22］贾丽艳，杜强.SPSS统计分析标准教程［M］．北京：人民邮电出版社，2010：210.

［23］靳晓哲．新冠疫情下东南亚恐怖主义的演变［J］．东南亚研究，2022（1）：1-26，152.

［24］憬怡．赦免法案引发泰国风暴［J］．南风窗，2014（3）：79-80.

［25］鞠海龙．文莱海上安全政策初探［J］．东南亚研究，2010（6）：24–28.

［26］鞠海龙．印度尼西亚海上安全政策及其实践［J］．世界经济与政治论坛，2011（3）：25–36.

［27］亢雄．旅游观念的嬗变与社会发展［J］．延安大学学报（社会科学版），2015，37（4）：55–58.

［28］蒯文豪，王玉连，吴建华，等．水母蜇伤的皮肤毒性与免疫反应研究进展［J］．海军医学杂志，2022（001–043）.

［29］劳志健．我国海外直接投资政治风险初探［J］．经济研究导刊，2008（11）：91–92.

［30］雷仲敏，康俊杰．城市首位度评价：理论框架与实证分析［J］．城市发展研究，2010，17（4）：33–38.

［31］李昌珑，蒋长胜．"一带一路"地区地震区划和防震减灾对策研究［J］．科技导报，2020，38（16）：58–67.

［32］李晋涛．登革热防治研究进展［J］．第三军医大学学报，2019，41（19）：1902–1907.

［33］李莉．印度尼西亚检察制度简介［J］．法制与经济，2010（10）：110–112.

［34］李瑞霞，薛群慧，郑炜曼．泰国政局动荡对旅游业的影响及其对策分析［J］．旅游研究，2010，2（2）：30–35.

［35］李松寒，王森．与大国共舞——东盟的大国平衡战略［J］．东南亚纵横，2012（9）：3–7.

［36］李元瑾．从新加坡两次儒学发展高潮检视中国、新加坡、东南亚之间的文化互动［J］．中国哲学史，2005（3）：124–128.

［37］李月调，谢朝武．赴泰中国游客安全事故时空分布研究［J］．中国安全科学学报，2016，26（6）：169–174.

［38］李志勇，徐红宇．基于欧盟经验的中国—东盟旅游一体化建设研究［J］．广西社会科学，2016（7）：37–41.

［39］廖小健 .2006 年马来西亚政经形势回顾与展望［J］. 东南亚纵横，2007（2）：25-29.

［40］廖玉环，范朋 . 东南亚出境旅游中突发事件安全管理策略研究［J］. 东南亚纵横，2017（4）：68-73.

［41］凌常荣 . 资源型区域旅游产品开发路径研究［M］. 北京：中国社会科学出版社，2011.

［42］刘梦贤，吴建，王慧，等 . 探究菲律宾旅游业发展策略及措施［J］. 商展经济，2022（9）：3.

［43］刘平，杨杰 ."互联网 +"背景下文创产品的设计趋势及方法［J］. 大众文艺，2018（19）：121-122.

［44］刘萧 . 沙巴州沉船再引安全反思［J］. 中国船检，2017（3）：4.

［45］陆芸 . 中国与东南亚关系的历史回顾和展望［C］. 耿昇，等 . 多元视野中的中外关系史研究——中国中外关系史学会第六届会员代表大会论文集，延吉：延边大学出版社，2005：44-50.

［46］骆荣 . 东盟一体化进程中的文化认同障碍因素研究［D］. 云南师范大学，2009.

［47］吕羡琛 . 新时期印度尼西亚反恐困境和策略［J］. 东南亚纵横，2015（6）：37-41.

［48］马金多，李文 . 合作与博弈：印度尼西亚英媒的"一带一路"报道框架分析——以《雅加达邮报》《雅加达环球报》为个案［J］. 传媒观察，2019（04）：96-104.

［49］庞莲荣 . 中国对泰国旅游服务贸易逆差研究［D］. 广西大学，2015.

［50］平言 .2014 年国际宗教热点观察［J］. 中国宗教，2015（2）：8-11.

［51］邵建平 . 缅甸和泰国领土争端的由来及解决前景［J］. 东南亚南亚研究，2011（4）：17-22.

［52］沈荣华 . 非政府组织在应急管理中的作用［J］. 新视野，2005（5）：42-44.

［53］四格 . 东南亚旅游热遭遇"小费门"：入境时遭遇黑手索贿，国人

应当怎么办？[J] . 留学，2017（5）：4.

[54] 孙建党，马利萍 . 多维贫困视角下的印度尼西亚乡村卫生治理——以世界银行项目为中心的考察 [J] . 河南师范大学学报（哲学社会科学版），2022，49（4）：96-102.

[55] 唐卉，陈红升 . 泰国：2019 年回顾与 2020 年展望 [J]. 东南亚纵横，2020（2）：22-32.

[56] 唐兴霖，刘国臻 . 论民间组织在公共服务中的作用领域及权利保障 [J] . 经济社会体制比较，2007（6）：72-78.

[57] 唐志超 . 当前国际恐怖主义演变趋势及中国应对策略 [J] . 中国人民公安大学学报（社会科学版），2018，34（1）：1-10.

[58] 滕成达，陈建男 . 中国与越南：波折后重回正轨 [M] . 北京：社会科学文献出版社，2016.

[59] 王德迅 . 泰国灾害管理体制研究 [J] . 东南亚纵横，2014（9）：28-32.

[60] 王栋 . 对东南亚地区中国游客的领事保护研究 [D] . 外交学院，2021.

[61] 王建平 . 东南亚伊斯兰极端主义势力问题 [J]. 亚非纵横，2002（3）：18-21.

[62] 王介南 . 郑和下西洋与中国东南亚文化交流 [J] . 东南亚纵横，1993（4）：1-5.

[63] 王九龙 . 战后东南亚排华探究 [D] . 暨南大学，2016.

[64] 王起静 . 市场作用、政府行为与我国旅游产业的发展 [J] . 北京第二外国语学院学报，2005（1）：20-25.

[65] 王新越，司武兴 .21 世纪海上丝绸之路国家旅游合作研究 [N] . 中国海洋大学学报（社会科学版），2016（2）：41-45.

[66] 魏冉 . "一带一路" 背景下中国公民在东盟十国的安全风险和保护研究 [J] . 东南亚研究，2019，（6）：106-129，157.

[67] 吴芸 . 马来西亚的多元文化及族群问题研究 [J] . 思想战线，2014，

40（4）：44-47.

［68］谢朝武，黄锐，陈岩英．“一带一路”倡议下中国出境游客的安全保障——需求、困境与体系建构研究［J］．旅游学刊，2019，34（3）：41-56

［69］谢朝武，申世飞．旅游地环境风险对中国旅游突发事件的影响及其区域分布研究［J］．地理科学进展，2013，32（3）：455-464.

［70］谢朝武．旅游应急管理［M］．北京：中国旅游出版社，2013.

［71］谢成因．菲律宾宗教极端主义恐怖组织分析［J］．江南社会学院学报，2021，23（3）：49-55.

［72］新华社．习近平李克强对载有中国游客的游艇在马来西亚失联作出重要指示批示［J］．中国应急管理，2017（1）：9-10.

［73］新加坡城市管理经验的启示［J］．城市管理与科技，2009，11（2）：72-75.

［74］徐善宝．中国—东盟关系四十年发展的历程及其启示：共同利益的视角［J］．东南亚研究，2007：54-59.

［75］杨静林．菲律宾的毒品安全问题与杜特尔特政府禁毒运动研究［J］．中国—东盟研究，2018（1）：17.

［76］杨凯．伊斯兰国与基地组织在东南亚、南亚的扩张比较［J］．东南亚研究，2015（5）：106-112.

［77］杨勉．柬埔寨与泰国领土争端的历史和现实——以柏威夏寺争端为焦点［J］．东南亚研究，2009（4）：4-8.

［78］杨晓强，王翕哲．印度尼西亚：2016年回顾与2017年展望［J］．东南亚纵横，2017（1）：23-28.

［79］游雅雯．马来西亚总理纳吉涉贪弊案之发展及其政治效应：兼论对族群政治的影响［J］．战略安全研析，2015（125）：49-54.

［80］岳蓉．《五国防御协议》：马来西亚安全困境下的合作［J］．历史教学，2014（6）：19-22.

［81］张江驰，谢朝武．“一带一路”倡议下中国—东盟旅游产业合作：指向，结构与路径［J］．华侨大学学报：哲学社会科学版，2020（2）：

25-34.

［82］张江驰．协同理论视角下中国福建与东盟旅游产品体系构建［J］．乐山师范学院学报，2018，33（7）：59-61.

［83］张学刚．东南亚国家深陷民族宗教冲突的困局［N］．中国民族报，2009-01-03（8）.

［84］张义荣．新加坡社会治安稳定的原因和经验［J］．云南师范大学学报（哲学社会科学版），1997（1）：94-97.

［85］张屹．从东南亚恐怖主义现状解析“东突”南线转向［J］．政法学刊，2017，34（1）：121-128.

［86］章雅荻．全球人口贩卖与移民偷渡挑战仍然严峻［J］．世界知识，2019（23）：65-67.

［87］赵承刚．论中国与东盟关系的历史发展和存在的主要问题［D］．外交学院，2007.

［88］赵姝岚，孔建勋．2015 年东南亚地区政治与安全形势［J］．东南亚南亚研究，2016（1）：1-8.

［89］郑向敏．旅游安全概论［M］．北京：中国旅游出版社，2009：40-41.

［90］郑一省．印度尼西亚华人社团在地化初探［J］．广西民族大学学报（哲学社会科学版），2021，43（2）：35-40.

［91］中国—东盟中心．2019 年东盟旅游业简况［R］.2019-07-31.

［92］中国国家旅游局与泰国旅游和体育部．关于加强旅游市场监管合作的谅解备忘录［Z］.2016-09-21.

［93］中国旅游研究院．中国出境旅游发展年度报告 2017［M］．北京：中国旅游出版社，2017：20-40.

［94］中国旅游研究院．中国出境旅游发展年度报告 2020［M］．北京：旅游教育出版社，2020：3-6.

［95］中华人民共和国和泰王国．中泰关于建立全面战略合作伙伴关系的联合声明［Z］.2012-04-19.

［96］周方冶．泰国“红衫军”运动的形成原因分析［M］．北京：社会科学文献出版社，2011.

［97］周友华，吴艳琴，周红宁．柬埔寨疟疾流行特征研究进展［J］．中国病原生物学杂志，2021，16（12）：1438-1443.

［98］朱利江．马来西亚和印度尼西亚岛屿主权争议案评论［J］．南洋问题研究，2003（4）：60-70.

［99］庄国土.21 世纪前期世界华侨华人新变化评析．华侨华人研究报告（2020）［R］．社科文献出版社，2020：1-75.

［100］邹忠全．中国—东盟旅游合作的现状与对策思考——基于中国—东盟《服务贸易协议》视角的分析［J］．广西社会科学，2011（8）：64-67.

责任编辑：郭海燕
责任印制：冯冬青
封面设计：中文天地

图书在版编目（CIP）数据

中国与东盟国家旅游安全合作治理研究 / 谢朝武著 . -- 北京 : 中国旅游出版社， 2023.8
ISBN 978-7-5032-7109-0

Ⅰ. ①中… Ⅱ. ①谢… Ⅲ. ①旅游安全－国际合作－安全管理－研究－中国、东南亚国家联盟 Ⅳ. ① F592 ② F593.3

中国国家版本馆CIP数据核字(2023)第087550号

书　　名：中国与东盟国家旅游安全合作治理研究

作　　者：谢朝武著
出版发行：中国旅游出版社
（北京静安东里 6 号　邮编：100028）
http://www.cttp.net.cn　E-mail:cttp@mct.gov.cn
营销中心电话：010-57377103，010-57377106
读者服务部电话：010-57377107
排　　版：北京旅教文化传播有限公司
经　　销：全国各地新华书店
印　　刷：北京工商事务印刷有限公司
版　　次：2023 年 8 月第 1 版　2023 年 8 月第 1 次印刷
开　　本：720 毫米 × 970 毫米　1/16
印　　张：16.75
字　　数：300 千
定　　价：58.00 元
I S B N　978-7-5032-7109-0